古代から現代まで争いの変遷が**劇的**にわかる

日本の合戦年表

監修：小和田泰経

『関ヶ原合戦屏風絵』
ColBase（https://colbase.nich.go.jp/）

朝日新聞出版

はじめに

日本において戦いの歴史が始まったのは、弥生時代のことであった。

この時代は、稲作が本格的に普及した頃であるが、その稲作による余剰作物の奪い合いが、「合戦・争乱」へと発展してしまう。

こうした合戦・争乱を指揮したのが「王」と呼ばれる指導者であり、最終的に日本は「王」の中の「王」、すなわち「大王」によって統治されることになる。そして、この「大王」がのちに朝廷をまとめる天皇となり、公家の上に君臨した。

合戦・争乱は、弥生時代から現代まで、絶えず繰り返されてきた。そのたびに勝者と敗者が生まれ、勝者によって政権

が担われている。

世界史的にみると、たとえ王であっても敗者は勝者によって処刑されてしまうことがほとんどであったが、日本ではそうしたことが起きていない。

それゆえ、日本では朝廷が滅ぶこともなければ天皇家が断絶することもなかった。

これは世界史的にみても稀有なことであり、国家が転覆するほどの争乱にならなかった要因でもある。

合戦・争乱の結果がどうあれ、日本全体の枠組みが変わることはなかった。結局のところ、変わったのは政権を握る権力者だけといっても、あながち間違いではないだろう。

つまるところ日本の歴史は、朝廷が保持する政治権力をめぐる争いの繰り返しだったことになる。

『関ヶ原合戦屏風絵』ColBase（https://colbase.nich.go.jp/）

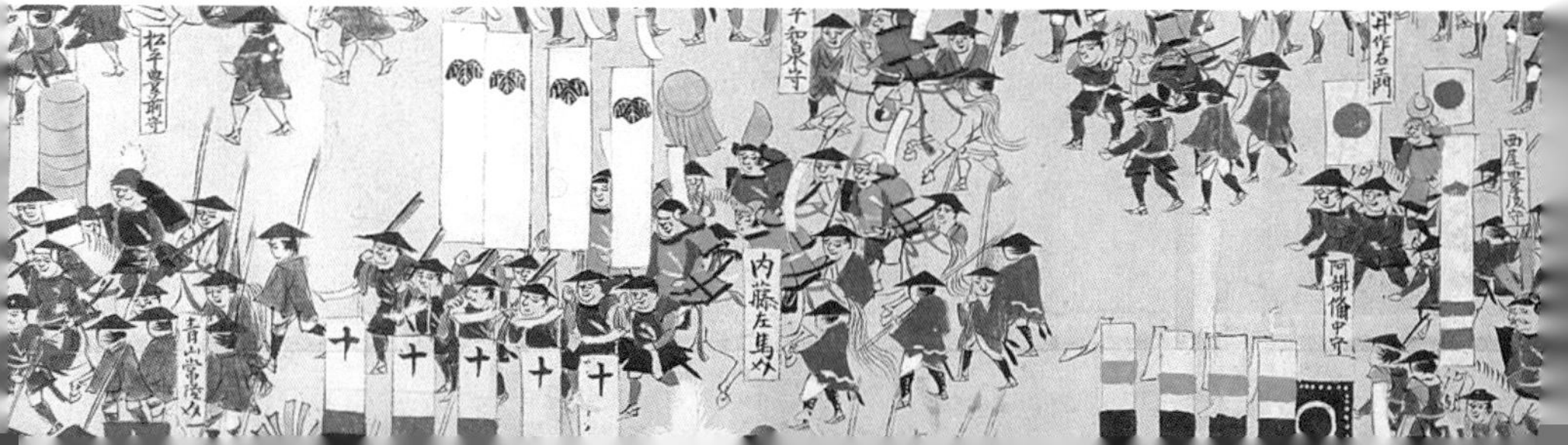

その意味では、日本の歴史を大きく変えたのは、個人的には鎌倉時代初めの「承久《じょうきゅう》の乱」であったように思う。

承久の乱は、本書でも紹介している通り、後鳥羽《ごとば》上皇を中心とする公家が、鎌倉幕府の武家政権を打倒しようとした戦いである。

この結果、公家による政権が崩壊し、武家の権力が公家の権威を凌駕することとなり、日本では武家が政権を担う体制が固定化していく。

その後、鎌倉幕府を滅ぼした後醍醐《ごだいご》天皇が公家政権の復権を図ろうとして失敗すると、武家の政権が室町幕府・江戸幕府と続き、近代を迎えている。

歴史に「もし」ということはないにせよ、こうした合戦・争乱の勝敗によって日本の社会が変容していったことは疑

『**大日本歴史錦繪**』(国立国会図書館蔵)

いない。

もし、承久の乱で鎌倉幕府が崩壊していれば、公家の政権がしばらく続いたと思われるが、いずれ全国的な統治はできなくなっていたであろう。

すると、戦国時代がこの段階で始まっていた可能性もあるが、たとえそうならなかったとしても間違いなく我々が知る日本史とは違っていたことだろう。

合戦・争乱には必ず勝者と敗者がある。

勝敗を分けた理由はなんであったのか、勝敗が逆だったら世の中はどう変わっていたのか。

そんなことを考えながら読んでいただくと、もっともっと日本史を楽しめるのではないだろうか。

小和田泰経（歴史研究家）

『**源平合戦図屏風**』
ColBase
(https://colbase.nich.go.jp/)

CONTENTS

はじめに …… 2

第1章 弥生から奈良時代 …… 11

基本年表 弥生から奈良時代 …… 12
深掘り年表 倭国の大乱 …… 18
深掘り年表 仏教をめぐる争い …… 20
深掘り年表 乙巳の変 …… 22
深掘り年表 朝鮮出兵と白村江の戦い …… 24
深掘り年表 壬申の乱 …… 26
深掘り年表 皇位をめぐる抗争 …… 28
合戦を知る ❶ 古代の武具 …… 30

第2章 平安時代 …… 31

基本年表 平安時代 …… 32
深掘り年表 蝦夷との戦い …… 40
深掘り年表 薬子の乱 …… 42
深掘り年表 藤原氏の謀略 …… 44
深掘り年表 承平・天慶の乱 …… 46
深掘り年表 前九年の役 …… 48
深掘り年表 後三年の役 …… 50
深掘り年表 保元・平治の乱 …… 52
深掘り年表 治承・寿永の乱 …… 54
合戦を知る ❷ 武士の武具 …… 58

基本年表 歴史の流れがわかる時代別年表
深掘り年表 合戦・争乱別に記した詳細解説
合戦を知る 時代時代の武具や城を紹介

第3章 鎌倉時代 …… 59
基本年表 鎌倉時代 …… 60
深掘り年表 頼朝の奥州攻め …… 66
深掘り年表 鎌倉幕府の内紛 …… 68
深掘り年表 承久の乱 …… 70
深掘り年表 将軍×執権 …… 72
深掘り年表 蒙古襲来 …… 74
深掘り年表 鎌倉幕府の滅亡 …… 76
合戦を知る 3 鎌倉時代の武具 …… 80

第4章 室町時代 …… 81
基本年表 室町時代 …… 82
深掘り年表 建武政権の崩壊 …… 90
深掘り年表 南北朝の争乱 …… 94
深掘り年表 足利義満×守護大名 …… 96
深掘り年表 鎌倉公方と将軍 …… 98
深掘り年表 応仁の乱 …… 102

CONTENTS

合戦を知る 4 室町時代の武具 …… 106

第5章 戦国時代 …… 107

基本年表 戦国時代 …… 108
深掘り年表 関東の争乱 …… 118
深掘り年表 管領細川氏の攻防 …… 122
深掘り年表 畿内・西国の戦い …… 126
深掘り年表 加賀の一向一揆 …… 130
深掘り年表 三好長慶と三人衆 …… 132
深掘り年表 甲斐武田氏の台頭 …… 134
深掘り年表 越後長尾氏の台頭 …… 136
深掘り年表 川中島の戦い …… 138
深掘り年表 尾張織田氏の台頭 …… 140
深掘り年表 毛利・大内・尼子の戦い …… 142
深掘り年表 桶狭間の戦い …… 144
合戦を知る 5 戦国～安土桃山時代の武具 …… 146

第6章 安土桃山時代 …… 147

基本年表 安土桃山時代 …… 148
深掘り年表 信長上洛への攻防 …… 162
深掘り年表 信長×浅井・朝倉 …… 164
深掘り年表 信長×寺社勢力 …… 166

深掘り年表 織田・徳川×武田 …… 168
深掘り年表 信長の天下統一戦 …… 170
深掘り年表 本能寺の変 …… 172
深掘り年表 山崎の戦い …… 174
深掘り年表 賤ヶ岳の戦い …… 176
深掘り年表 小牧・長久手の戦い …… 178
深掘り年表 秀吉の全国統一 …… 180
深掘り年表 秀吉の朝鮮出兵 …… 184

深掘り年表 関ヶ原の戦い …… 186
関ヶ原直前！ 戦国武将全国MAP …… 190
合戦を知る 番外編・戦国時代の城 …… 192

第7章 江戸時代 …… 195

基本年表 江戸時代 …… 196
深掘り年表 大坂の陣 …… 206
深掘り年表 キリスト教禁制と島原の乱 …… 208
深掘り年表 一揆・打ちこわし …… 210
深掘り年表 赤穂事件 …… 211

基本年表 歴史の流れがわかる時代別年表
深掘り年表 合戦・争乱別に記した詳細解説
合戦を知る 時代時代の武具や城を紹介

CONTENTS

深掘り年表 外国船の来航と開国……212
深掘り年表 幕末の動乱……214
合戦を知る ⑥ 江戸時代の武具……218

第8章 近現代……219

基本年表 近現代……220
深掘り年表 戊辰戦争……232
深掘り年表 士族の反乱と西南戦争……234
深掘り年表 日清戦争……236
深掘り年表 日露戦争……238
深掘り年表 韓国併合……240
深掘り年表 第一次世界大戦……242
深掘り年表 日中戦争……244
深掘り年表 第二次世界大戦……246
索引……250

近現代の戦いは
市民も巻き込む
悲惨な戦争じゃ

表紙カバーの絵／『信州川中嶋大合戦之圖』（東京都立図書館蔵）

基本年表
歴史の流れがわかる時代別年表

深掘り年表
合戦・争乱別に記した詳細解説

合戦を知る
時代時代の武具や城を紹介

第1章

弥生から奈良時代

この時代のポイント

- 古代の争乱を邪馬台国の卑弥呼が収めた
- 有力豪族の間で権力闘争が繰り広げられた
- 皇位継承をめぐる争いが絶えなかった

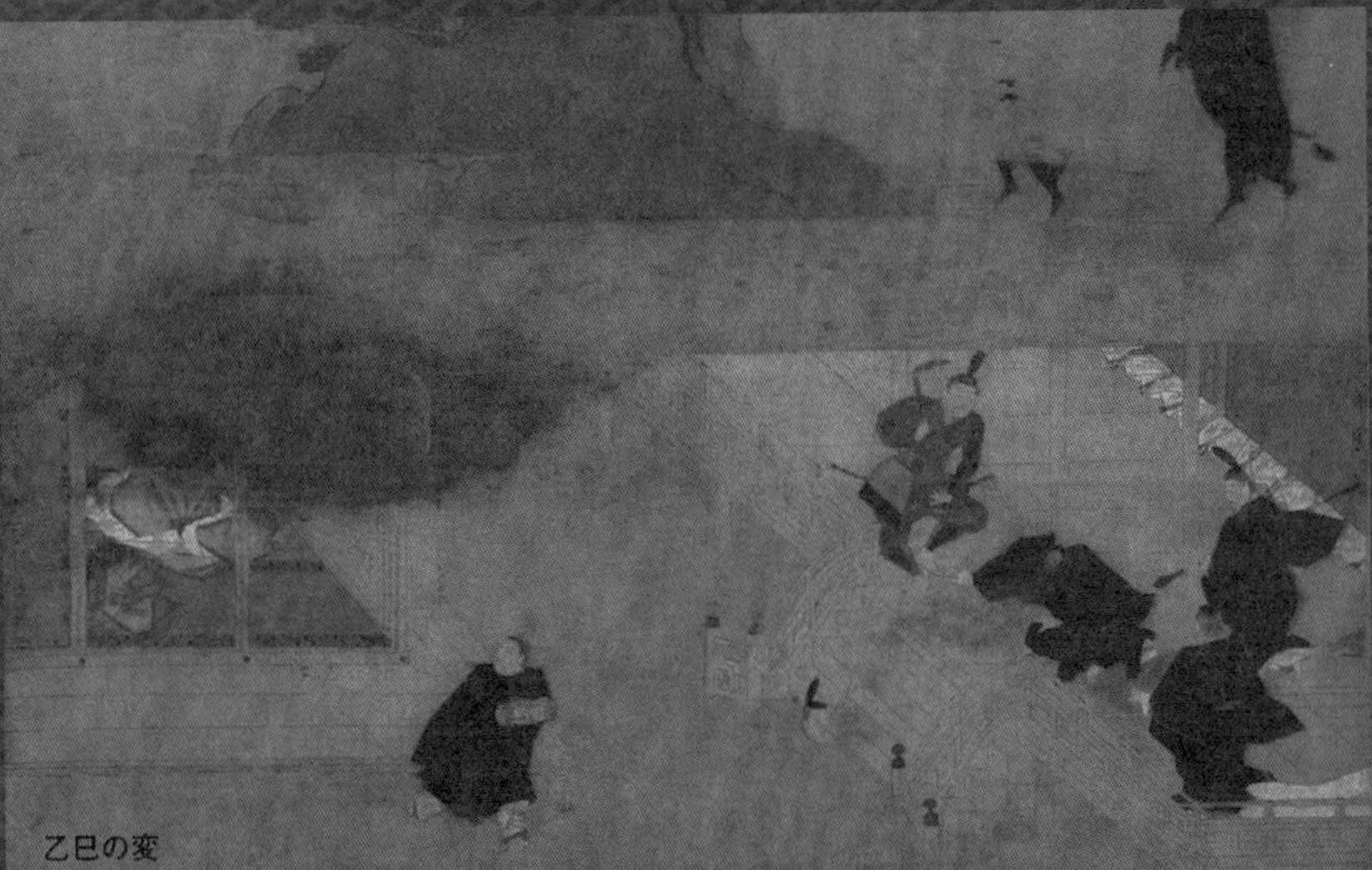

乙巳の変
ColBase（https://colbase.nich.go.jp/）

年	月	参照	出来事
57年			**倭《わ》の奴《な》の国王が後漢に朝貢《ちょうこう》し、金印《きんいん》を授けられる**
107年			倭の国王の帥升《すいしょう》らが後漢の安帝《あんてい》に朝貢
2世紀後半		P18 倭国の大乱	**倭国の大乱**
189年?			**卑弥呼《ひみこ》が倭の邪馬台国の女王になる**
239年	6月		卑弥呼が帯方郡《たいほうぐん》に使節を派遣し、魏の明帝《めいてい》に朝貢
	12月		魏の明帝が卑弥呼を親魏倭王《しんぎわおう》として金印《きんいん》、銅鏡100枚を与える
247年			卑弥呼が帯方郡に使いを派遣し、狗奴国《くなくに》との交戦を伝える
248年			**卑弥呼が没し戦乱に。卑弥呼の宗女壱与《いよ》が王となり争いが治まる**
266年			倭の女王が西晋《せいしん》に使いをおくる
369年		P24 朝鮮出兵と白村江の戦い	倭軍出兵し、朝鮮半島南部を勢力下におく
391年			倭が海を渡り百済《くだら》・新羅《しらぎ》を攻める
399年			倭・百済の連合軍が新羅を攻める。新羅は高句麗《こうくり》に援軍を要請する
400年			高句麗が5万の軍を新羅へおくり、倭を撃退
402年			新羅の実聖王《じっせいおう》が倭に人質(金未斯欣《きんみしきん》)をおくる
404年			倭が帯方郡に出兵、高句麗に撃退される
425年			倭国王の讃《さん》が司馬曹達《しばそうたつ》を宋に派遣(朝貢)
438年	4月		倭国王の珍《ちん》が、宋より安東《あんとう》大将軍倭国王の称号を授かる
478年			倭国王の武《ぶ》が、宋に使いを派遣し、安東大将軍に任じられる

三角縁神獣鏡は、魏の皇帝から卑弥呼が授かった鏡の一つではないかと考えられている。

ColBase (https://colbase.nich.go.jp/)

邪馬台国の女王・卑弥呼は、倭国の大乱を鎮めたという。

年	月	参照	出来事
502年			梁の武帝《ぶてい》が倭国王の武に征東将軍の名を授ける
527年	6月		任那《みまな》(加耶《かや》)復興のため、近江毛野《おうみのけの》と兵6万を朝鮮半島におくる
			新羅と通じた筑紫国造《つくしのくにのみやつこ》の磐井《いわい》が毛野軍を九州で止める(磐井の乱)
528年	11月		物部麁鹿火《もののべのあらかひ》が筑紫で磐井を討ち取る
537年	10月		大伴狭手彦《おおとものさでひこ》らが半島に出兵、任那(加耶)を鎮め百済を救う
548年			高句麗が百済に侵入。日本は百済の築城を支援し百済・新羅軍が高句麗を撃退
552年	10月	P20 仏教をめぐる争い	**百済の聖明王《せいめいおう》が仏像や経典を日本に贈る(仏教公伝《こうでん》)＊元興寺縁起《がんごうじえんぎ》では538年**
554年	12月	P24 朝鮮出兵と白村江の戦い	日本と百済の連合軍が新羅と戦う。百済の聖明王が敗死
562年	7月		新羅征討大将軍、紀男麻呂《きのおまろ》を派遣するも敗れる
	8月		大伴狭手彦、高句麗を破る
570年		P20 仏教をめぐる争い	物部尾輿《おこし》、仏堂を焼き、仏像や経典を難波江《なにわえ》にながす
584年			**蘇我馬子《そがのうまこ》が百済より贈られた仏像2体を安置、仏殿を造る**
585年	3月		物部守屋《もりや》が仏像や仏殿を焼き払う
587年	4月		**用明《ようめい》天皇、仏教に帰依するか群臣に問う**
			(蘇我馬子は賛成、物部守屋と中臣勝海が反対。両者は兵を集めて対立する)
	7月		**蘇我馬子・廐戸王《うまやどのおう》(聖徳太子)が物部守屋を滅ぼす。以後、仏教が信仰される**
591年		P24 朝鮮出兵と白村江の戦い	崇峻《すしゅん》天皇、任那(加耶)復興の詔《みことのり》を発し、2万の軍勢を筑紫におくる

百済から贈られた仏像を見て、欽明天皇は「見たこともない美しさである」と語ったという。
ColBase（https://colbase.nich.go.jp/）

年	月	出来事	関連
592年	11月	蘇我馬子が崇峻天皇を殺害	
	12月	推古《すいこ》天皇が豊浦宮《とゆらのみや》で即位	
593年	4月	**廐戸皇子（聖徳太子）が摂政となる**	
602年	2月	来目皇子《くめのおうじ》を撃新羅将軍とし兵2万5000を動員する	P24 朝鮮出兵と白村江の戦い
	6月	来目皇子が病に伏し新羅征討を中止する	
603年	12月	**冠位十二階を制定**	
604年	4月	**聖徳太子、憲法十七条を制定**	
607年	7月	**小野妹子《おののいもこ》を隋に派遣（遣隋使《けんずいし》のはじまり）**	
614年	6月	犬上御田鍬《いぬかみのみたすき》らを隋に派遣	
618年		隋が滅亡。唐が興る	
628年	3月	推古天皇が没する。蘇我蝦夷《えみし》が山背大兄王《やましろのおおえのおう》を推す叔父を殺して田村皇子《たむらのおうじ》（舒明《じょめい》天皇）をたてる	
630年	8月	**犬上御田鍬らを唐に派遣（第1回遣唐使）**	
637年		蝦夷《えみし》が反乱	P40 蝦夷との戦い
642年	1月	皇極《こうぎょく》天皇が即位。蘇我入鹿《いるか》が権勢を振るう	
643年	11月	**蘇我入鹿が山背大兄王を襲い自害に追い込む（聖徳太子一族が滅亡）**	
644年	1月	法興寺の蹴鞠で中臣鎌足《なかとみのかまたり》が中大兄皇子《なかのおおえのおうじ》に接する	
	11月	蘇我蝦夷と入鹿、甘樫丘《あまかしのおか》の邸宅を要塞化する	

聖徳太子は推古天皇を助け、争いのない国造りを目指した。
ColBase（https://colbase.nich.go.jp/）

年	月日	参照	出来事	内容
645年	6月12日	P22	乙巳の変	**中大兄皇子と中臣鎌足が蘇我入鹿を大極殿で暗殺(乙巳《いっし》の変)**
	6月13日			蘇我蝦夷、自害する
	6月14日			孝徳《こうとく》天皇が即位。中大兄皇子が皇太子となる
	6月19日			**年号を大化《たいか》とする(日本初の年号)**
646年	1月1日			孝徳天皇、改新《かいしん》の詔を発する
658年	4月	P40	蝦夷との戦い	阿倍比羅夫《あべのひらふ》が蝦夷を討つ
	11月			有間皇子《ありまのおうじ》が謀反の罪で処刑
660年	9月	P24	朝鮮出兵と白村江の戦い	唐・新羅によって百済が滅亡
661年	1月			中大兄皇子・大海人皇子《おおあまのおうじ》らが百済救援に向かう
663年	8月			**白村江《はくそんこう》の戦いがおこり、日本軍と旧百済軍が唐・新羅の連合軍に敗れる**
664年				対馬・壱岐などに防人《さきもり》を設置し、筑紫国に水城《みずき》を築く
668年	1月	P26	壬申の乱	**天智《てんじ》天皇(中大兄皇子)が即位**
669年	10月15日			**中臣鎌足、藤原姓を賜る(鎌足は翌日に没する)**
671年	10月17日			天智天皇、後事を大海人皇子に託すが固辞する
	10月19日			大海人皇子、吉野に向かう
	12月3日			天智天皇が近江宮《おうみのみや》で没する
672年	6月24日			**大海人皇子が吉野を出る(壬申《じんしん》の乱がおこる)**

乙巳の変で蘇我氏を倒した中大兄皇子は、大化の改新を行い天智天皇として即位。

年	月日	出来事
	6月25日	大海人皇子、伊賀より伊勢に入る
	7月2日	大海人皇子の軍が美濃から近江へ進軍を開始
	7月22日	大海人皇子の軍が瀬田大橋の戦いで近江朝廷軍を撃破
	7月23日	大友皇子《おおとものおうじ》が山前《やまさき》（山崎）で自害する
673年	2月	**大海人皇子が即位して天武《てんむ》天皇になる**
694年	12月	**藤原京へ遷都**
710年	3月	**平城京へ遷都**
720年	3月	隼人《はやと》が反乱をおこし、大伴旅人《おおとものたびと》がこれを討つ
	9月	陸奥で蝦夷が反乱（多治比県守《たじひのあがたもり》を持節征夷将軍に任じる）
724年	3月	陸奥で蝦夷が反乱
	4月	藤原宇合《うまかい》が持節大将軍に任じられる（多賀城を築く）
729年	2月	**長屋王《ながやおう》が謀反の罪で自害する（長屋王の変）**
737年		天然痘が流行。藤原武智麻呂《むちまろ》・房前《ふささき》・宇合・麻呂《まろ》らが死亡
740年	9月	**藤原広嗣《ひろつぐ》が九州で反乱。大野東人《おおののあずまひと》が鎮圧（藤原広嗣の乱）**
	10月	聖武《しょうむ》天皇が乱を避け、平城京を出る（恭仁京《くにみやこ》、紫香楽宮《しがらきのみや》、難波宮《なにわのみや》へ）
757年	7月	橘奈良麻呂《たちばなのならまろ》らが謀反の罪で獄死（橘奈良麻呂の乱）
764年	9月11日	**藤原仲麻呂《なかまろ》（恵美押勝《えみのおしかつ》）、謀反が発覚し近江へ逃亡（恵美押勝の乱）**
	9月18日	藤原仲麻呂が敗死

P26 壬申の乱
P40 蝦夷との戦い
P28 皇位をめぐる抗争

壬申の乱で大友皇子を破った大海人皇子は、天武天皇となり本格的な律令国家を目指した。

年	月日	参照	出来事
765年	10月9日		淳仁《じゅんにん》天皇を廃して、淡路国に幽閉。孝謙《こうけん》上皇が重祚《ちょうそ》（称徳《しょうとく》天皇）
	閏10月		**道鏡《どうきょう》を太政大臣禅師《だいじょうだいじんぜんじ》に任命する（翌年、法王となる）**
769年	9月		皇位について宇佐《うさ》八幡宮の神託《しんたく》が伝わる
770年	8月4日		称徳天皇が没する。白壁王《しらかべおう》（光仁《こうにん》天皇）が皇太子となる
	8月21日		道鏡を下野《しもつけ》薬師寺に追放
771年	1月		他戸《おさべ》親王が皇太子となる
772年	5月		**井上《いのえ》内親王の謀反により子の他戸親王が廃される**
773年	1月		山部《やまべ》親王（桓武《かんむ》天皇）が皇太子となる
774年	10月	P40 蝦夷との戦い	鎮守府将軍の大伴駿河麻呂《するがまろ》が蝦夷を討つ
775年	4月		井上内親王と他戸親王が幽閉先で没する
780年	3月	P40 蝦夷との戦い	伊治公呰麻呂《これはりのあざまろ》の乱がおこる
784年	11月		**長岡京へ遷都**
785年	9月23日	P42 薬子の変	藤原種継《たねつぐ》が暗殺される
	9月28日		**早良《さわら》親王が謀反の罪でとらえられ、のち淡路へ移送中に死亡**
788年	7月	P40 蝦夷との戦い	紀古佐美《きのこさみ》を征東大使に任じる
789年			多賀城に蝦夷征討軍が集結。巣伏《すぶし》の戦いで、朝廷軍が敗れる
791年	7月		大伴弟麻呂《おとまろ》を征夷大使、坂上田村麻呂《さかのうえのたむらまろ》を副使に任じる

長岡京は木津川と桂川が淀川となる付近にあったとされ、10年あまりで平安京に遷都された（写真は長岡京内裏跡、京都府向日市）。

2世紀末

女王、卑弥呼《ひみこ》の邪馬台国《やまたいこく》が生まれた古代の争乱

倭《わ》国《こく》の大乱

敗北
×
？

勝利
◎
卑弥呼
（邪馬台国）

VS

場所
？

いきさつ

集落が乱立していた日本

弥生時代、稲作による集落が多く生まれ、次第にその規模は大きくなり、やがて、万を超える人々が暮らす所も出てくる。そして、それぞれの集落を国と呼ぶようになる。

だが、文字で記録を残す習慣はまだなく、当時のことを知るには、文字での記録を行っていた中国王朝の歴史書か、考古学に頼るしかない。

中国の歴史書には、北の騎馬民族や東の朝鮮半島など周辺諸国について触れている部分があり、日本のことは「倭《わ》」という名で記載される。

57年には奴国《なこく》という集落の王が、後漢《ごかん》に使者を送り、107年には倭の王、帥升《すいしょう》という人物が後漢に貢物をしたという。これらの国々は九州にあったとされているが、登場する国の名も多く、どれも集落程度の規模だったと考えるべきだろう。

そして、後漢が終わり中国が魏《ぎ》、呉《ご》、蜀《しょく》の三国に分裂した時代の歴史書が**『三国志《さんごくし》』**といい、魏の歴史を記した部分の末にも、倭のことが書かれている。これが**「魏志《ぎし》」倭人伝《わじんでん》**だ。

経過

戦闘が続き女王が立った

この倭人伝には、大陸からの道程が記され、対馬国、一大（壱岐《いき》）国を通り、九州北岸の末盧《まつろ》国に着き、さらに多くの国々を通った先に**邪馬台国**があるという。距離や方角も不明瞭なので、邪馬台国のあった地は、現在もわかっていない。

そして、この国は70〜80年ほど男王が続いていたが、その後に戦乱が起きたと記されている。これが**倭国の大乱**だ。戦闘が何年も続いたため、

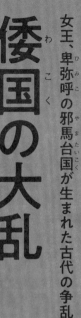

人々は**卑弥呼**を女王とした。卑弥呼は祭祀で人々の心をつかみ、戦乱を終わらせたという。

この戦乱の時期は正確にわからないが、後漢末の皇帝の時代との記述もあり、2世紀末だと思われる。また、吉野《よしの》ケ里《がり》遺跡からは矢じりの刺さった同時期の人骨なども発見されており、この時代、すでに戦闘行為があったことは確認できる。

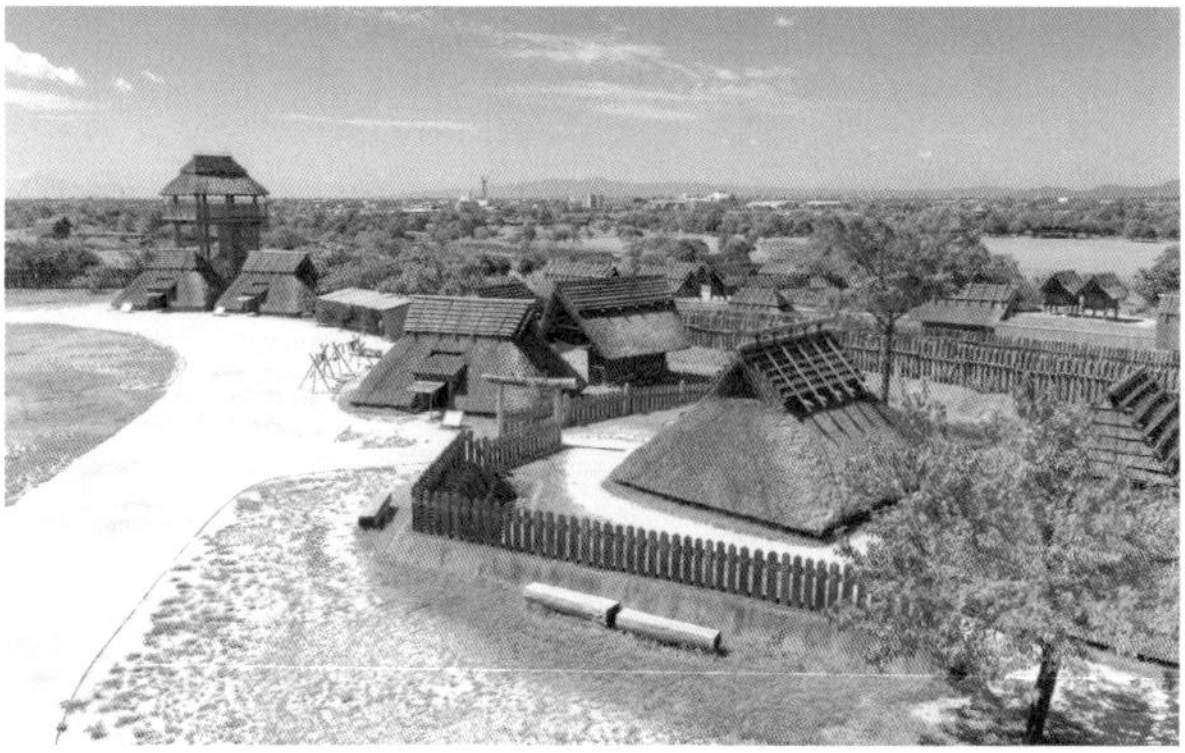

吉野ケ里遺跡は卑弥呼の時代にも繁栄した集落で、当時を知る貴重な資料。

結果　連合し魏を後ろ盾に

239年、卑弥呼は魏に使者を送り、**「親魏倭王《しんぎわおう》」**に封じられる。邪馬台国は複数の国が卑弥呼を立てた連合国だが、南に位置する狗奴《くな》国の男王が、卑弥弓呼《ひみここ》と交戦するなど、魏の後ろ盾が必要だったと考えられる。

卑弥呼の死後、男王が立てられたが、再び戦乱になり、卑弥呼の親族の娘である**壱与《いよ》**が女王になると、国が安定したという。集落、小国が次第に連合し、まとまっていく過程の争いだといえる。

三角縁神獣鏡《さんかくぶちしんじゅうきょう》

魏から卑弥呼に授けられ、国内に広まった三角縁神獣鏡は古墳時代の重要な副葬品となった。

ColBase（https://colbase.nich.go.jp/）

戦乱のポイント

九州それとも畿内?

邪馬台国への道のりは、対馬、壱岐までは確定的で末盧国も佐賀県の松浦で、伊都国、奴国も九州北岸とされる。だが、その先の不弥《ふみ》国、投馬《つま》国がどこかわからず、ゴールの邪馬台国も畿内説、九州説などが唱えられている。また、敵対する狗奴国を九州南部の熊襲《くまそ》とする説もある。

552年－587年

物部《もののべ》氏と蘇我《そが》氏の対立に国際問題が絡む

仏教をめぐる争い

勝利 ◎ 蘇我馬子 聖徳太子

VS

敗北 × 物部守屋

場所 ？

聖徳太子（厩戸王）

いきさつ 仏教がやってきた

3世紀に成立したヤマト政権は、大王を中心に豪族が連合し、形を整えていく。葛城《かつらぎ》氏・大伴《おおとも》氏・物部《もののべ》氏・蘇我氏などの豪族が有力で、彼らに大王が**臣**《おみ》や**連**《むらじ》といった姓を与え、身分秩序をつくった。これを**氏姓**《しせい》**制度**といい、政権の支配制度となった。

4世紀以降、政権は朝鮮半島への出兵を繰り返したが、その中心となったのが軍事を司る大伴氏で、大きな力を持つようになる。しかし、加耶(任那)をめぐる問題で、**大伴金村**《かなむら》が失脚。一方、同様に軍事を司った物部氏の力が強くなった。

そんな中、552年に政権と近い関係にあった**百済の聖明王**《せいめいおう》から、仏像や経典が贈られた。**仏教公伝**とされるものだが、実際は少し早い538年に伝わったという説もある。中国や朝鮮半島で盛んに信仰された仏教がやってきたことになる。

梓弓《あずさゆみ》

物部氏との合戦において、聖徳太子が用いたとされる弓。法隆寺を建立したのは太子であるため、このような宝物も伝わる。

ColBase (https://colbase.nich.go.jp/)

経過 仏教を受容するか否か？

仏教に強い関心を示したのが、政権の財政を担当する蘇我氏だった。大陸から移住してきた渡来人との関係も深く、**蘇我稲目**《いなめ》はこの受容が当時の国際的なスタンダードと考えた。

　これに対して物部氏らは日本古来の神々を重じており、**物部尾輿**《おこし》は仏教の受容に否定的だった。このため、**欽明天皇**《きんめい》は蘇我氏に擁立された天皇でありながらも、仏教の受容を断念し、蘇我氏が私的に寺を建立することを認めるなどにとどめた。

　しかし、以後、仏教は政争の道具となっていく。代がかわり、**物部守**《もり》**屋**《や》と**蘇我馬**《うま》**子**《こ》の時代になると、疫病の蔓延と仏教崇拝を結びつけ、守屋が寺院を壊すなど、両者の対立は鮮明になる。

　587年には、皇位継承問題をきっかけに蘇我馬子と**聖徳太子**《しょうとくたいし》**（厩戸**《うまやとの》**王**《おう》**）**らの軍が、河内にある守屋の館を襲った。だが、軍事行動は物部氏の得意とするところ。守屋らは徹底抗戦し、激闘となった**（丁未**《ていび》**の乱）**。

物部守屋

仏教を排斥する中心人物となった。蘇我馬子らに攻め込まれたとき、みずから弓を手に戦ったとされる。

ColBase（https://colbase.nich.go.jp/）

戦乱のポイント

巻き込まれた仏教

物部氏は日本古来の神々を重んじたとされがちだが、鉄器など兵器を司る氏族であり、大陸との関係も浅くはなかった。大陸出兵を繰り返した大伴氏も海外事情に疎いはずはない。蘇我氏を含め仏教の重要性は知っており、その是非を争ったというよりも権力闘争だったと考える方が自然だ。

結果　豪族時代の終焉

乱戦の中、物部守屋が戦死すると、支柱を失った物部側が崩れ、戦闘は蘇我氏の勝利に終わった。

　政権内の力関係は変わり、蘇我氏と聖徳太子が政《まつりごと》の中心となる。だが、それは仏像を拝むことの受容だけでなく、中国王朝的な政権運営の受容でもあった。

　以後、聖徳太子らのもとで、**中央集権化と官僚制度**への移行が実施され、氏姓制度による諸豪族の時代は終わっていく。

645年

乙巳《いっし》の変

蘇我氏が滅亡し、大化の改新がはじまる

勝利		敗北
◎		×
中大兄皇子 中臣鎌足	VS	蘇我入鹿 蘇我蝦夷

場所

大和飛鳥宮

いきさつ

蘇我氏主導の改革

物部守屋を討ち、蘇我馬子が権力を奪取した後、蘇我氏と血縁の深い**聖徳太子**が主導する形で、**冠位十二**《かんいじゅうに》**階**《かい》や**十七条憲法**が制定され、国の形は豪族の連合政体から、中央集権国家へと移行していった。

だが、太子と馬子が没すると、蘇我氏を後継した**蘇我蝦夷**《えみし》の権勢が強大になる。皇位継承問題では、太子の子である**山背大兄王**《やましろのおおえのおう》を退け、**舒明**《じょめい》**天皇**を擁立するなど、蘇我氏が権力中枢にあることが顕著になった。

蝦夷が子の**蘇我入鹿**《いるか》に代をゆずると、入鹿は山背大兄王が住む斑鳩宮《いかるがのみや》に軍を向け、滅ぼす。

これによって、聖徳太子の血流は途絶えることになった。

この時代、中国では大帝国の**隋が滅び、唐の建国**という大事件（618年）が起こり、対応する形で朝鮮半島の高句麗、新羅、百済では中央集権化が急がれていた。

日本も同様の流れの中にあったが、それは、蘇我氏主導で、という条件付きのものとなっていた。

石舞台古墳《いしぶたいこふん》

奈良県明日香村の石舞台古墳は、蘇我馬子の墓とされている。馬子、蝦夷、入鹿と続いた蘇我氏の栄華は乙巳の変で終わった。

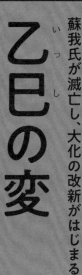

経過

蘇我入鹿、暗殺される

このような情勢下で、蘇我氏打倒を企図したのが**中臣鎌足**《なかとみのかまたり》だ。中臣氏は神祇《じんぎ》を司り、仏教排斥で蘇我氏と争った氏族だが、鎌足は中国の史書などにも通じる秀才だったという。

最初、皇極《こうぎょく》天皇の弟である軽皇子《かるのおうじ》に会い、次に天皇の子の**中大兄皇子**《なかのおおえのおうじ》に接近し、共謀を決める。

645年6月12日、蘇我入鹿が皇極天皇のいる大極殿《だいごくでん》に入ると、門が閉められ、中大兄皇子と部下らが襲いかかる。

入鹿はその場で殺され、翌日には蘇我蝦夷が自邸に火を放って自害し、権勢を誇った蘇我氏の中心的一族は滅亡した。これを**乙巳の変**という。

暗殺される蘇我入鹿

「聖徳太子絵伝」に描かれた蘇我入鹿暗殺の場面。入鹿は学問にすぐれた人物で国際情勢にも詳しかったとされる。

ColBase（https://colbase.nich.go.jp/）

結果

大化の改新がはじまる

翌14日には、皇極天皇が退位し、軽皇子が**孝徳**《こうとく》**天皇**として即位した。中大兄皇子は皇太子となり、その下に左右大臣が置かれた。そして、中臣鎌足は内臣《うちつおみ》となって、新政権の運営に参画することになった。

日本ではじめて元号が定められ、**大化元年**となる。

翌年に発表された改新《かいしん》の詔《みことのり》では、土地と人民の豪族私有をやめる**公地公民制**や戸籍の整備、**班田収授法**《はんでんしゅうじゅのほう》などが宣言された。どれも、朝廷を中心に中央集権を図る大改革ではあった。しかし、あまりに急で、大きな変化であったため、どこまで実効性があったかについては、意見が分かれている。「大化の改新」とは、乙巳の変のことではなく、以後に行われた一連の改革である。

戦乱のポイント

専横はあったのか？

蘇我蝦夷・入鹿父子は、巨大な自身らの墓を築き、天皇の墓を指す「陵」とし、さらに甘樫丘《あまかしのおか》の邸宅を要塞化したと『日本書紀』に記されている。しかし、これらの記述は悪政を行った人物への中国の史書での表現に近く、勝者の側が実際以上に蘇我氏の専横を描いたものと考えられている。

4世紀－663年

数百年続いた半島との関係が終わる

朝鮮出兵と白村江《はくそんこう》の戦い

勝利		敗北
◎		×
唐・新羅連合軍	VS	日本・百済連合軍

場所

朝鮮半島

中大兄皇子

いきさつ

朝鮮半島との深い関係

卑弥呼の使者が通ったように、九州と朝鮮半島の間には**対馬《つしま》、壱岐《いき》**があり、これをたどることで、古代の人々も大陸と往来ができ、朝鮮半島と日本列島は近い関係にあった。

3世紀頃、畿内に成立したヤマト政権も半島で4世紀に建国された**百済《くだら》**との関係が深いとされる。

このため、百済と対立する**高句麗《こうくり》**と**新羅《しらぎ》**に対し、倭国側から朝鮮半島へ出兵することが続いた。

中国の南北朝時代、宋《そう》の歴史書には使者を送ってきた倭の五王の記述があり、その最後の王である倭王武《わおうぶ》は5世紀末の**雄略天皇《ゆうりゃくてんのう》**とされる。そして、この倭王武は高句麗との戦争の支援を宋に依頼し、宋から**安東大《あんとうだい》将軍《しょうぐん》倭王**に任じられている。

527年には、半島南部の加耶《かや》(任那《みまな》)諸国が新羅に侵攻され、ヤマト政権は兵の派遣を決める。しかし、筑紫国造磐井《ちくしのくにのみやつこいわい》が新羅と結んで反乱し、これを足止めすることも起こる**(磐井の乱)**。朝鮮半島情勢とヤマト政権の軍事行動は表裏一体だった。

七支刀《しちしとう》
銘文に4世紀後半に百済王が制作し倭王に贈ったと刻まれている。百済と倭の交流を示す資料。(石上神宮蔵)

経過

百済の再興をめざす

朝鮮半島との関係がクライマックスを迎えたのが、**白村江の戦い**だ。当時、中国では隋《ずい》が滅び、唐《とう》が興っていた。これに対応するように半島の三国も中央集権化を図り、強国化する。しかし、新羅が唐と連合し、660年に百済を滅ぼしてしまう。

これに対応したのは大《たい》化《か》の改新《かいしん》で中央集権化を進める**中大兄皇子**《なかのおおえのおうじ》だ。日本にいた百済王子の余豊《よほう》璋《しょう》を兵とともに送り、百済を再興しようとした。しかし663年、日本と百済連合軍は白村江で唐・新羅連合軍に大敗。百済は完全に滅亡し、日本は朝鮮半島の足場を失うことになる。

白村江の戦い

660年に滅亡した百済を再興するため、日本にいた百済王子と兵を送る。しかし、663年に新羅、唐の連合軍に大敗した。軍船400隻を失ったとされる。

結果

視点は国内に向いた

以後、日本は朝鮮半島の権益を得ることはなくなったが、その分、政《まつりごと》は国内に向き、政権に従わない勢力の支配や**中央集権化**に向かう。

滅んだ百済からは多くの人々が亡命し、朝鮮式の山城《やまじろ》のような軍事技術や医学、諸文化が伝えられ、それが社会の発展につながり、国の姿は大きく変わることになった。

戦乱のポイント

大陸からの多くの移住者

ヤマト政権の成立と発展には、数次にわたって大陸（朝鮮半島）から移住してきた人々が大きく関係していた。彼らにとって大陸は先祖の故地のようなものであり、だからこそ、水軍の編成というコストをいとわず、何度も出兵が行われた。しかし、白村江の戦いを最後に、それもなくなる。

672年

壬申《じんしん》の乱

天智《てんじ》天皇の弟と息子が争った古代史最大の戦乱

勝利 大海人皇子（吉野朝廷）

VS

敗北 大友皇子（近江朝廷）

場所

近江・美濃・大和など

大海人皇子（天武天皇）

いきさつ

揺らぐ近江朝廷

663年の白村江の戦いで敗れた中大兄皇子の政権は、九州に**防人**《さきもり》を置き、**水城**《みずき》を築くなど、防衛の強化を図り、667年には反対意見がある中、飛鳥から近江への遷都も強行した。こうして、中大兄皇子は**天智天皇**として即位する。しかし、国外では唐によって高句麗が滅び、国内では天皇を支えてきた中臣鎌足が死去。急激な改革に不満を持つ者も多く、政権の土台は揺らいでいた。

671年、病に倒れた天智天皇は後事を弟である**大海人**《おおあまの》**皇子**に託そうとしたが、皇子は固辞し吉野へ向かった。すぐに天皇は崩御し、後継したのは息子である**大友**《おおともの》**皇子**であった。しかし、母の身分が低かったため、求心力に不安があった。近江の朝廷から見ると、大海人皇子は厄介な存在となっていた。

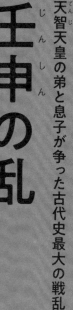

経過

不破道を封鎖せよ！

672年6月24日、近江の朝廷が吉野側を圧迫したとして、大海人皇子が吉野を脱出した。ただし、兵力が少ないため、東へ向かって伊賀や伊勢の豪族らを味方につけ、長男の高市《たけちの》皇子らと合流。さらに東海道、東山道方面の兵を集めることを臣下に命じ、大海人皇子自身は美濃に入って、多品治《おおのほんじ》らに不《ふ》破道《わのみち》を封鎖させ、ここで近江朝廷の軍を防ぐことにした。

これに対し、近江朝廷側は各地から兵を徴発しようとするも、東国は大海人皇子側に阻まれ、西国も思うようにいかない。さらに、飛鳥では集結した兵を**大伴吹負**《ふけい》が奪い、大海人皇子に味方する。

7月になると、兵力の整った大海人皇子側が美濃から近江へ進軍をはじめ、別働隊は大和へ向かった。22日には瀬田橋の戦いで大海人皇子側が勝利する。すると追い詰められた大友皇子は山前《やまさき》(山崎)へ脱出するが、23日に自害、乱は終結した。

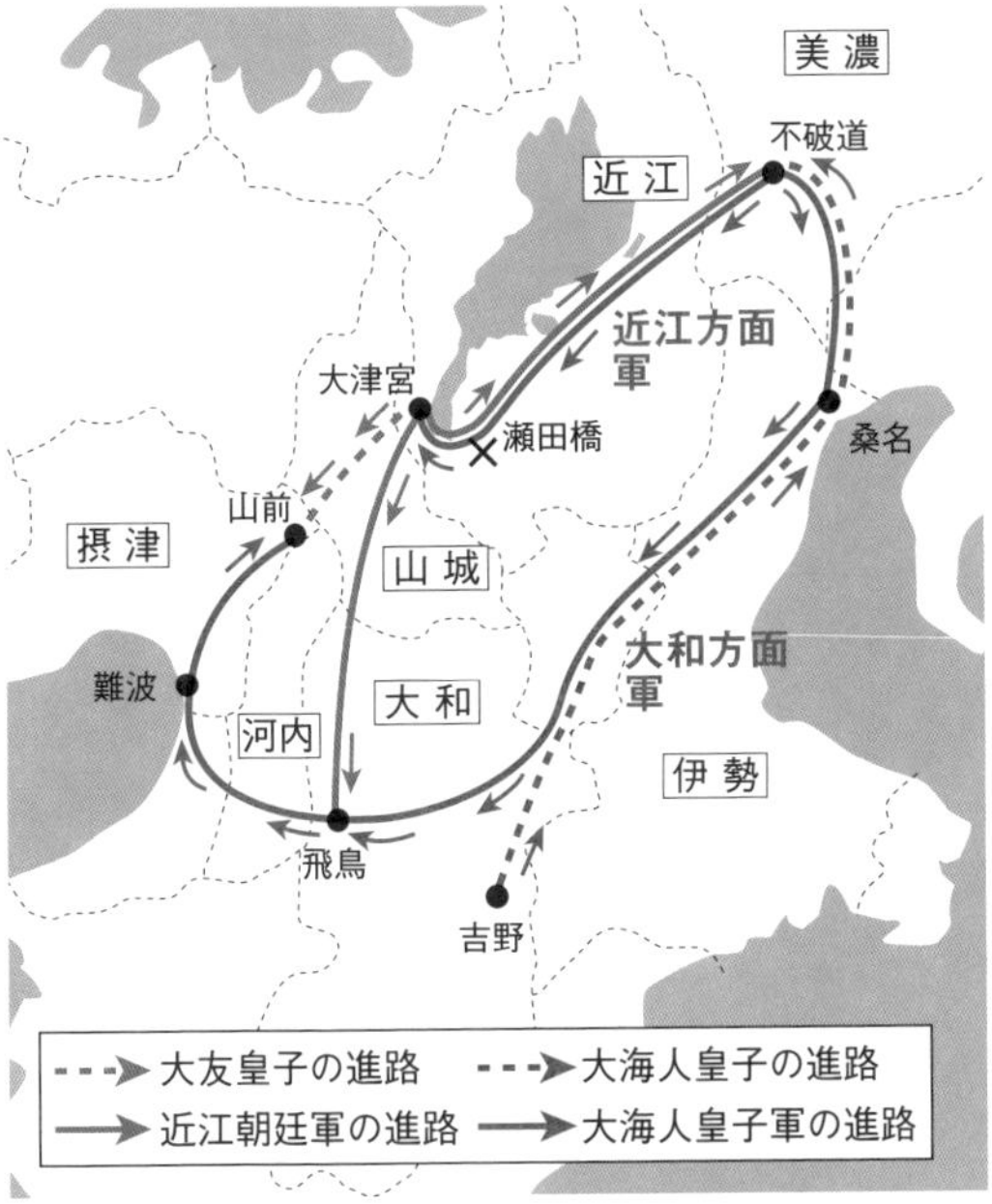

吉野を出た大海人皇子は美濃で兵力の整備を待ち、そこから、近江、大和へ軍を進めた。

大友皇子の武将となり瀬田橋で戦死した智尊（ちそん）は、渡来人と推定されている。
『前賢故実』
（国立国会図書館蔵）

結果
天武天皇による中央集権化が進む

同年に都は飛鳥へと戻され、翌年に大海人皇子は**天武天《てんむ》皇**として即位する。大戦を勝ち抜いた天皇は、権力を自身に集中し、半島を統一した新羅と国交を結び、唐とは距離を置いた。そして、兄の天智天皇以上に律令国家の樹立へまい進する。国際的に中央集権の必要性があり、その施行者を決める戦いだったともいえる。

戦乱のポイント

不破道=関ヶ原?

大海人皇子側が不破道を封鎖し、ここで近江側を防ぎながら東国の兵との合流を待ったことが戦いのポイントとなった。この不破道は不破関を指すとされ、のちに関ヶ原の戦いが起きた場所でもある。東国から畿内をうかがうときに、攻守ともにカギとなる場所なのだろう。

8世紀

皇位をめぐる抗争

藤原氏が台頭する中、朝廷が大きくゆれる

勝利

藤原氏
和気清麻呂ほか

VS

敗北

孝謙（称徳）天皇
道鏡

場所

平城京、難波宮、恭仁京、紫香楽宮など

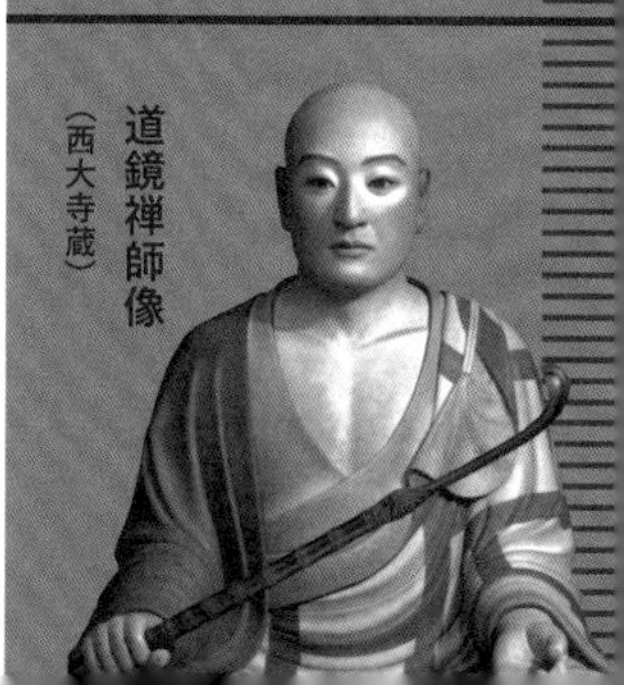

道鏡禅師像（西大寺蔵）

いきさつ

伸張する藤原氏

大化の改新で活躍した中臣鎌足には藤原の姓が与えられ、その子である**藤原不比等**《ふひと》は**大宝律令**《たいほうりつりょう》の制定など、中央集権化の立役者となった。

その娘である**光明子**《こうみょうし》は**聖武**《しょうむ》**天皇**の皇后となり、不比等の子の4人が高い官職を得るなど、藤原氏の権勢は高まっていく。

だが、**橘諸兄**《たちばなのもろえ》を中心に吉備真備《きびのまきび》、玄昉《げんぼう》らが主導する当時の政権は藤原氏と対立した。

これを不満とした**藤原広嗣**《ひろつぐ》が九州で反乱する事件も起きた（740年、**藤原広嗣の乱**）。

ただし、全体として藤原氏の伸張は進み、聖武天皇と光明子の娘である孝謙《こうけん》天皇の時代になると、**藤原仲**《なか》**麻呂**《まろ》が台頭し、橘諸兄は失脚。仲麻呂は、淳仁《じゅんにん》天皇を即位させ、**恵美押**《えみのおし》**勝**《かつ》（美徳を恵み、乱に押し勝つの意）という、大仰な姓と名まで与えられたのである。

祖父の不比等に並ぶほどの力を持った仲麻呂。しかし、その後ろ盾で皇太后となっていた光明子が死去すると、情勢が変化した。

経過

「道鏡を皇位につけよ」

ここで権力奪還をねらったのが孝謙上皇だった。自身の病を治癒したとして、僧の**道鏡**《どうきょう》を近づけ、仲麻呂と淳仁天皇の政権と対立する。

権力基盤が弱まる仲麻呂だが、皇族に準じる地位にあるとの自信は強い。764年、軍事力を自身に集中し、事態を打開しようとする。

しかし、孝謙上皇側は先に印璽《いんじ》などを押さえ、正統性を確保。反乱者

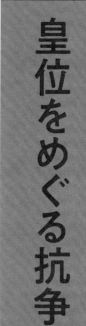

となった仲麻呂は近江へ脱出して反撃をねらうが、吉備真備らの軍勢に押され敗北。一族らと近江で斬首された**(恵美押勝の乱)**。

政敵を排除した孝謙天皇は、淳仁天皇を廃し淡路島へ流す。そして、自身は**称徳《しょうとく》天皇**として重祚《ちょうそ》(再度皇位につくこと)した。

天皇の寵愛を受けた道鏡は、太政《だいじょう》大臣禅師《だいじんぜんじ》として新政権の中心となった。さらに道鏡は、法王という天皇に近い位を与えられ、さらに、769年に宇佐八幡神《うさはちまんしん》から「道鏡を皇位につけよ」という神託《しんたく》があったという事件が起きた。

結果 皇位とは何か?

この神託の中心は称徳天皇自身であるとされる。ただし、重要なことなので九州の宇佐八幡宮に**和気清麻呂《わけのきよまろ》**を派遣し確認させた。だが、都に戻った清麻呂は神託が偽物だと報告した。天皇は怒り清麻呂を左遷したが、もとより反対意見も多く、道鏡の即位は阻止された。

臣下である藤原仲麻呂が軍権で上皇に挑戦し、次には道鏡が皇位につく可能性があったことになる。中央集権化は進みながらも、「皇位とは何か?」に対する答えは、まだ確立されていなかったのかもしれない。

和気清麻呂

和気清麻呂(右)は、神託は偽物であったと奏上したため、道鏡が皇位につくという話は潰えた。
『皇国二十四功』(国立国会図書館蔵)

戦乱のポイント

道鏡の実像

女帝である孝謙(称徳)天皇の寵愛を受けた道鏡。このため、ふたりは男女の関係にあり、それを利用して帝位をねらった悪の怪僧というのが平安期以降の評価だ。しかし、事件後は処刑にならず左遷されただけで、道鏡本人に即位の意思がなかった可能性もある。謎の多い人物だ。

古代の武具

蒙古鉢形眉庇付冑《もうこはちがたまびさしつきかぶと》

特殊な鉢の形をした、ひさし付きの冑。
5世紀・奈良県
ColBase（https://colbase.nich.go.jp/）

横矧板鋲留短甲《よこはぎいたびょうどめたんこう》

胴を守る鉄製の防具。
5世紀・兵庫県
ColBase（https://colbase.nich.go.jp/）

中国風の武具が権威を示した

頭椎大刀《かぶつちのたち》

直刀だが、柄の頭の拳のような頭椎は日本特有。
7世紀・伝群馬県
ColBase（https://colbase.nich.go.jp/）

中国文化の影響下

古代の人々がどのように戦ったかは、文献など残っているわけでもなく、わからないことも多い。でも、古墳などの副葬品から推察はできる。

古墳時代のものには、写真の冑《かぶと》や短甲《たんこう》のように中国文化の影響が強い。刀剣も中国式の両刃の剣や直刀《ちょくとう》などが主流で、反りのある日本刀が生まれるのは、もっと後世のことだ。写真の武具はどれも身分の高い人物のもので、当時先進国だった大陸風のものを所持することが権威を示した。

奈良時代以降の律令国家の軍制も国が徴兵し、将軍がこれを率いるという、中国の史書『三国志《さんごくし》』に見られるようなものだった。兵の武器なども官給品が主流だったと考えられている。国の制度も含めて、中国文化に学ぶところが多かったのである。

第2章

平安時代

この時代のポイント

- 藤原氏による権力闘争が激化した
- 各地で武家が台頭し戦いが起こる
- 源平合戦の末に武士の世が誕生した

後三年の役
ColBase（https://colbase.nich.go.jp/）

794年	10月	P40	蝦夷との戦い	**桓武《かんむ》天皇、平安京へ遷都を実施する**
797年	11月			**坂上田村麻呂《さかのうえのたむらまろ》を征夷大将軍に任じる**
800年	7月	P42	薬子の変	桓武天皇、故早良《さわら》親王に崇道《すどう》天皇の名をおくる
801年		P40	蝦夷との戦い	坂上田村麻呂、蝦夷の首領阿弖流為《あてるい》らと戦い勝利する
802年	1月			坂上田村麻呂、陸奥に胆沢城《いさわじょう》を築き鎮守府とする
	4月			阿弖流為と母禮《もれ》が投降。坂上田村麻呂が東北を平定
	7月			坂上田村麻呂、阿弖流為と母禮を連れて帰京
805年	10月			坂上田村麻呂、京の東山に清水寺を建立
807年	10月	P42	薬子の変	平城《へいぜい》天皇の異母弟、伊予《いよ》親王の謀反が発覚。伊予親王と母の藤原吉子《よしこ》が自害する
809年	4月			平城天皇が譲位し上皇になり、嵯峨《さが》天皇が即位する
	11月			平城上皇、藤原仲成《なかなり》に命じて旧都の平城京を造営し移り住む
810年	9月6日			平城上皇、平城京遷都を命じるも、断念する
	9月12日			**平城上皇、嵯峨天皇軍に阻まれ出家、藤原薬子《くすこ》が自害する（薬子の変）**
825年	7月			**高棟《たかむね》王が平朝臣《たいらのあそん》の姓をあたえられ平高棟《たいらのたかむね》を名乗る（桓武平氏のはじまり）**
842年	7月	P44	藤原氏の謀略	藤原良房《よしふさ》が伴健岑《とものこわみね》・橘逸勢《たちばなのはやなり》を謀反の罪で捕らえ、隠岐と伊豆に配流**（承和《じょうわ》の変）**
857年	2月			藤原良房が太政大臣に任じられる
858年	11月			文徳《もんとく》天皇が没し（8月）、清和《せいわ》天皇が9歳で即位。藤原良房の権勢が強まる
866年	閏3月			平安京の**内裏《だいり》の応天門《おうてんもん》が炎上**（放火とされる）

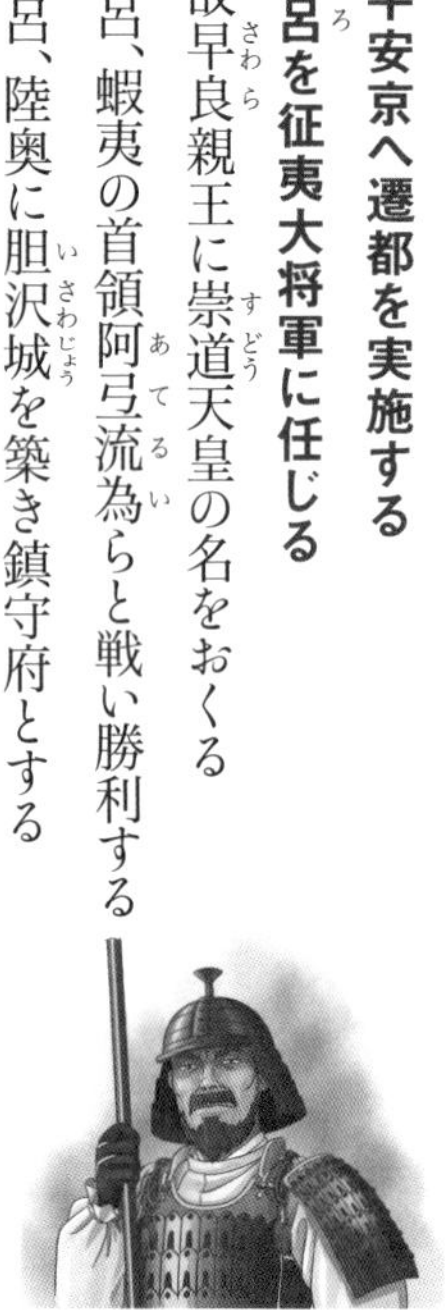

征夷大将軍となった坂上田村麻呂は、蝦夷との戦いに勝ち東北を平定した。

年	月	出来事
	8月	藤原良房が摂政《せっしょう》になる（臣下の身分として初の摂政となる）
	9月	**応天門放火の罪で大納言・伴善男《とものよしお》らを流罪（応天門の変）**
887年	閏11月	宇多《うだ》天皇と藤原基経《もとつね》の間で、**阿衡《あこう》の紛議**がおこる
888年	6月	藤原基経が正式の関白《かんぱく》となる**（初の関白）**
894年	8月	菅原道真《すがわらのみちざね》が遣唐大使に任じられる（道真の進言で遣唐使は停止）
899年	2月	菅原道真、右大臣に任じられる
901年	1月	**菅原道真が藤原時平《ときひら》の讒言《ざんげん》によって大宰府《だざいふ》に左遷される（昌泰《しょうたい》の変）**
903年	2月	菅原道真が大宰府で没する
935年	2月	**平将門《たいらのまさかど》、伯父の平国香《くにか》と源護《みなもとのまもる》と対立。国香を殺害し承平《じょうへい》・天慶《てんぎょう》の乱がはじまる**
	10月	平将門、叔父の平良正《よしまさ》と常陸国で戦い勝利する
936年	10月	平将門、伯父の平良兼《よしかね》を下野国で破る
937年	4月	平将門、恩詔《おんしょう》により罪をゆるされる
	12月	平良兼、下総国で平将門に夜襲をかけるが撃退される
938年	2月	平貞盛《さだもり》が平将門を告発するため京へ向かう
939年	3月	源経基《つねもと》、平将門の謀反を告発（平将門は無実を言上）
	10月	平将門、下野国府で平維扶《これすけ》・平貞盛を攻め、撃退
	12月11日	平将門、下野国府を攻め、国司を追い出す

P46 承平・天慶の乱

雷神に襲われる清涼殿。
（北野天満宮『北野天神縁起絵巻』）

朝廷に反逆した平将門は、関東一円を支配し新皇を名乗る。

年	月日	参照	出来事
940年	12月15日	P46 承平・天慶の乱	**平将門、上野国府を攻略し、その後、関東一円を支配し新皇《しんのう》を名乗る**
	12月26日		**元伊予掾《いよのじょう》の藤原純友《すみとも》が摂津を襲撃する**
	2月		**平貞盛が、藤原秀郷《ひでさと》らとともに下総国で平将門を討ち取る**
	8月		藤原純友、伊予や讃岐などを襲撃
941年	5月		藤原純友軍が大宰府を占領。小野好古《おののよしふる》率いる朝廷軍が撃退する
	6月		**伊予国で藤原純友が討ち取られ、承平・天慶の乱が終結する**
969年	3月		源高明《たかあきら》が謀反の罪で大宰府に左遷される**(安和《あんな》の変)**
1028年	6月		**平忠常《ただつね》が東国で反乱をおこし、**上総・下総・安房を占領する
1030年	3月	P48 前九年の役	安房守の藤原光業《みつなり》、平常忠の攻撃を受け京へ逃亡
	9月		源頼信《よりのぶ》らが平忠常の追討を命じられる
1031年	4月		平常忠が投降する(京へ移送中に病死)
1038年	10月		延暦寺僧徒数千人が、明尊《みょうそん》の天台座主《てんだいざす》補任《ぶにん》に反対し、陽明門《ようめいもん》で強訴《ごうそ》
1049年	12月		興福寺僧徒、大和守源頼親《よりちか》と合戦となる
1050年	1月		興福寺の訴えにより、大和守源頼親が土佐国へ配流
1051年			**鬼切部《おにきりべ》の戦いがおこる。陸奥守の藤原登任《なりとう》が安倍頼時《あべのよりとき》に敗北(前九年の役)**
			源頼信の子、頼義《よりよし》が陸奥守に任じられる
1052年			大赦で赦された安倍頼時が源頼義に服従する
1053年		P48 前九年の役	源頼義が鎮守府将軍に任じられ、陸奥守と兼任する

弥生〜奈良時代
平安時代
鎌倉時代
室町時代
戦国時代
安土桃山時代
江戸時代
近現代

1056年		源頼義と安倍頼時の子、貞任《さだとう》が交戦
1057年	7月	**安倍頼時が陸奥の鳥海柵《とのみのさく》で戦死**。安倍貞任が家督を継ぐ
	11月	源頼義が安倍貞任の軍に大敗する**（黄海《きのみ》の戦い）**
1062年	7月	出羽の**清原武則《きよはらのたけのり》、兵1万を率いて源頼義に合流**
	8月	源頼義、陸奥の小松柵《こまつのさく》で安倍宗任《むねとう》軍を破る
	9月	**厨川柵《くりやがわのさく》が陥落し安倍貞任は敗死**、安倍宗任は投降しのちに伊予国へ配流
1063年	2月	安倍貞任追討の功により、源頼義が伊予守に、清原武則が鎮守府将軍に任じられる（源義家《よしいえ》は出羽守《でわのかみ》に）
1083年	9月	**源義家が清原氏の内紛に介入**。義家は清原真衡《さねひら》を助けて軍を送り、清原清衡《きよひら》・家衡《いえひら》が降伏する**（後三年《ごさんねん》の役がはじまる）**
1085年		清原清衡と清原家衡が対立（源義家は清衡を支援する）
1086年		**清原家衡が清原清衡の居館を襲撃**。源義家・清衡軍が沼柵《ぬまのさく》で清原家衡に敗れる
	11月	白河《しらかわ》上皇が院政を開始する
1087年	11月	**清原家衡が出羽の金沢柵《かねざわのさく》で戦死**、義家・清衡軍が勝利する**（後三年の役が終結）**
		清原清衡、実父の姓である藤原に改める**（奥州藤原氏の祖となる）**
1088年	1月	源義家、陸奥守を罷免される（奥州での戦いが朝廷に私戦とみなされる）
1093年	10月	源義家の弟、義綱《よしつな》が陸奥守に任じられたのち、美濃守に転任

前九年役で清原武則は源頼義に加勢し、安倍氏に勝利する（国立国会図書館蔵）。

P50 後三年の役

P50 後三年の役

年	月日	出来事	参照
1095年	10月	延暦寺僧徒、日吉神社の神輿《みこし》を奉じ強訴。	
		美濃守の源義綱の流罪を要求	
1103年	3月	興福寺僧徒、春日社の神木《しんぼく》を奉じて強訴	
1123年	7月	平忠盛《ただもり》・源為義《ためよし》、延暦寺の僧徒を撃退する	
1141年	12月	鳥羽《とば》上皇が崇徳《すとく》天皇を退位させ、近衛《このえ》天皇が即位	
		この頃、藤原忠真《ただざね》・忠通《ただみち》と藤原頼長《よりなが》の間で対立が生まれる	
1146年		源為義、検非違使《けびいし》に任じられ、平清盛《きよもり》、正四位下《しょうしいげ》に叙される	
1147年	6月	平忠盛《ただもり》・清盛の郎党が祇園《ぎおん》神社と争う（祇園乱闘事件）	
1155年	7月	近衛天皇が没する（藤原忠真・頼長の呪詛といううわさが流れる）	
	10月	後白河《ごしらかわ》天皇が即位。	
		崇徳上皇は重仁《しげひと》親王の即位を果たせず	
1156年	7月2日	**鳥羽法皇死去。以後、崇徳上皇と後白河天皇が対立**	
	7月10日	崇徳上皇と藤原頼長は源為義、平忠正《ただまさ》らを白河殿に招集。	
		対する後白河天皇と藤原忠通は源義朝《よしとも》、平清盛らを高松殿に招集	
	7月11日	**天皇方（源義朝、平清盛）が上皇方（源為義、平忠正）を攻撃し**	P52 保元・平治の乱
		白河殿が炎上（保元《ほうげん》の乱）	
	7月14日	崇徳上皇方の藤原頼長が矢傷で死去	
	7月23日	崇徳上皇を讃岐へ配流、源為義・平忠正は斬首、源為朝は伊豆へ配流	

後白河天皇は平安末の源平争乱期に上皇となって院政をしいた。

ColBase（https://colbase.nich.go.jp/）

年	月日	出来事
1158年	8月	後白河天皇が譲位し上皇になる（二条《にじょう》天皇が即位）
1159年	12月4日	平清盛が熊野詣《くまのもうで》に出発する
	12月9日	**藤原信頼《のぶより》と源義朝が御所を襲撃し、後白河上皇と二条天皇を幽閉する**
	12月13日	藤原通憲《みちのり》（信西《しんぜい》）が自害。以後、藤原信頼が政権を掌握する
	12月17日	平清盛が熊野より帰京
	12月25日	二条天皇、清盛の六波羅第《ろくはらてい》に脱出し、後白河上皇は仁和寺に脱出
	12月26日	**六条河原《ろくじょうがわら》で平清盛軍と藤原信頼・源義朝軍が戦い清盛軍が勝利（平治《へいじ》の乱）**
	12月27日	藤原信頼がとらえられ斬首される
1160年	1月4日	源義朝が尾張で討ち取られる
	3月11日	**源義朝の三男頼朝《よりとも》が伊豆に配流**
	6月	平清盛が武士として初めて公卿《くぎょう》になる
1162年		平清盛が福原に山荘を築き、大輪田泊《おおわだのとまり》の修復を開始
1167年	2月	**平清盛、太政大臣になる**（同年5月に辞任）
1177年	6月	後白河法皇近臣による平氏打倒の計画が露見（鹿ケ谷《ししがたに》の陰謀）
1178年	閏6月	高倉天皇が新制十七カ条を出す（平清盛は高倉天皇を支持）
	11月	平徳子《とくこ》が言仁《ときひと》親王（のちの安徳《あんとく》天皇）を出産
1179年	11月	**平清盛が兵数千を率いて福原から入京。**藤原基房《もとふさ》ら法皇の近臣39人を解任

P54
治承・寿永の乱

平治の乱では院の御所が源義朝らに襲われ炎上した（平治物語絵巻）。

ColBase（https://colbase.nich.go.jp/）

伊豆で兵を挙げた源頼朝は、のちに鎌倉幕府を開く

年	月日	出来事
	11月20日	**平清盛、後白河法皇を鳥羽殿に幽閉し、院政を停止する**
1180年	4月9日	以仁王《もちひとおう》が諸国の源氏に平家追討の令旨《りょうじ》をおくる
	4月22日	安徳天皇が即位、平清盛は天皇の外祖父となる
	5月26日	**以仁王と源頼政《よりまさ》が平家軍に敗死。治承《じしょう》・寿永《じゅえい》の乱がはじまる**
	6月2日	平清盛が福原に遷都（半年ほどで都は京へ戻る）
	8月17日	**源頼朝が伊豆で挙兵**
	8月23日	**源頼朝、相模の石橋山《いしばしやま》の戦いで敗れ、海路で安房に逃れる**
	9月7日	木曽義仲《きそよしなか》が信濃で挙兵
	9月10日	源（武田《たけだ》）信義《のぶよし》が甲斐で挙兵
	10月6日	源頼朝が鎌倉に入る
	10月20日	**源頼朝軍と平維盛《これもり》軍が富士川で対峙し平家軍が大敗（富士川の戦い）**
	12月18日	平清盛、後白河法皇の幽閉を解き、院政の再開を要請
	12月28日	**平重衡《しげひら》が東大寺や興福寺などを焼き払う（南都《なんと》焼き討ち）**
1181年	閏2月4日	平清盛が病没。源頼朝の首を墓前に供えよと遺言したとされる
	閏2月15日	平重衡、源頼朝追討のために東国へ向かう
	9月6日	平通盛《みちもり》が越前で木曽義仲に敗れる
1183年	4月17日	木曽義仲追討のため、平維盛が北陸道に向かう
	5月11日	**木曽義仲軍が越中・加賀国境の倶利伽羅峠《くりからとうげ》で**

P54

治承・寿永の乱

以仁王に従い挙兵した源頼政は、平家軍に敗れ戦死したが、その5年後に平家は滅亡した。

ColBase（https://colbase.nich.go.jp/）

年	月日	出来事
		平維盛軍を破る（倶利伽羅峠の戦い）
	7月25日	平家一門が安徳天皇と三種の神器《じんぎ》を奉じて西国へ向かう
	7月28日	木曽義仲・源行家《ゆきいえ》が入京。後白河法皇、**木曽義仲に平家追討を命じる**
	8月6日	平家一門を解官（平家一門の所領を木曽義仲・源行家に与える）
	9月20日	後白河法皇の命で、木曽義仲が平家追討に出立する
	10月	**源頼朝、朝廷より東海・東山道《とうさんどう》の支配が認められる**
	閏10月1日	木曽義仲が備中の水島《みずしま》の戦いで平知盛《とももり》・教経《のりつね》に敗れる
1184年	1月10日	木曽義仲が征夷大将軍に任じられる
	1月20日	源範頼《のりより》・義経《よしつね》軍が瀬田で木曽義仲軍を破る。**木曽義仲、近江の粟津《あわづ》で敗死**
	1月22日	源頼朝に平家追討の宣旨が下される
	2月7日	**源範頼・義経軍が摂津の一《いち》ノ谷《たに》で平家軍を破る。**
		平家は讃岐の屋島《やしま》に退く
	7月28日	後鳥羽《ごとば》天皇が神器なしで即位
	8月6日	源義経が検非違使《けびいし》・左衛門少尉《さえもんのしょうじょう》に任じられる
	10月	源頼朝、公文所《くもんじょ》、問注所《もんちゅうじょ》を設置する
1185年	2月19日	源義経、讃岐の屋島で平家軍を破る。平家はさらに西へ
	3月24日	義経、長門の壇《だん》ノ浦《うら》で平家軍を破る。平家が滅亡する（治承・寿永の乱が終結）

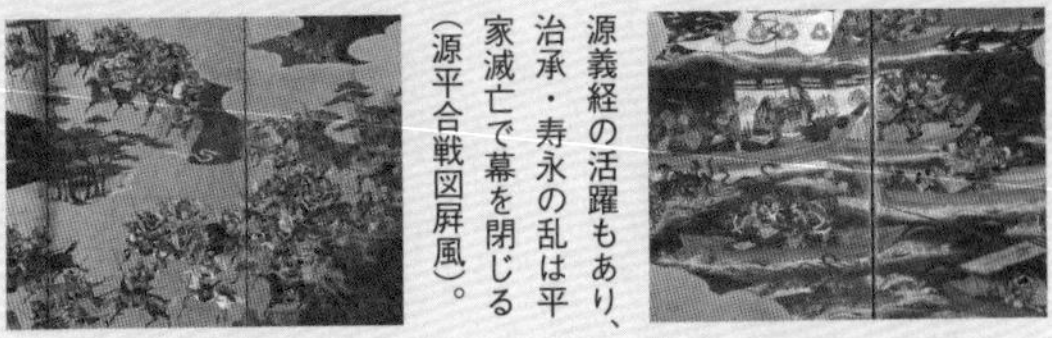

源義経の活躍もあり、治承・寿永の乱は平家滅亡で幕を閉じる（源平合戦図屏風）。

ColBase（https://colbase.nich.go.jp/）

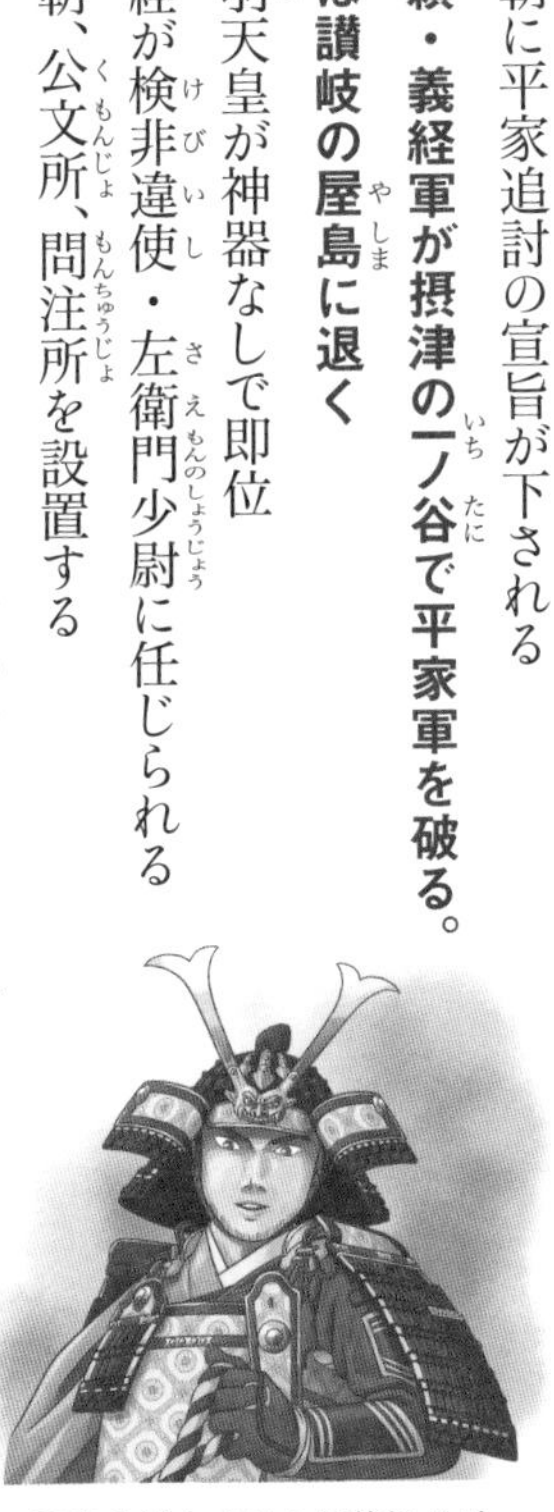

平家を滅亡させた源義経だが、4年後に奥州平泉で自刃した。

5－9世紀

政権が列島統治を進める中での長き戦い

蝦夷《えみし》との戦い

勝利 ◎ 坂上田村麻呂

VS

敗北 × 阿弖流為 母禮ら

場所 陸奥胆沢

いきさつ

先住する人々を支配

ヤマト政権は畿内以西におこり、徐々に周辺に先住する人々を同化、もしくは支配して、その版図を広げてきたと考えられている。

そして、自分たちより東に住む人々を、**「蝦夷《えみし》」**という異民族を示す名で呼び、長きにわたって戦いを続けてきた。ただし、そこにあった違いは人種的なものというよりも、生活形態だったと考えられている。農耕を基盤とするヤマト政権に対し、蝦夷とされた人々は、狩猟採集に重きを置く生活で縄文文化の継承者ともされる。

蕨手刀《わらびてとう》

蝦夷が用いた柄の先がワラビのように巻いた刀。柄と刀身の間に角度があり、馬上からの斬撃にすぐれた。騎兵戦術を用いた蝦夷の戦闘力は高く、のちの日本刀の反りにも影響したとされる。

ColBase（https://colbase.nich.go.jp/）

5世紀の**倭王武《わおうぶ》（雄略《ゆうりゃく》天皇）**は、東西の異民族を征服したと中国皇帝に上表していて、この頃から先住者との戦いはあった。

ただし、ヤマト政権の軍事行動はこれら異民族戦線と、朝鮮半島への出兵の2本立てであった時期が長い。蝦夷との境界線は、支配と同化を繰り返しながら、東へ北へと進んだ。

だが、663年の**白村江の戦い**に敗れて以降、朝鮮半島出兵はなくなり、その軍事力は国内へと向けられ、724年には陸奥《むつ》に**多賀城《たがじょう》**を築き、周辺支配の拠点とした。

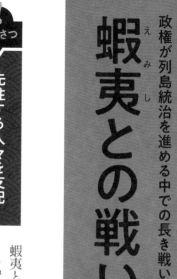

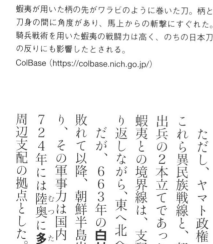

弥生〜奈良時代
平安時代
鎌倉時代
室町時代
戦国時代
安土桃山時代
江戸時代
近現代

経過

阿弖流為と坂上田村麻呂

780年、蝦夷の長の**伊治呰麻呂**《これはりのあざまろ》が反乱を起こし、多賀城を焼く事件が起きる。788年には**桓武**《かんむ》**天皇**が**紀古佐美**《きのこさみ》を**征東大使**に任じ、蝦夷征討を命じた。しかし、多賀城を進発した朝廷軍は、胆沢《いさわ》地域の蝦夷の長である**阿弖流為**《あてるい》らに大敗する。

791年には**大伴弟麻呂**《おとまろ》を**征東大使**に、**坂上田村麻呂**《さかのうえのたむらまろ》を副使に任命。以後、田村麻呂は対蝦夷戦線の中心となり、阿弖流為らとの戦いを繰り広げた。

後に田村麻呂は征夷大将軍に任じられ、801年に勝利する。翌年には蝦夷の拠点だった地に**胆沢城**を築き、鎮守府を多賀城から移した。田村麻呂は降伏した阿弖流為と仲間の**母禮**《もれ》らを連れ、平安京に戻った。

坂上田村麻呂と関係が深い清水寺には、阿弖流為と母禮の碑がある。

結果

軍制度の転換点

田村麻呂は阿弖流為らを降伏者として助命するように願ったが、朝廷は阿弖流為と母禮を反逆者として、処刑してしまう。

律令制のもと、朝廷の軍事は徴兵による軍団制が支えた。しかし、朝鮮出兵が減ると現実的でなくなり、桓武天皇は負担の軽い**健児**《こんでい》**の制**を導入する。ただし、蝦夷戦線があった陸奥や出羽《でわ》では軍団が残されていた。

しかし、阿弖流為らの死後、陸奥や出羽の情勢も変わる。日本の軍制度は変わり、いつしか、東国に武士が勃興してくることになる。

戦乱のポイント

処刑の違和感

坂上田村麻呂は阿弖流為らを助命して蝦夷懐柔の助けにしたいとしたが、朝廷は反逆者としての処刑を選んだ。朝鮮半島から後退し、軍事的発揚がない中、朝廷には力を誇示する相手が必要だったのだろうか。阿弖流為らは降伏し、旧拠点には胆沢城が築かれていた。処刑の違和感はぬぐえない。

810年

藤原氏同士の争いに天皇や上皇が絡む

薬《くす》子《こ》の変《へん》

勝利
嵯峨天皇
藤原冬嗣
坂上田村麻呂

VS

敗北
平城上皇
藤原仲成
藤原薬子

場所
平安京、平城京など

藤原冬嗣『前賢故実』（国立国会図書館蔵）

いきさつ
早良親王の怨霊

藤原不比等の子、**武智麻呂《むちまろ》（南家）**、**房前《ふささき》（北家）**、**宇合《うまかい》（式家）**、**麻呂《まろ》（京家）**は、それぞれ朝廷での地位を得て、以後、皇族と婚姻関係を結び、藤原氏の隆盛は強まる。

しかし、時代が下ると、この四家の権力闘争に皇族の争いが絡み、多くの政争が起こることになった。

道鏡事件の後に即位した**光仁天皇《こうにん》**は行政改革を進め、子の桓武天皇もそれを継承する。寺社勢力の干渉が大きい平城京から、**長岡京《ながおかきょう》**への遷都を決め、新都造営が進む。

しかし、785年にその造営を指揮していた式家の**藤原種継《たねつぐ》**が射殺される事件が起きた。これには**早良親《さわらしん》王《のう》**が関与したとされ、親王は皇太子を廃され、配流中に死去。大伴氏などの豪族も処刑された。極めて陰謀の臭いがするできごとだった。

すると、桓武天皇の周囲に不幸が続くことになる。早良親王の怨霊と恐れた天皇は、**崇道《すどう》天皇**の尊号を贈ったほどだった。

経過
上皇VS天皇

結局、不吉な長岡京は廃され、**平安京**への遷都が行われた。その後、桓武天皇が死去すると**平城《へいぜい》天皇**が即

桓武天皇

桓武天皇の長岡京、平安京遷都にからみ政変が続いた。

ColBase（https://colbase.nich.go.jp/）

位し、殺された種継の子、**藤原仲成《なかなり》**とその妹の**薬子**を重用した。

そして、天皇の異母弟である**伊予《いよ》親王**に謀反の嫌疑がかかる。親王は母と自害したが、その母は南家の藤原雄友《おとも》の妹であり、雄友も流罪になる。仲成による南家追い落としの謀略だと考えられている。

この不穏な情勢のもと、平城天皇が病気になり、怨霊を恐れた平城天皇は同母弟の**嵯峨《さが》天皇**に譲位した。

藤原仲成と戦う坂上田村麻呂（左）を描いた錦絵。　『大日本歴史錦繪』（国立国会図書館蔵）

ただし、上皇となった後も権力を保持し、嵯峨天皇と対立を深めた。

810年、平城上皇が平城京への遷都を宣言する。対する嵯峨天皇は伊勢、美濃などの関所を固めさせ、都に軍を集めた。怒った平城上皇は東国へ向かい、挙兵をねらうが、嵯峨天皇は東征の英雄である坂上田村麻呂を美濃道へ投入し、軍事的優位を形成した。

結局、拘禁されていた藤原仲成は射殺され、平城上皇は平城京へ戻るしかなく、薬子は自害した。

結果　藤原北家の台頭

上皇には、のちの院政のような権力機構はまだなく、そのため、嵯峨天皇側が迅速な軍事行動を起こし、勝利したといえる。

その後、平城上皇は出家して権力を失ったが、より大きな損害を受けたのは仲成と薬子が死んだ藤原式家だった。北家も連座して藤原真夏《まなつ》が左遷されているが、嵯峨天皇の信任が厚かったのは、その弟の**藤原冬嗣《ふゆつぐ》**で、藤原氏はこの冬嗣を起点に、さらに繁栄することになる。

戦乱のポイント

薬子の評価

藤原薬子には夫がいて、その娘が皇太子（のちの平城天皇）の妃となった。だが、娘よりも薬子の方が寵愛され、兄の藤原仲成と権勢を振るったため、悪女とされている。しかし、それも勝った嵯峨天皇側が残した記録が伝えるもの。薬子と仲成は乱の全責任を負わされているだけかもしれない。

9－10世紀

藤原氏の謀略

数々の謀略の末、摂関政治《せっかんせいじ》がはじまる

勝利
◎
藤原良房↓
基経↓時平↓
忠平

VS

敗北
×
大伴氏
橘氏
菅原道真ほか

場所
平安京ほか

菅原道真

いきさつ

藤原北家以外の弱体化

藤原氏の四家のうち、京家は初期より男子が少なく、一族としてあまり広がらなかった。また、南家は藤原仲麻呂の乱（p28）、式家は薬子の変（p42）で首謀者を出し大きな打撃を受けた。これに対し**北家**は**藤原冬嗣**が坂上田村麻呂らとともに薬子の変で活躍し、嵯峨天皇に重用された。

842年には、恒貞《つねさだ》親王を擁立する動きがあるとして、側近の**伴健岑**《とものこわみね》、**橘逸勢**《はやなり》が流罪となった（**承和《じょうわ》の変**）。

これは冬嗣の子の**藤原良房**《よしふさ》の謀略と考えられ、皇太子に良房の妹の子である道康《みちやす》親王がつく。その道康親王が文徳《もんとく》天皇として即位すると、良房は太政大臣となった。さらに9歳で**清和《せいわ》天皇**が即位すると**摂政《せっしょう》**になる。これは皇族以外で最初の例だった。

866年には**応天門《おうてんもん》**が焼ける事件が起きるが、良房はこれを**伴善男**《よしお》、**紀夏井**《なつい》が関与したとして処分する。

一連の謀略で伴氏（大伴氏）、紀氏、橘氏という、旧豪族系の官人らが排除され、藤原北家の勢威は高まった。

経過

天皇以上の藤原氏

良房が没すると、その兄の子で養子になっていた**藤原基経**《もとつね》が後継者になる。若い**陽成《ようぜい》天皇**をけん制し、55

藤原基経
『前賢故実』
（国立国会図書館蔵）

歳の**光孝天皇**《こうこう》を即位させるなど、基経は強気の政権運営を続けた。

だが、光孝天皇の子の宇多《うだ》天皇は藤原氏との関係が薄い。宇多天皇が基経に「阿衡《あこう》の任」での補佐を依頼すると、名のみの官職であると基経は出仕を拒否**（阿衡の紛議）**。結局、宇多天皇が折れる形になり、基経は天皇の後見役である**関白**《かんぱく》となった。

しかし、その基経が没すると、後継の**藤原時平**《ときひら》はまだ若かった。宇多天皇は**菅原道真**《すがわらのみちざね》を重用し、時平と並べて昇進させるようになっていく。

結果　摂関政治がはじまる

宇多天皇が譲位し、**醍**《だい》**醐**《ご》**天皇**が即位すると、左大臣時平、右大臣道真という体制になる。だが、道真に近い斉世《ときよ》親王即位の陰謀があると風説が流れ、醍醐天皇は道真を大宰府に左遷した**（昌泰《しょうたい》の変）**。

醍醐天皇と藤原時平らの陰謀とされるが、真相はわからない。しかし、時平の弟、**藤原忠平**《ただひら》は摂政、次に関白となる。摂関政治の時代に入り、**藤原道長**《みちなが》の頃にそれは絶頂期を迎える。

醍醐天皇

醍醐天皇と子の村上天皇は天皇親政を行い延喜・天暦の治と称される。

ColBase（https://colbase.nich.go.jp/）

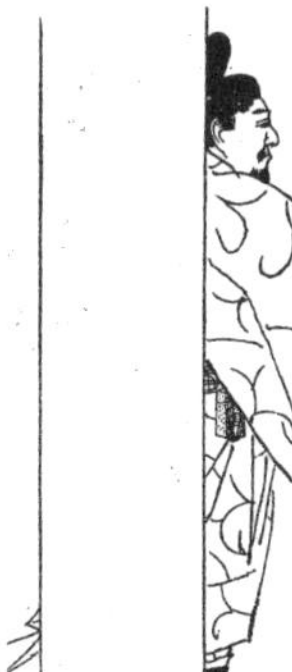

藤原忠平

『前賢故実』

（国立国会図書館蔵）

戦乱のポイント

菅原道真の怨霊

903年、菅原道真は左遷先の大宰府で失意の中で亡くなった。930年、醍醐天皇の清涼殿に雷が落ち、藤原清貫が即死。別の公家も亡くなる事件が起き、天皇も数カ月後に死去した。人々は道真の怨霊の仕業と考え、天満宮に神として祀られるようになる。怨霊が信じられ政治を動かす時代だった。

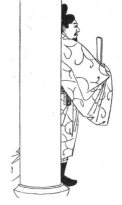

935−941年

荒廃していく地方に武士がおこる

承平《じょうへい》・天慶《てんぎょう》の乱

敗北	勝利
×	◎
平将門 藤原純友	藤原秀郷 平貞盛、小野好古 源経基

VS

場所

関東、瀬戸内海、大宰府など

いきさつ 荒れる地方行政

律令国家の軍事制度は、徴兵による軍団制だった。しかし、大きな兵力を要する事態は少なく、平安時代には民衆に負担の少ない健児の制へ移行した。兵役の必要がないため、同時に戸籍制度も崩壊していった。

そのような中、朝廷では藤原北家が台頭し官職を独占。他の氏族や**臣**《しん》**籍降下**《せきこうか》した皇族らは**国司**《こくし》など地方の官職を得て各地に散り、そこで**荘園**《しょうえん》を開墾し、土着する例が増える。

また、国司らは任期中に大きな利益を得ようと、苛烈な収奪を行うことも多かった。これに反発した地方の有力者の中には、群盗《ぐんとう》となる者も出てくる。

しかし、地方の軍事力、警察力は小さい。このため、有力者らはそれぞれに武装し、弓馬《きゅうば》の技を身につけることになる。

とくに関東では桓武天皇の子孫である**平氏**《へいし》が力をつけていた。その一族の**平将門**《まさかど》は、都で藤原忠平に仕え、官職を得ようとするが、望むものは得られず、関東に戻った。

一方、藤原北家傍流の**藤原純友**《すみとも》は、**伊予掾**《いよのじょう》という官職を得て赴任するも、瀬戸内の有力者の中には朝廷に反発し、海賊化する者も多かった。

経過 関東、瀬戸内で同時に反乱

将門の父が没すると、領地をめぐって伯父の**平国香**《くにか》らと紛争が起きる。襲撃された将門は、鍛えた豪勇で応戦。ついには国香を討ち、一族を次々と倒す事態になった。

すると、将門に紛争調停を頼む者が続出する。荒れた関東の地で、武力は一つの秩序になった。

９３９年、藤原玄明《はるあき》を助ける形で将門は**常陸国府**《ひたちこくふ》を陥落させる。さらに、**下野**《しもつけ》、**上野**《こうずけ》を攻略し、お告げがあったとして**「新皇《しんのう》」**を名乗った。明確に朝廷に反乱する形だ。

すると、任期終了後も在地していた藤原純友が、瀬戸内海の海賊の棟梁となって摂津を襲撃した。

東西でほぼ同時に起きた反乱に、朝廷は驚愕したという。

平将門

その豪勇は一時的にせよ、関東を独立国にした。

『武者无類外ニ三枚続キ画帖』(国立国会図書館蔵)

結果
武士の登場

朝廷は、平将門に対して**藤原秀郷**《ひでさと》と国香の子である**平貞盛**《さだもり》らを、純友には**小野好古**《おののよしふる》、**源経基**《みなもとのつねもと》らを追討軍として送った。９４０年２月、奮戦する将門が流れ矢に当たって戦死。関東争乱はあっけなく終わる。

純友は瀬戸内各地を襲撃し、９４１年には大宰府も占領する。しかし、小野好古らに押され６月に敗死した。

戦闘に参加した者らは兵《つわもの》と呼ばれる初期の武士となり、反乱平定に功績のあった源氏や平氏らは、中心的存な在となっていく。

戦乱のポイント

問題の地に武士はおこる

朝廷で貴族が争い、その原資は地方からの収奪だった時代。とくに過酷だった関東と瀬戸内に乱が起きた。その鎮圧者には、平清盛の祖となる平貞盛、源頼朝の祖となる源経基がいた。結局、清盛は藤原純友が反乱した瀬戸内を基盤に興隆。頼朝は平将門が立った大地に幕府を開いたことになる。

小野好古

『前賢故実』

(国立国会図書館蔵)

1051－1062年

東北の争乱が清和源氏《せいわげんじ》の台頭を促進する

前九年の役《ぜんくねんのえき》

勝利 源頼義 清原武則

VS

敗北 安倍頼時 安倍貞任

場所

奥六郡（陸奥中部）

源頼義『本朝百人武将傳』（国立国会図書館蔵）

いきさつ

清和源氏の伸張

承平・天慶の乱以降、盗賊や叛徒《はんと》を平定する**押領使《おうりょうし》**、**追捕使《ついぶし》**という役職が常設されるようになり、その国ごとの有力武士が任命されるようになった。こうして、武士団が形成されていく。

そんな中、中央では969年に醍醐天皇の子で、臣籍降下していた**源高明《たかあきら》**を藤原氏が失脚させた**安和《あんな》の変**が起きる。

このとき、清和源氏の祖、源経基の子である**源満仲《みつなか》**が功績をあげ、摂関家との関係を強くする。

さらに、満仲の子の**源頼光《よりみつ》**は藤原道長に仕え、清和源氏は摂関家の武力を担当するようになった。

1028年には、平将門のおじの子孫である**平忠常《ただつね》**が房総で反乱。この平定にあたったのが、頼光の弟の**源頼信《よりのぶ》**だった。以後、関東で平氏の力は衰退し、**坂東平氏《ばんどうへいし》**と呼ばれる一門は頼信と近しくなる。

経過

阿部氏×源頼義

かつて、坂上田村麻呂が蝦夷と戦った奥六郡《おくろくぐん》では11世紀中頃になると安倍氏が勢力を強め、これと対立する陸奥守の**藤原登任《なりとう》**は軍を動かしたが、**安倍頼時《よりとき》**らに敗北したのである。

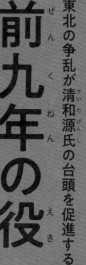

その後、登任は解任され、源頼信の子、**源頼義《よりよし》**が陸奥守となり、すぐに大赦が出て、頼時は頼義に従う形になった。

のちに頼義は鎮守府将軍も兼任することになったが、1056年、陸奥守の任期が終わり、将軍として鎮守府の胆沢城へ向かい、そこから国府の多賀城に戻るとき、安倍頼時の子である**貞任**《さだとう》に襲われた。

両者は交戦状態に入り、翌年には頼義側が頼時を敗死させた。しかし、黄海《きのみ》の戦いで頼義は貞任の軍に大敗し、苦戦が続いた。

『前九年合戦絵巻』
ColBase（https://colbase.nich.go.jp/）

事態の打開を図る頼義は、1062年に出羽の豪族、**清原武則**《きよはらのたけのり》に援軍を要請。武則が率いて合流した兵は1万ともいわれ、頼義側は形勢を逆転した。9月、厨川柵《くりやがわのさく》が陥落し、貞任も敗死。安倍氏は滅亡した。

結果

東北の覇者、清原氏

朝廷の命で安倍氏追討を果たした功として源頼義は伊予守《いよのかみ》に、清原武則は鎮守府将軍に任じられた。清和源氏の声望は高まり、頼義は相模由比に石清水八幡宮《いわしみずはちまんぐう》を勧請《かんじょう》（のちの鶴岡《つるがおか》八幡宮）する。

清原武則は東北の覇者となり、安倍氏側で敗死した藤原経清《つねきよ》の子、**清衡**《きよひら》を預かる。この子がのちに奥州藤原氏の初代となる。

戦乱のポイント

蝦夷勢力との関係

古代、朝廷側に帰順、同化した蝦夷を俘囚《ふしゅう》と呼び、各地に兵として配置され、反乱することもあった。この合戦に登場する安倍氏、清原氏、藤原氏といった豪族はその俘囚の長とも考えられている。しかし、中央の貴族が赴任先に土着し婚姻関係を結ぶことも多く、その子孫ともされている。

清原武則
『前賢故実』
（国立国会図書館蔵）

1083－1087年

後《ご》三《さん》年《ねん》の役《えき》

関東には源氏、奥州には藤原氏が興隆する

勝利 源義家 藤原清衡

VS

敗北 清原家衡

場所

陸奥、出羽

藤原清衡

『本朝百将伝』（国立国会図書館蔵）

いきさつ

清原氏内の対立

前九年の役における功で、鎮守府将軍となった清原武則は、出羽・奥羽において一大勢力となった。

武則の地位は子の**清原武貞**《たけさだ》に継承された。だが、前九年の役で敗死した藤原経清の妻が武貞と再婚していて、経清の遺児の藤原清衡は養子となり、清原清衡を名乗っていた。

ただし、武貞には嫡男の**清原真衡**《さねひら》がいて、さらに、妻との間に**清原家**《いえ》**衡**《ひら》も生まれた。

真衡、清衡、家衡は兄弟ではあるが、それぞれに父か母が異なり、くわえて強大化した清原氏の名門意識もからみ、いつしか対立するようになった。

武貞が亡くなると、嫡男の真衡が跡を継いだ。

源義家

『武者无類外ニ三枚続キ画帖』（国立国会図書館蔵）

経過

源義家の介入

しかし、真衡の子には男子がなく、桓武平氏の一族から養子をとり、これを**清原成衡**《なりひら》とした。

その成衡の婚姻の席で、同族の**吉**《きみ》**彦秀武**《このひでたけ》と真衡の間にいさかいが起こる。怒った真衡は秀武を攻めようとするが、そこに清衡と家衡が味方し敵対関係となる。

1083年、源頼義の嫡男、**源義**《よし》

家《いえ》が陸奥守となって赴任する。真衡は義家を歓待して味方につけ、清衡と家衡を攻撃し、彼らを降伏させた。

しかし、ここで真衡が病死する。義家はその遺領を清衡と家衡に分割しようと差配するが、家衡がこれを不満とし、今度は家衡と清衡が交戦状態になった。義家は清衡に味方するが敗北し、勝った家衡側は天然の要害である**金沢柵**《かねざわのさく》を拠点とする。

義家・清衡側は兵糧攻めを敢行。1087年に金沢柵は陥落し、家衡が討ち取られた。

『後三年合戦絵巻』
ColBase（https://colbase.nich.go.jp/）

結果

源氏の名声と奥州藤原氏

源義家は石清水八幡宮で元服したことから、**八幡**《はちまん》**太郎**《たろう》の異名があり、若くして前九年の役でも活躍していた。さらに、後三年の役を平定したことで、義家の武名はとどろいた。

しかし、朝廷はこの合戦を私戦として恩賞を出さなかった。義家は仕方なく、私財から部下に恩賞を与えることとした。すると義家の名声はさらに高まり、源氏の棟梁こそが関東の武門の棟梁であるという認識が醸成された。これが、のちの鎌倉幕府創建に大きな意味を持った。そして、清原清衡は元の藤原姓に復し、清原氏の旧領を手にした。

以後、陸奥の平泉を本拠とする**奥州藤原氏**の繁栄がはじまる。

戦乱のポイント

清和源氏の流れ

清和天皇の孫が源姓を与えられ臣籍降下したのが、清和源氏の祖の源経基。その子の源満仲以降、摂関家に近づき、満仲の子の源頼光は摂津を根拠とし摂津源氏の祖となり、弟の頼信は河内源氏の祖となった。この河内源氏の流れから源義家が登場し、白河天皇に重用され伸張していく。

1156－1159年

院政《いんせい》が乱を呼び歴史の演者が変わる

保元《ほうげん》・平治《へいじ》の乱

敗北		勝利
崇徳上皇 藤原信頼 源義朝など	VS	平清盛

場所

京

平清盛

いきさつ

院政の中、武士が台頭

１０８６年、**白河《しらかわ》天皇**が譲位し、８歳の**堀河《ほりかわ》天皇**が即位。当然、天皇が政治を行うわけはなく、上皇となった白河が権力を保持した。これが**院政**のはじまりとなった。直系の子孫を天皇にし、実権を握る上皇を「**治《ち》天《てん》の君《きみ》**」と呼ぶようになる。

院とは上皇の御所のことで、正統な朝廷ではないが、実権があるので、各種機関が設けられ、政庁のような形となる。枢要な機関であるため、防衛力や警察力も必要になり、同時期に台頭してきた源氏や平氏といった武士がそれを担った。彼らは院の北側に詰めたので、「**北面《ほくめん》の武士**」と呼ばれるようになった。

白河上皇は堀河天皇の次の**鳥羽《とば》天皇**、さらに**崇徳《すとく》天皇**と3代43年間にわたって権力を保持した。

経過

続く対立と兵乱

院政は継承され、上皇となった鳥羽、崇徳天皇父子が対立し、ここに藤原摂関家内の対立が絡んだ。とくに崇徳にとっては、長年まともに実権を得たこともなく不満は募った。

１１５６年に鳥羽法皇が死去すると、崇徳上皇は**藤原頼長《よりなが》**と結託し武

保元の乱

負		勝
崇徳上皇（兄） 配流	天皇家	後白河天皇（弟）
藤原頼長（弟） 敗死	摂関家	藤原忠通（兄）
源為義（父） 死刑 源為朝（八男） 配流	源氏	源義朝（長男）
平忠正（叔父） 死刑	平氏	平清盛（甥）

士らを白河殿に集める。これに対応する形で、**後白河天皇**《ごしらかわ》は頼長の兄の**藤原忠通**《ただみち》と高松殿に**源義朝**《よしとも》、**平清盛**《きよもり》らを招集。7月11日未明、ついに両陣営は武力衝突に至り、朝には上皇方の敗北が決まった**(保元の乱)**。

この天皇家・摂関家・武士が兄弟、父子などに分かれて争った保元の乱が終わると、新政権は藤原南家出身の**藤原通憲**《みちのり》**(信西**《しんぜい》**)**が主導。後白河天皇が上皇となり、二条天皇《にじょう》が即位すると、上皇近臣の**藤原信頼**《のぶより》と反目。平清盛は通憲に接近して、同じ武士の源義朝と対立した。

1159年12月、藤原信頼と源義朝が御所を襲撃し、上皇と天皇を幽閉。混乱の中、藤原通憲は自害し、信頼が政権奪取したかに見えた。

しかし、京を留守にしていた平清盛の軍勢が帰京し、六条河原で信頼・義朝の軍を破った**(平治の乱)**。

平治の乱

負		勝
藤原信頼 死刑	藤原氏	藤原通憲(信西) 自害
源義朝(父) 敗死 源義平(長男) 死刑 源頼朝(三男) 配流	武家	平清盛

『平治物語絵巻』(信西巻)

藤原通憲(信西)の首が長刀に結ばれる。

ColBase (https://colbase.nich.go.jp/)

結果

平清盛政権が誕生

平治の乱後、藤原信頼は捕らえられて斬首され、源義朝も死亡。先の保元の乱で摂関家は分裂、凋落し、その隙を突くように藤原通憲と藤原信頼が争った。

しかし、平治の乱で両者は死亡。その後、最大の力を持っていたのは、武士の平清盛だった。

戦乱のポイント

瀬戸内を掌握した平氏

平忠常の乱以降、関東での勢力を縮小した桓武平氏は、平貞盛の子孫が伊勢を拠点に伸長した。伊勢出身の平忠盛は海賊を討伐し、瀬戸内航路を掌握することで日宋貿易を行い富を得た。公卿になる寸前で死去したが、その遺志を子の平清盛が継ぎ、瀬戸内が生む巨大な富で平氏は繁栄していった。

1180－1185年

栄華を誇った平氏政権が滅亡する

治承《じしょう》・寿永《じゅえい》の乱

勝利
源頼朝
源範頼
源義経ほか

VS

敗北
平宗盛
木曽義仲ほか

場所
関東～九州

いきさつ

院政停止と平氏政権

1160年、保元の乱の戦後処理が行われ、源義朝は死亡、長男の源義平《よしひら》も処刑された。

しかし、三男の源頼朝《よりとも》は生かされ、伊豆へ配流となった。

同年、平清盛は武士としてはじめて上位の貴族である**公卿**《くぎょう》となる。さらに内大臣、太政大臣と昇進し、権力は清盛に集中した。

出家した清盛は**福原**で日宋貿易に注力し富を集め、**高倉**《たかくら》**天皇**が即位すると娘の**徳子**《とくこ》をその女御《にょうご》とした。

後白河法皇

ColBase（https://colbase.nich.go.jp/）

清盛一門の多くが高官につき、その一人、**平時忠**《ときただ》が「平氏にあらずんば、人にあらず」と放言した逸話は、この時期のことだ。

しかし、後白河法皇の女御で、高倉天皇の母でもある平氏出身の**建春門院**《けんしゅんもんいん》が亡くなると、平氏政権と後白河法皇の間に不和が生まれる。

1177年には、後白河法皇と延暦寺の間に対立が生まれ、さらに法皇近臣による平氏打倒計画が露見した**（鹿ケ谷**《ししがたに》**の陰謀）**。

後白河と清盛の対立が深まる中、徳子が**言仁親王**《ときひと》（のちの安徳天皇）を出産する。

1179年に清盛の長男で、後白河法皇とのパイプ役だった**平重盛**《しげもり》が亡くなると、対立は決定的になる。

清盛は福原から兵数千を率いて京

弥生〜奈良時代
平安時代
鎌倉時代
室町時代
戦国時代
安土桃山時代
江戸時代
近現代

木曽義仲（埼玉県嵐山町）

に入り、関白の藤原基房《もとふさ》をはじめ、後白河法皇の近臣らの多くを解任する。そして、法皇を鳥羽殿に幽閉し、院政を停止させた。

この政争の中、敗者の所領を取り上げ、分配することで平氏一門の勢力は強大になり、世は武家政権へと変容する。しかし、貴族政治の構造を踏襲する部分も多く、武士にも貴族にも不満は渦巻いた。

経過 平氏滅亡

1180年、言仁親王が**安徳天皇**として3歳で即位すると、後白河法皇の子である**以仁王**《もちひとおう》が反発。**源頼政**《よりまさ》を味方につけ、平氏打倒の令旨《りょうじ》を諸国の源氏に発した。

しかし、計画は露見し、平氏の軍に押され、以仁王と頼政はともに宇治で敗死する。

すると、同年に伊豆に流されていた**源頼朝**が挙兵する。頼朝は**石橋山の戦い**で敗れるが、清和源氏嫡流という名声の価値は高く、再び兵を集めて相模の**鎌倉**を拠点とした。

対する平氏側は平重盛の子である**維盛**《これもり》を派遣するが、**富士川の戦い**で頼朝軍に敗北する。

京に向かうかに見えた頼朝。だが、武士らと私的に主従関係を結んだ棟梁「**鎌倉殿**《かまくらどの》」として、**侍所**《さむらいどころ》を設置するなど**御家人**《ごけにん》の統治を優先した。

1181年、各地へ戦火が広がる中、平清盛が急死すると、三男の**宗**《むね》**盛**《もり》が後継者となった。

1183年5月には北陸から京へ

戦乱のポイント

関東の経営を優先した頼朝

石橋山の戦いに敗れた源頼朝だが、平忠常の子孫である上総介広常《かずさのすけひろつね》が2万とされる兵を率いて味方することで挽回した。また、同様に味方になった下総の千葉常胤《ちばつねたね》も同じく桓武平氏出身。いわゆる坂東平氏らと主従関係を結んだため、頼朝は平氏追討より関東の経営確立を急ぐことになった。

進軍する**木曽《きそ》(源《みなもとの》)義仲《よしなか》**が**倶利伽羅《くりから》峠《とうげ》の戦い**で平氏軍を撃破。7月には安徳天皇と三種の神器《じんぎ》を奉じて平氏は西へ向かう。空白となった京に義仲は入るが、都の運営はうまくいかず反発を受ける。義仲が平氏追討に向かうと後白河法皇は頼朝を頼った。

平氏追討の主導権をめぐり、義仲と対立していた頼朝は、弟の**源範頼《のりより》**、**源義経《よしつね》**らを派遣。義仲は京に戻るが、**宇治川の戦い**直後に敗死した。

『源平合戦図屏風』
ColBase（https://colbase.nich.go.jp/）

西国では平氏が勢力を盛り返して摂津に集結していたが、範頼・義経の軍は**一ノ谷の戦い**でこれを破る。

さらに讃岐《さぬき》に逃れた平氏軍を義経が**屋島の戦い**で撃破すると、平氏軍は長門へ撤退した。

後がない平氏軍を瀬戸内の制海権を握った義経が追い詰め、1185年3月24日、**壇ノ浦《だんのうら》の戦い**となる。

序盤は海流に乗った平氏軍が優勢だったが、流れが変わると義経軍が猛攻をくわえた。そして、敗北を悟った者が続々と海に身を投げ、安徳天皇も入水。平氏政権は滅亡した。

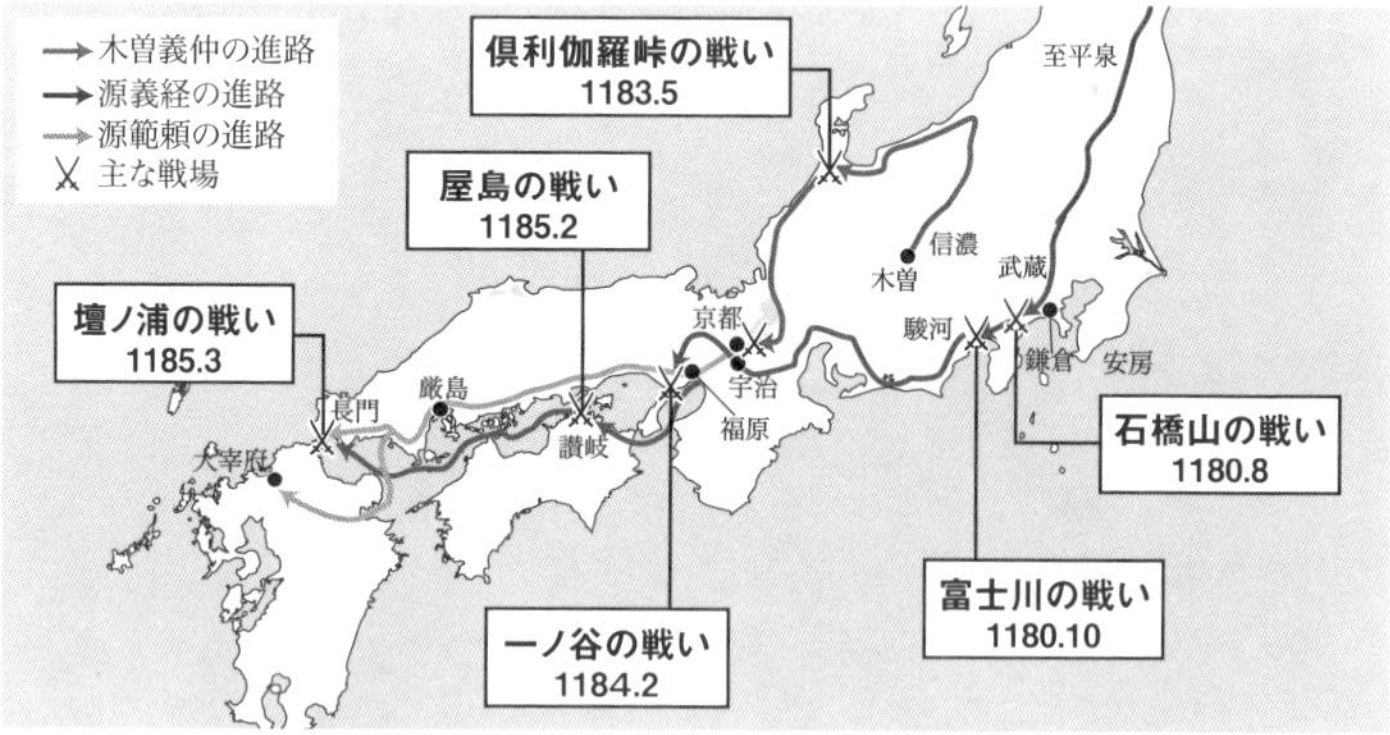

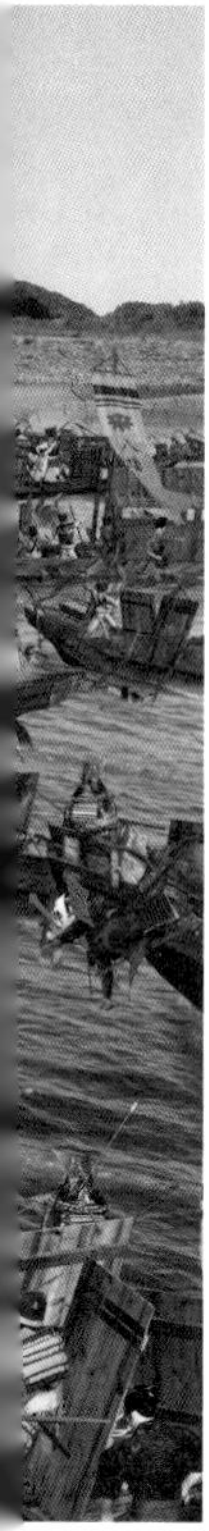

結果

関東に生まれた幕府

この一連の戦いを**治承・寿永の乱**といい、源氏と平氏が中心となったことから、**源平合戦**とも呼ばれる。

結果、最初の武家政権を担った平氏は滅び、都では後白河法皇が院政を復活し、**後鳥羽《ごとば》天皇**が即位した。

壇ノ浦の戦い

本州と九州の間、関門海峡で平氏勢500艘、源氏勢800艘ほどで合戦となったとされる。海流の変化が勝敗を分けた。

しかし、関東では源頼朝が私的な形であるにしろ、鎌倉殿として御家人との主従関係を結び、侍所に続き**公文所**《くもんじょ》、**問注所**《もんちゅうじょ》といった諸機関を設置していた。すでに幕府と呼べる形になっていたことになる。

そして、焦点は鎌倉と朝廷との関係に移っていく。

戦乱のポイント

源義経の戦い

一ノ谷の戦いにおいて、源義経はわずか70騎で平氏軍を奇襲し、勝利したとされる。続く屋島の戦いでも少数の船で出陣し、奇襲をかけて勝利した。義経伝説には創作的な部分も多いが、合戦の天才であったことは確か。平氏打倒の立役者であり、だからこそ、兄の頼朝は警戒することになる。

童子切安綱《どうじぎりやすつな》

酒呑童子を斬った伝説のある伯耆国安綱作の名刀。
10～12世紀
ColBase（https://colbase.nich.go.jp/）

弓馬《きゅうば》の術に適した刀剣、甲冑

大包平《おおかねひら》

古備前の代表的刀工、包平作の大太刀。反りも大きい。
12世紀
ColBase（https://colbase.nich.go.jp/）

武士がおこり、武具が変わる

荘園《しょうえん》が発達し律令制度《りつりょうせいど》が形骸化すると、軍制も崩壊した。平安時代中期以降、官制の軍が機能しなくなる中、自衛的に武器をとる人々が出てくる。これが武士だ。

平野の多い関東を中心に興った武士は、騎馬からの騎射や斬撃《ざんげき》が主戦術。弓馬の術を磨くことが武士にとって大事なことだった。このため、矢を防ぐ盾としての大袖《おおそで》(肩の防具)、草摺《くさずり》(下腹部の防具)を装備し、歩くことはあまり考慮していないので鎧は重かった。騎兵戦術にすぐれた蝦夷《えみし》の蕨手刀《わらびてとう》（柄と刀身に角度があり騎乗で扱いやすい）の技術が導入され、刀身の反った日本刀が生まれた。

ただし、平安時代の武士は身分のある軍事貴族から発生したので、どれも豪華なことが特徴だ。

赤糸威鎧《あかいとおどしよろい》（模造）

平安末～鎌倉初期の名将、畠山重忠奉納と伝わる甲冑。
原品12世紀
ColBase（https://colbase.nich.go.jp/）

第3章

鎌倉時代

この時代のポイント

- 武士政権が誕生するも内紛が続いた
- 元が襲来するも鎌倉幕府が見事撃退する
- 後醍醐天皇と武士らが倒幕を果たす

蒙古襲来
ColBase（https://colbase.nich.go.jp/）

年	月日	出来事
1185年	5月24日	源 頼朝《みなもとのよりとも》、義経《よしつね》の鎌倉入りを許さず、腰越に留まらせる
	11月	源頼朝に義経追討の宣旨《せんじ》が下される
	11月29日	**源頼朝、源義経追討を理由に守護《しゅご》・地頭《じとう》を諸国におくことを朝廷に許される（鎌倉幕府のはじまり）**
1189年	閏4月	源義経、衣川舘《ころもがわのたち》を藤原泰衡《ふじわらのやすひら》に包囲され自害する
	7月	**源頼朝、義経を匿《かくま》ったとの理由で藤原泰衡追討に出立。9月、泰衡が討たれ奥州藤原氏滅亡**
1192年	3月13日	後白河《ごしらかわ》法皇が没する
	7月	**源頼朝、征夷大将軍《せいいたいしょうぐん》に任じられる**
1193年	8月	源頼朝、弟の範頼《のりより》を伊豆に流す（のちに殺害）
1199年	1月13日	初代将軍源頼朝が没する
	4月	北条時政《ほうじょうときまさ》、13人の合議で諸事を裁決することを定める
	12月	幕府、御家人《ごけにん》らの訴えにより、有力御家人の梶原景時《かじわらかげとき》を鎌倉から追放する（**梶原景時の変**）
1202年	7月	**源頼家《よりいえ》、征夷大将軍に任じられる（2代将軍）**
1203年	8月	2代将軍源頼家が病気になる
	9月2日	北条時政、有力御家人の比企能員《ひきよしかず》を討ち取り比企氏が滅亡する。2代将軍頼家の子、源一幡《いちまん》を殺害する（**比企氏の乱**）

P66 頼朝の奥州攻め

P68 鎌倉幕府の内紛

北条時政
（国立国会図書館蔵）
源頼朝の挙兵時から仕え、初代執権となる。

年	月日	出来事
	9月7日	**源実朝《さねとも》、征夷大将軍に任じられる（3代将軍）**。北条時政が初代執権《しっけん》となる
	9月29日	源頼家、伊豆の修禅寺に幽閉される
1204年	7月18日	源頼家、伊豆の修禅寺で殺害される
1205年	6月	北条時政、有力御家人の畠山重忠《はたけやましげただ》を滅ぼす
	閏7月	北条時政、平賀朝雅《ひらがともまさ》の将軍擁立に失敗。時政は隠居、北条義時《よしとき》が執権となる
1213年	5月3日	北条義時、有力御家人の和田義盛《わだよしもり》を謀略によって討ち取る（**和田合戦**）
1219年	1月27日	**3代将軍源実朝、鶴岡八幡宮で甥の公暁《こうぎょう》に殺害される**（これにより源氏将軍は3代で途絶える）
	6月	藤原（九条）頼経《よりつね》、京より鎌倉へ下るよう宣旨が下る
	7月	在京の御家人の源頼茂《よりもち》が後鳥羽《ごとば》上皇に謀反を企てるが失敗に終わる
1221年	5月14日	後鳥羽上皇、幕府に近い西園寺公経《さいおんじきんつね》を幽閉する
	5月15日	**後鳥羽上皇、京都守護の伊賀光季《いがみつすえ》を討ち取り、北条義時追討の宣旨を下す（承久《じょうきゅう》の乱がおこる）**
	5月19日	**尼将軍の北条政子《まさこ》、御家人たちに源頼朝への御恩と上皇方の討伐を説く**
	5月22日	北条義時の子の泰時《やすとき》を大将とし、東海道・東山道・北陸道の3軍が西上を開始。後鳥羽上皇方は、藤原秀康《ひでやす》を総大将に尾張・美濃で迎撃するも敗退
	6月14日	幕府軍、宇治・瀬田で後鳥羽上皇方を撃破

北条義時
（国立国会図書館蔵）
父北条時政の跡を継ぎ2代執権となり、幕府を支える。

P70

承久の乱

後鳥羽上皇
（国立国会図書館蔵）
幕府を倒そうと兵を挙げ、承久の乱に敗れ隠岐に流される。

年	月日	参照	テーマ	出来事
	6月15日	P70	承久の乱	**幕府軍、京を占領。後鳥羽上皇は北条義時追討の宣旨を撤回（承久の乱が終結）。** **以後、関東の武士政権だった幕府が、西の朝廷勢力を破り全国支配を確立させる**
	6月16日			北条義時の弟時房《ときふさ》が京の六波羅《ろくはら》館《やかた》に入る（六波羅探題《たんだい》のはじまり）
	7月			後鳥羽法皇は隠岐へ、順徳《じゅんとく》上皇は佐渡へ配流。乱に加担した公卿らを処刑
	8月			上皇方の公卿・武士の所領を没収し、御家人への恩賞とする
1224年	6月			**北条義時が没する。北条泰時が3代執権となる**
1225年	12月			幕府が評定衆《ひょうじょうしゅう》をおく
1226年	1月			藤原頼経、征夷大将軍に任じられる（4代将軍）
1232年	8月			**3代執権北条泰時、初の武家法の御成敗式目《ごせいばいしきもく》（貞永《じょうえい》式目）を制定**
1234年				モンゴル帝国、蔡州《さいしゅう》を攻めて金《きん》を滅ぼす
1244年	4月			藤原頼嗣《よりつぐ》が征夷大将軍に任じられる
1246年	3月	P72	将軍×執権	4代執権北条経時《つねとき》が病にかかり、弟の時頼《ときより》が5代執権となる **この頃、執権派と将軍派が対立。北条氏一門の名越光時《なごえみつとき》が前将軍の藤原頼経を担ぎ、5代執権の北条時頼の排除を図る（宮《みや》騒動がおこる）**
	6月			北条時頼、名越光時らを配流し、前将軍の藤原頼経を京都に送還する
1247年	6月			**北条時頼、有力御家人の三浦泰村《みうらやすむら》・光村《みつむら》と千葉秀胤《ちばひでたね》を倒す（宝治《ほうじ》合戦）。** 以後、幕府の権力が執権に集中し、北条氏の得宗《とくそう》専制が続く
1252年	4月			藤原頼嗣に代わり、宗尊《むねたか》親王（後嵯峨《ごさが》上皇の皇子）が6代将軍となる。

		これ以降、将軍は幕府の政《まつりごと》に参加せず
1259年	11月	**後嵯峨上皇、後深草《ごふかくさ》天皇に恒仁《つねひと》親王（亀山《かめやま》天皇）への譲位を命じる。以後、大覚寺《だいかくじ》統と持明院《じみょういん》統の対立がはじまる**
1268年	1月	高麗《こうらい》がモンゴル帝国に降伏する
	3月	モンゴルの国書を携えた高麗の使節が大宰府に到着するも、朝廷は無視する
		北条時宗《ときむね》が8代執権となる
1271年		フビライ＝ハン、国の号を元《げん》とする
	9月	幕府は九州の御家人に異国警固番役《いこくけいごばんやく》を命じる
1272年	5月	日本の使節が元の大都《だいと》を訪れる
1274年	10月3日	元・高麗の連合軍（3万～4万）が高麗の合浦《がっぽ》を出航
	10月5日	**元・高麗の連合軍が九州北方の対馬に襲来（文永《ぶんえい》の役がおこる）**
	10月14日	元・高麗の連合軍が壱岐に侵攻。さらに肥前に進む
	10月20日	元・高麗の連合軍が博多に上陸。てつはうと呼ばれる炸裂弾を使用
	10月21日	**元・高麗軍が撤退。内部分裂が原因とされる（文永の役が終結）**
1275年	4月	降伏を求める元の使節が来日（のちに斬首）
	5月	幕府は周防など4カ国に長門の警固を命じる
1276年	3月	幕府は九州の御家人に石塁を築くことを命じる

P74 蒙古襲来

蒙古襲来絵巻（模本）

ColBase (https://colbase.nich.go.jp/)

年	月日	出来事	項目
1279年	7月	来日した元の使節を博多で処刑	P74 蒙古襲来
1281年	5月	**元・高麗の軍勢を中心とした東路軍《とうろぐん》(約4万)が出航し、九州北方の対馬に侵攻する(弘安《こうあん》の役がおこる)**	
	6月	東路軍が志賀島《しかのしま》に攻め寄せるも、日本軍の抵抗にあい壱岐に撤退。	
	閏7月1日	東路軍(元・高麗軍)と江南軍《こうなんぐん》(旧南宋軍)が集結するも、台風により被害を受ける	
		数日後、元軍が撤退(弘安の役が終結)。元軍は退いたが、幕府は戦った武士に恩賞を与えることができず、幕府と武士の関係が崩れ始める	
1317年	4月	鎌倉幕府が大覚寺統と持明院統の両統迭立《てつりつ》を提案、皇位の継承順が決まる	
1318年	2月	大覚寺統の後醍醐《ごだいご》天皇が即位	
1321年	12月	**後醍醐天皇、院政を停止し親政《しんせい》を開始する**	
1324年	9月	後醍醐天皇の倒幕計画が密告により発覚。天皇側近の日野《ひの》資朝《すけとも》・俊基《としもと》が捕縛される。日野資朝は佐渡へ配流(正中《しょうちゅう》の変)	
1331年	5月	天皇の倒幕計画が再び発覚。日野俊基らが捕縛される(**元弘《げんこう》の変**)	P76 鎌倉幕府の滅亡
	8月	**後醍醐天皇、京を脱出して笠置山《かさぎやま》で挙兵**	
	9月11日	河内の豪族・楠木《くすのき》正成《まさしげ》が後醍醐天皇に呼応して赤坂城で挙兵	
	9月20日	幕府、持明院統の光厳《こうごん》天皇を擁立	
	9月28日	**後醍醐天皇、幕府軍によって笠置山が陥落し捕らえられる**	
	10月21日	赤坂城が陥落し、楠木正成は行方不明に	

年	月日	出来事
1332年	3月	後醍醐天皇、隠岐へ流される
	6月	日野資朝・俊基らが殺害される
	11月	**後醍醐天皇の子の護良《もりよし》親王が吉野で挙兵。楠木正成も河内の千早《ちはや》城で挙兵**
1333年	1月	播磨《はりま》の赤松則村《あかまつのりむら》が護良親王に呼応して挙兵
	閏2月	**後醍醐天皇、隠岐を脱出**（悪党出身といわれる名和長年《なわながとし》が天皇を守る）
	3月	後醍醐天皇の倒幕の呼びかけに応じて播磨の赤松則村が京へ侵攻
	4月	**幕府の御家人の足利尊氏《あしかがたかうじ》が倒幕に転じて挙兵**
	5月7日	足利尊氏・赤松則村らが京の六波羅探題を攻撃。北条仲時《なかとき》は敗れ、自害する。
		この頃、清和源氏《せいわげんじ》の流れをくむ新田義貞《にったよしさだ》が関東で挙兵
	5月21日	**新田義貞、鎌倉を攻めてこれを陥落させる**
	5月22日	**14代執権の北条高時《たかとき》が鎌倉の東勝寺《とうしょうじ》で自害する（鎌倉幕府滅亡）**
	6月5日	後醍醐天皇、京に戻る
	6月13日	護良親王、征夷大将軍に任じられる
	10月	公卿北畠顕家《きたばたけあきいえ》、義良親王を奉じて陸奥へ下る。
		多賀城《たがじょう》を拠点とした陸奥《むつ》将軍府がおかれる
	12月	足利尊氏の弟直義《ただよし》、成良《なりなが》親王を奉じて鎌倉へ下向し
		関東10カ国を統治する鎌倉将軍府となる

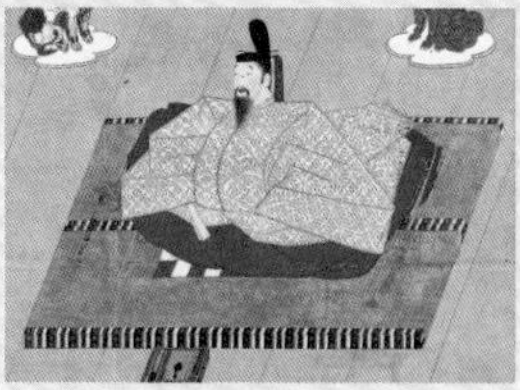

後醍醐天皇
幕府を倒し、吉野（奈良県）に南朝を開く。
ColBase（https://colbase.nich.go.jp/）

護良親王
（国立国会図書館蔵）
父の後醍醐天皇を助け倒幕を成し遂げ、征夷大将軍になった。

1189年

源義経を標的に、時代は大きく動いた

頼朝《よりとも》の奥州《おうしゅう》攻《ぜ》め

勝利 ◎ 源頼朝

VS

敗北 × 奥州藤原氏 源義経

場所

陸奥、出羽

いきさつ

頼朝と義経の不和

1185年3月に平氏が滅び、源義経は京に凱旋した。しかし、この頃から、兄、源頼朝との不和が表面化する。義経は後白河法皇から官職を直接与えられており、これに頼朝が怒ったとされる。本来、御家人は頼朝を通して任官すべきなのに、それを破ったということだ。

それでも、義経は壇ノ浦で捕らえた平宗盛らを連れ、鎌倉に向かう。だが、頼朝は義経の鎌倉入りを許さず、義経は京に戻る。後白河法皇は義経を重用し、義経は法皇の近臣であるかのようになってくる。これも朝廷との関係を構築中の頼朝にとっては看過できない。

結局、頼朝と義経の不和は決定的となる。先に義経が法皇から**頼朝追討の院宣**《いんぜん》を受けるが、頼朝は自身で軍を率いて西上。不利と見た義経は、九州へ逃れて再起を図ろうとするが、暴風雨に遭って失敗。行方をくらました。

頼朝は後白河法皇に自身への追討院宣を取り消させ、同年11月、義経追討を理由に**守護**《しゅご》・**地頭**《じとう》の設置を認めさせる。

経過

奥州藤原氏の滅亡

畿内に潜伏していた義経だが、追

源義経と武蔵坊弁慶

弁慶は義経股肱の臣とされるが、創作された部分も多い。ただし、史料の片隅にもその名は残る。『武者无類外ニ三枚続キ画帖』（国立国会図書館蔵）

捕は厳しく、かつて育てられた奥州の**藤原秀衡**《ひでひら》のもとを頼った。

秀衡は義経をかくまったが、その秀衡がすぐに亡くなる。跡を継いだ**藤原泰衡**《やすひら》も義経の保護を続けるが、そこに朝廷から義経追討の宣旨が出される。当然、これを仕掛けたのは頼朝だった。

中尊寺金色堂

産出する砂金と貿易によって、藤原清衡・基衡・秀衡と3代にわたり奥州藤原氏は半独立国的な栄華を築いた。

1189年閏4月、泰衡は義経のいる衣川館《ころもがわのたち》を500騎に囲ませる。義経の郎党たちは奮戦するが、人数は10名ほど。義経は妻子を殺害した後、自害した。

しかし、頼朝はそれだけでは終わらなかった。6月には義経をかくまったとして、藤原泰衡追討を号令。7月に頼朝自身で大軍を率い、奥州へ進軍した。幕府軍は3手に分かれて進み、各地で奥州勢を破って平泉《ひらいずみ》館《たち》を陥落させる。それでも逃げる泰衡だったが、最後は郎党に討たれた。

結果

関東から東北支配へ

こうして、事実上、東北圏を支配していた**奥州藤原氏は滅亡**した。はじめて、朝廷勢力が東北圏を支配した形ではあるが、それは関東に幕府を置いた源頼朝によるもの。

しかも、頼朝はこの混乱の中で守護・地頭という地方官配置を勝ち取っており、これが幕府の地方支配の基盤となっていく。朝廷から見て、関東の地方政権のはずだった幕府が、それ以上のものになりつつあった。

戦乱のポイント

西の義経、東の頼朝

源義経という人物は、ほとんど何も持たずに奥州を飛び出し、源頼朝の部将となって西国での戦いで活躍した。頼朝が関東の武士を従える間に、義経は西国武士と関係を深め、そこに後白河法皇のお墨付きもあった。関東の頼朝から見て、これは無視できない存在になる。だからこそ反目した。

1199－1219年

頼朝の死後、御家人たちの争いが続く

鎌《かま》倉《くら》幕《ばく》府《ふ》の内紛

勝利 ◎
北条政子
北条義時
北条泰時

VS

敗北 ×
源頼家
比企能員
畠山重忠ほか

場所
おもに関東

北条義時

いきさつ
関東に秩序を生む

平安時代、関東では武士による領地をめぐる争いが絶えず、これを平将門は一時的であるにせよ、武力を背景に仲裁した。時代が下り、前九年の役では源頼義、義家父子が関東武士の信頼を得ていった。

こうした背景の中、平氏討伐に挙兵した源頼朝が鎌倉に拠点を置くと、配下となる武士の拠点である本領の安堵を行った。**鎌倉殿＝頼朝**と、その配下の御家人という私的な主従関係がここに生まれた。さらに頼朝は御家人を統率する侍所、政務を行う公文所（後に政所《まんどころ》）、訴訟・裁判を行う問注所を設置し、混乱していた関東に秩序を生み出した。

そして、繰り返される戦いの中、功績のあった者には**新恩給与**《しんおんきゅうよ》として所領や職位を与えた。これに対して御家人は軍役《ぐんやく》や番役《ばんやく》、幕府への経済負担を担う。鎌倉殿と御家人の**御恩**《ごおん》**と奉公**《ほうこう》の関係も整うようになる。

1192年には、頼朝が朝廷から**征夷大将軍**に任命され、幕府は公的な将軍の政務機関となった。

経過
御家人の権力闘争

しかし、1199年にその中心にいた源頼朝が死去する。

源頼朝の子の**頼家**《よりいえ》が鎌倉殿を継ぎ、

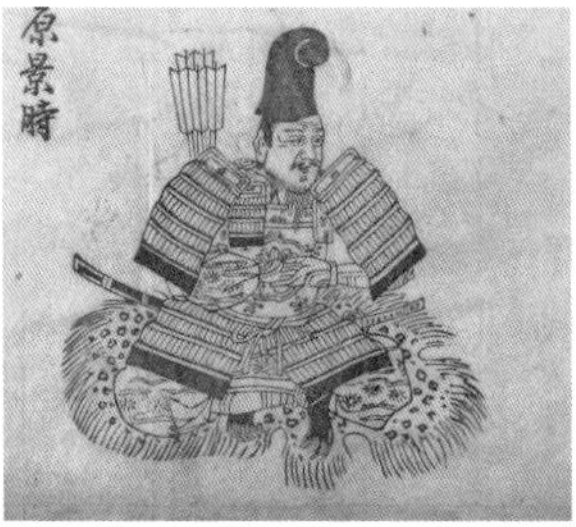

梶原景時

（国立国会図書館蔵）

自身が主導する幕府運営を試みる。

だが、頼朝の妻、**北条政子**《ほうじょうまさこ》の父である**北条時政**《ときまさ》ら有力御家人は幕府運営を合議制にすることを決め、頼家は力を削がれた形になった。

ただし、御家人側も一枚岩ではなく、頼朝が信頼した**梶原景時**《かじわらかげとき》が追放された。

1202年、頼家が征夷大将軍に任じられると、その外戚として力のあった**比企能員**《ひきよしかず》と北条氏が対立。頼家が病気になると、北条時政が能員を殺害した**（比企氏の乱）**。

畠山重忠奉納赤糸威鎧

北条氏に敗れた名将、畠山重忠が奉納したとされる甲冑。豪壮かつ華やかな鎌倉武士の気風が伝わる。（模造）

ColBase（https://colbase.nich.go.jp/）

さらに、頼家の病が重くなると、朝廷に死去したと奏上。弟の**源実朝**《さねとも》を征夷大将軍にし、時政は初代の執《しっ》権《けん》となる。のちに頼家は病から快復するが、伊豆の**修禅寺**《しゅぜんじ》に幽閉され、殺害されてしまう。

1205年には、平氏追討や奥州攻めに勲功のあった**畠山重忠**《はたけやましげただ》が時政らに滅ぼされる。しかし、新将軍の実朝は将軍権力の拡大を企図し、時政と対立した。時政は実朝を廃すことを画策するも失敗し、隠居した。時政の子の**北条義時**《よしとき》が2代執権となり、権力を自身に集中させていく。

結果

北条氏による傀儡化

実朝は力を強める北条氏に対抗しようと努めたようだが、1219年、鶴岡八幡宮で兄・頼家の子の**公暁**《こうぎょう》によって暗殺された。

私的な主従関係を結ぶことで関東の半独立政権だった幕府は、将軍位を得ることで公的な形になった。

しかし、それが確立する前に源頼朝は死去し、北条氏による傀儡化が進んでいった。

戦乱のポイント

所領はどこから？

初期の幕府は平氏追討を旗印にできた組織だった。平氏を倒せば功績によって御家人の所領が増えた。しかし、平氏が滅亡すると、奪う所領もない。次々に新しい敵が必要になるのは当然であり、それが源義経、奥州藤原氏、梶原景時、比企能員となり、いずれ最大の相手へと向かうことになる。

1221年

承久《じょうきゅう》の乱

後鳥羽上皇の挙兵に幕府の大軍が西上する

敗北	勝利
後鳥羽上皇 順徳天皇 藤原秀康ほか	北条政子 北条義時 北条泰時

VS

場所

京、東海道、東山道、北陸道

いきさつ

揺らぐ幕府の正統性

1219年に源実朝が暗殺されると、源氏の棟梁が継いできた将軍は3代で途絶える。北条義時は正統性を保つために後鳥羽上皇の皇子を新将軍にすることを願い出たが、上皇は拒否。代わりに摂関家の**藤原頼経《よりつね》**が鎌倉へ向かった。こうして、頼経が次の将軍になることが決まった。

東国での支配権は源頼朝の時代に確立していたが、西国は朝廷の支配が強く、東西に政庁があるというのが、当時の状況だった。

対立を強める朝廷側(後鳥羽上皇)は北面武士に加え、西面《さいめん》の武士(院の西に勤務)を直属軍として置き、武力強化を図っていた。武家政権は一時的なもので、朝廷の全国支配が再開する空気さえあった。

後鳥羽上皇

『集古十種』

(国立国会図書館蔵)

経過

頼朝の恩顧に応じよ!

1221年5月14日、後鳥羽上皇は兵を集め、幕府の御家人も多くが従った。翌日、京都守護の**伊賀《いが》光季《みつすえ》**はこれを拒んだが、兵を送られ討死。同時に上皇は幕府の実権を握る**北条義時追討の院宣**を出した。

19日には上皇挙兵の急報が鎌倉に至る。参集した御家人たちが動揺する中、**北条政子**は幕府への挑戦であるとして、頼朝の恩顧《おんこ》と上皇方の討伐を説き、戦うことを決めた。

承久の乱

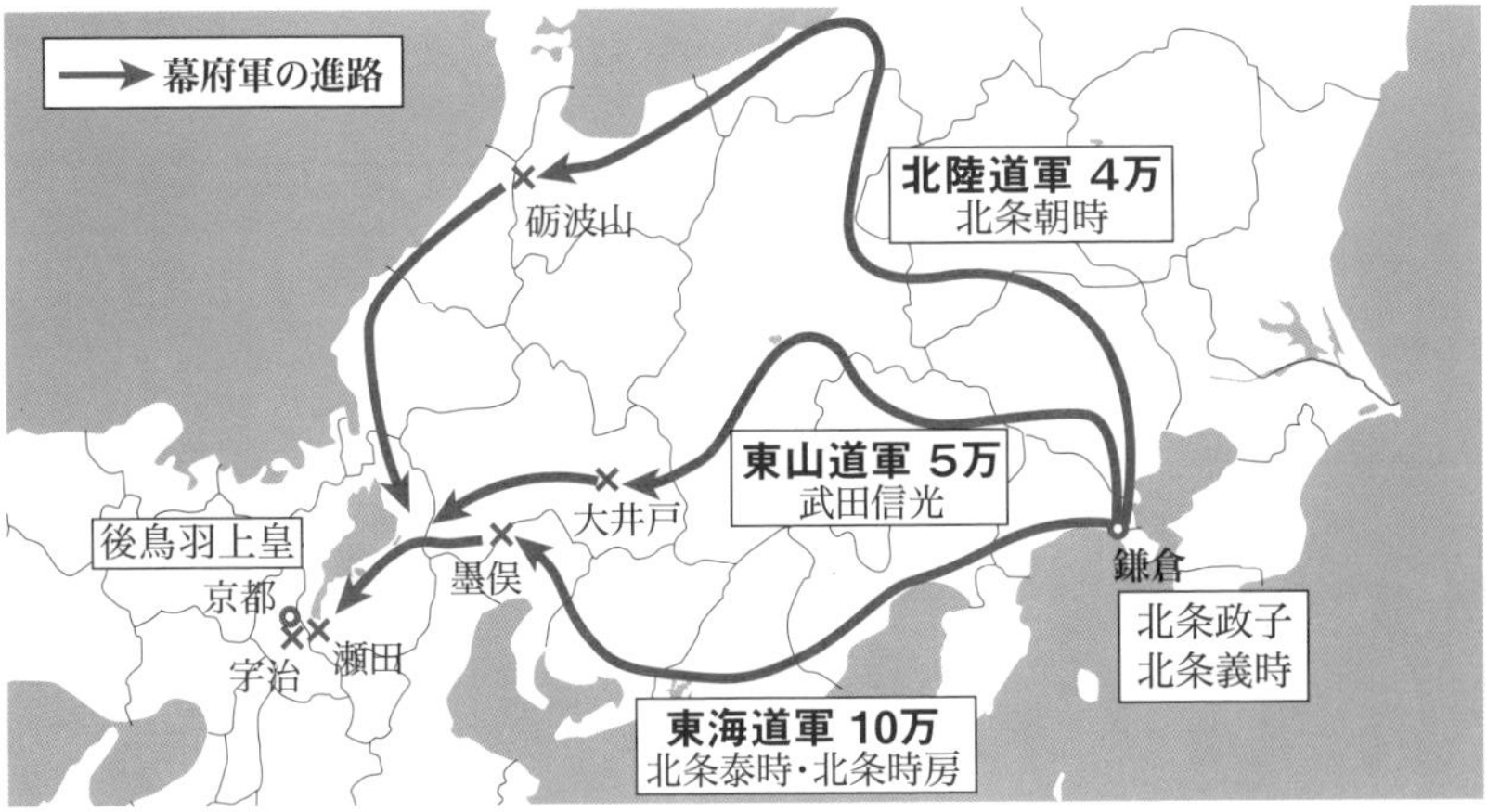

幕府内では箱根近辺での迎撃論が語られたが、重鎮の**大江広元**《おおえのひろもと》は西上論を主帳し、これが採用された。

22日、北条義時の子である**泰時**《やすとき》を大将に10万の軍勢が東海道方面へ進発。さらに東山道を5万、北陸道を4万の幕府軍が西上した。

御家人らが院宣に従うと考えていた上皇方はあわてた。**藤原秀康**《ひでやす》を総大将に迎撃に向かわせるが、兵力が足らず、尾張・美濃・越中などで敗退。6月14日には宇治川を突破され、大勢は決した。

結果 幕府が全国を支配

6月15日、幕府側が京を占拠し、後鳥羽上皇は義時追討の院宣を撤回した。

その後、後鳥羽上皇は隠岐へ、順《じゅん》徳《とく》上皇は佐渡へ配流となり、乱に加担した公卿らも処刑された。それらの所領は没収され、幕府方で戦った御家人への恩賞となった。関東の地方政権だった幕府は西国も掌握し、全国支配体制ができあがり、本格的な武家政権の誕生した。

戦乱のポイント

後鳥羽上皇の誤算

上皇方の主力は藤原秀郷の子孫とされる藤原秀康や幕府有力御家人の三浦義村の弟、三浦胤義《たねよし》らだった。彼らは武士が皇統を重視し、そこに弓を向けることはないと考えたが、現実は違った。武士にとって重要なのは先祖からの領地であり、そこに北条政子は訴え、弓をとらせたのである。

1246－1247年

将軍《しょうぐん》×執権《しっけん》

争乱を重ね、北条惣領家《ほうじょうそうりょうけ》に権力は集まる

勝利 ○ 北条時頼

VS

敗北 × 藤原頼経 三浦泰村 千葉秀胤ほか

場所
鎌倉

北条時頼
『英雄百首』
（国立国会図書館蔵）

いきさつ

反執権の動き

２代執権として権力を振るった北条義時が１２２４年に亡くなると、子の泰時が執権に、時房が補佐役の**連署**《れんしょ》となった。泰時は政争が続いたことから、幕府の運営を有力御家人ら**評定衆**《ひょうじょうしゅう》**による合議制**にした。

１２２６年には藤原頼経が征夷大将軍に任じられ、のちには初の武家法である**御成敗式目**《ごせいばいしきもく》も定められ、幕府の運営は安定したかに見えた。しかし、その泰時が亡くなると、孫にあたる**北条経時**《つねとき》が執権となるが、泰時の弟、朝時《ともとき》の子である**名越**《なごえ》**（北条）光時**《みつとき》が反目した。また、藤原頼経も将軍権力の強化をねらう。

北条泰時
『本朝百将伝』
（国立国会図書館蔵）

義時・泰時・経時と執権を続け、義時の法号から「**得宗**《とくそう》」と呼ばれた**北条惣領家**《そうりょうけ》は、このとき危地にあった。

このため、頼経を将軍位から降ろし、子の**藤原頼嗣**《よりつぐ》を新将軍とする。しかし、当の経時が病となり、弟の**北条時頼**に執権を譲ったが、すぐに経時は死去してしまった。

経過

三浦一族を討て

１２４６年、経時死去で混乱する中、名越光時を中心とした反執権派は前将軍の藤原頼経を担ぎ、北条時

頼の排斥に動いた。

対する時頼も有力御家人を口説き、鎌倉を舞台に双方が多数派工作を行った。しかし、反執権派と目され、北条氏に次ぐ勢力を誇った**三浦泰村**《みうらやすむら》が時頼に屈服し、勝敗が決した。

鶴岡八幡宮

宝治合戦では、鶴岡八幡宮の境内も舞台になった。

名越光時らは配流となり、前将軍の頼経も京に送還された（**宮騒動**《みやそうどう》）。

しかし、遺恨は続き時頼と三浦氏の対立は激しくなる。とくに時頼の外祖父の**安達景盛**《あだちかげもり》は強硬派で、三浦氏打倒の流れをつくった。

1247年6月、安達一族が鎌倉の三浦館を急襲。さらに双方に味方する軍勢が集まったが、三浦泰村は最後まで時頼との決戦を選べず、弟の光村《みつむら》ら一族もろとも自害。三浦と血縁のあった千葉秀胤《ちばひでたね》も自害し、争乱は終わった（**宝治合戦**《ほうじかっせん》）。

結果 得宗専制へ

北条氏に次ぐ立場にあった三浦氏が宝治合戦で滅び、北条氏の対抗勢力はなくなった。

1252年、時頼は藤原頼嗣を追放し、後嵯峨《ごさが》上皇の皇子、**宗尊**《むねたか》**親王**を6代将軍にする。皇族将軍のはじまりであり、こののち、将軍が幕政に関与することはなくなった。

以後、執権であること以上に北条惣領（得宗）であることが重要になり、得宗専制へと移ることになる。

戦乱のポイント

正統性の確保

北条氏は桓武平氏の流れだが、平清盛のような本流ではない。このため、清和源氏の源頼朝を担ぎ、その私的な機関の長である執権を担った。しかし、その流れも源実朝で途絶え、正統性の確保に苦労した。だからこそ、摂関家や皇族から将軍を迎えるのだが、それでも争乱は続いたのである。

1274－1281年

世界帝国が日本を狙った危機

蒙《もう》古《こ》襲《しゅう》来《らい》

勝利
鎌倉幕府軍
北条時宗

VS

敗北
元・高麗・
旧南宋軍

場所
九州北部沿岸、対馬、壱岐

北条時宗

いきさつ

モンゴルからの服属要求

源実朝が将軍になった頃、大陸ではモンゴル高原を統一したテムジンが**チンギス＝ハン**を名乗った。

このモンゴル帝国は、ユーラシア大陸各地に侵攻し、1234年には中国北部を支配していた金《きん》を滅ぼし、1259年には朝鮮半島の高麗《こうらい》を降伏させた。

モンゴルの5代皇帝**フビライ＝ハン**は中国南部の南宋《なんそう》を攻めながら、海の向こうにある日本も視野に入れていた。

1268年、太宰府《だざいふ》にモンゴル（蒙古）からの国書を携えた高麗の外交使節がやってくる。外交上のことなので、幕府は朝廷に国書を送ったが、無視することになった。同年、幕府内では北条時頼の子、**時宗**《ときむね》が8代執権となっていた。

フビライは1271年に国号を中国風の**元**《げん》とし、数度の使節を日本に送り服属を迫ったが、日本側は明確な答えをしない。そこで、元の侵攻に備えて、時宗は異国警固番役《いこくけいごばんやく》を置き、九州北部の防御を固めた。

経過

2度の侵攻と撤退

外交で服属させることをあきらめたフビライは、1274年に高麗での軍船建造を命じる。10月3日、ついに3万～4万とされる元・高麗の連合軍

『蒙古襲来絵巻』（模本）
ColBase（https://colbase.nich.go.jp/）

が合浦《ハッポ》を出航。10月5日に対馬、14日に壱岐へ侵攻。20日には博多に上陸し、元軍は**「てつはう」**という火薬による炸裂弾を使った。

　対する日本側の武士も奮戦し、各地で白兵戦となった。

　しかし、翌朝になると元軍は撤退していた。元軍の内部分裂が理由とみられる。また、暴風雨にも遭遇し、1万3500人と多くの船舶を失ったとされている**（文永《ぶんえい》の役）**。

石塁
博多湾沿岸に築かれた石塁が今も残る。

　1279年に南宋を滅ぼしたフビライは、日本の服属をあきらめなかった。時宗は元の使節を数度処刑し、博多湾沿岸に**石塁《せきるい》**を築くことを命じ、再度の侵攻に備えた。

　1281年、元・高麗軍で編成された**東路軍《とうろぐん》**約4万が日本をめざし出航した。5月に対馬、壱岐を襲い、6月には九州に至るが、石塁での防御に苦戦し壱岐に撤退。旧南宋将兵中心の**江南軍《こうなんぐん》**10万との合流を図る。

　閏7月1日、肥前鷹島《ひぜんたかしま》付近に集結していた東路軍、江南軍が台風に遭い甚大な被害を受ける。戦闘継続を困難とした元軍は数日後に撤退した**（弘安の役）**。

結果
御家人らの不満を生む

　フビライはその後、3度目の日本侵攻を企図するが、結局、果たせず1294年に没した。

　勝利した日本側も、勝ち取った領地があるわけでもなく、奮戦した御家人らに恩賞を出すことができず、彼らの不満を生んだ。さらに、この局面に対処した執権、北条時宗は1284年に病死。34歳だった。

戦乱のポイント

元軍の士気

元軍は征服した国の兵や将軍を使うことが多く、文永の役はモンゴル人、漢人、高麗人の混成部隊だった。さらに弘安の役では滅んだばかりの南宋の将兵も加わり、内部分裂や意思疎通の欠如が多かった。やる気があるのはフビライだけで、多くは遠い日本など攻めたくないから撤退も早かった。

1324－1333年

渦巻く不満が沸騰するように討幕へ向いた

鎌倉幕府の滅亡

勝利 ◎
後醍醐天皇
足利尊氏、新田義貞
楠木正成ほか

VS

敗北 ×
北条高時
北条仲時ほか

場所
鎌倉、京、播磨、伯耆など

後醍醐天皇

いきさつ

反幕府を強める天皇と御家人

幕府は元の再襲来に備え、博多に**鎮西探題**《ちんぜいたんだい》を置き、御家人らの統制を図るが、「戦勝あって恩賞なき」状況に不満はつのった。さらに御家人は増えない所領を子らに分割相続してきたことで、代を重ねるごとに零細化し、これも不満の種となった。

一方、1259年に**後嵯峨上皇**が後深草《ごふかくさ》天皇に譲位を迫って以降、**持**《じ》**明院統**《みょういんとう》と**大覚寺統**《だいかくじとう》に皇統分かれ、皇位継承へ幕府が介入することも多くなった。1317年には幕府が両統《りょうとう》迭立《てつりつ》を提案し、両統が交互に皇位継承する順が決まった。

翌年に大覚寺統から即位した**後醍**《ごだい》**醐**《ご》**天皇**は在位10年とされ、次の天皇も決まっていた。天皇や上皇は自身の血脈に皇位継承させたいのは当然で不満が高まった。すると、後醍醐天皇の父である**後宇多**《ごうだ》**上皇**が院政をやめ、後醍醐天皇の**天皇親政**がはじまる。後醍醐天皇は**日野資朝**《すけとも》、**日野俊基**《としもと》ら公卿を側近に採用し、幕府打倒を画策するようになる。

しかし1324年、この計画が密告により六波羅探題に察知され、天皇近臣が捕らえられ、資朝は佐渡へ配流となった**(正中の変**《しょうちゅうのへん》**)**。

幕府にとって困難な状況であったが、得宗の**北条高時**《たかとき》は**内管領**《ないかんれい》(得宗家の執事)である**長崎高綱**《ながさきたかつな》、**高資**《たかすけ》父子に幕政を丸投げし、自身は遊興に

北条高時

北条高時は病弱で、田楽や闘犬を好んだとされる。
『武者无類外ニ三枚続キ画帖』
(国立国会図書館蔵)

ふけったという。

経過 六波羅、鎌倉を倒せ！

幕政が混乱する中、後醍醐天皇は再び討幕を計画。しかし、1331年5月、またも密告があり日野俊基らが捕縛された。8月に後醍醐天皇は京を脱出し笠置山《かさぎやま》で挙兵した。

すると河内で**悪党**《あくとう》（幕府に従わない武士）とされる**楠木正成**《くすのきまさしげ》が赤坂《あかさか》城で兵を挙げた。対する幕府は軍を西上させ、持明院統の**光厳**《こうごん》**天皇**が即位。衰えていたものの幕府軍の力は強大で笠置山、赤坂城は相次いで陥落し。後醍醐天皇は捕らえられ、正成は行方不明となった。

1332年3月に後醍醐天皇は隠岐へ配流された。しかし、11月になると皇子の**護良**《もりよし》**親王**が吉野で兵を挙げる。ほぼ同時に楠木正成が赤坂城を前衛とする千早《ちはや》城で挙兵し、幕府軍を引き受けて徹底籠城する。

1333年になると、播磨《はりま》では**赤**《あか》**松則村**《まつのりむら》が兵を挙げ、後醍醐も隠岐を脱出し、伯耆《ほうき》の豪族、**名和長年**《なわながとし》がこれを奉じて船上山《せんじょうさん》に籠った。

次々に立つ討幕勢力に、幕府は大軍を西上させる。しかし、その主力で清和源氏の中心的存在であった**足**《あし》**利尊氏**《かがたかうじ》が丹波まで至ったのちに討幕に転じた。5月7日には尊氏と則村、公家の**千種忠顕**《ちくさただあき》らが京へ侵攻し六波羅を攻める。探題の**北条仲時**《なかとき》らは光厳天皇をともなって逃げるが、のちには自害した。

兵火は西だけではなかった。足利尊氏と同様、清和源氏の**新田義貞**《にったよしさだ》が打倒鎌倉を掲げて上野で挙兵。150騎程度であったが、尊氏の子の千寿王《せんじゅおう》が合流すると、次々に関東の

楠木正成

『江戸繪日本史』

（国立国会図書館蔵）

戦乱のポイント

新興の悪党勢力

鎌倉時代は商業や物流も発達し、これに付随する形で在地の新興武士勢力が生まれた。彼らは幕府に従わないことも多く、悪党と呼ばれた。楠木正成や赤松則村は、その出身とされる。後醍醐天皇を護った名和長年も海運を担う存在だったとされ、だからこそ、無名であっても武力を有した。

千早城の戦い

押し寄せる幕府の大軍に楠木正成は石や丸太を落として応戦。長期の籠城で討幕の流れを生んだ。

赤松則村

『本朝百将伝』（国立国会図書館蔵）

武士が集まる。16日には武蔵の分倍《ぶばい》河原《がわら》で幕府軍を撃破し、21日には難攻不落とされた鎌倉の防御を突破し陥落させた。22日、北条高時らが自害したことで、源頼朝以降、およそ150年続いた**鎌倉幕府がついに滅亡**した。

結果
反幕府での一致

両統迭立に不満を持つ天皇がいて、討幕の流れを生んだ。幕政からはみ出し実力を蓄え、とくに幕府に恩のない楠木・赤松・名和ら新興勢力がこ

れを支持した。そして、正統性の希薄な北条得宗政権に辟易し、困窮していた御家人らは、足利・新田という**清和源氏本流**に近い血流を担ぎ上げ、討幕の主力を形成した。

それぞれが反幕府で一致したからこそ、一連の戦いは幕府滅亡で終わった。だが、新政権に望むことはそれぞれ別であり、その違いが次の大乱を引き起こしていく。

新田義貞

戦乱のポイント

清和源氏の流れ

足利氏は源義家の子の義国からはじまる家系。源氏嫡流が途絶えたため、北条氏はこれと婚姻関係を結ぶことで正統性を保ち、幕府では北条に次ぐ地位になった。新田氏も義国からの家系だが、こちらは源頼朝と疎遠になり、幕府では重用されず、足利の分家のようになっていたとされる。

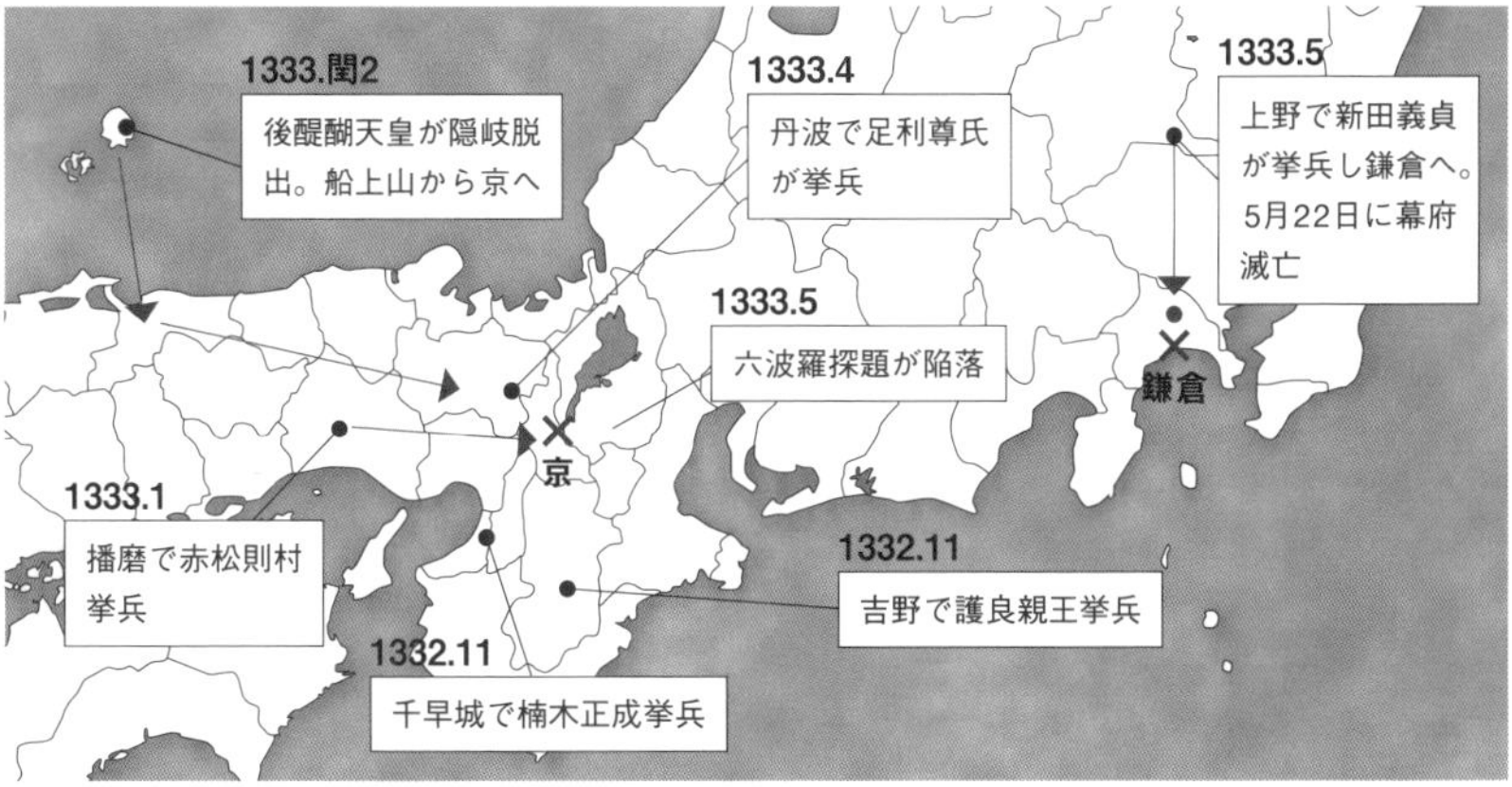
1333.閏2
後醍醐天皇が隠岐脱出。船上山から京へ
1333.4
丹波で足利尊氏が挙兵
1333.5
上野で新田義貞が挙兵し鎌倉へ。5月22日に幕府滅亡
1333.5
六波羅探題が陥落
鎌倉
京
1333.1
播磨で赤松則村挙兵
1332.11
吉野で護良親王挙兵
1332.11
千早城で楠木正成挙兵

徒歩で使った薙刀《なぎなた》、投げて使った「てつはう」

薙刀

備前長船景光作の薙刀。鎌倉時代のものは反りが少ない。
鎌倉時代（1322年）
ColBase（https://colbase.nich.go.jp/）

てつはう

モンゴル軍が使った火薬兵器。投てきして使ったとされる。
13世紀・長崎県出土
ColBase（https://colbase.nich.go.jp/）

槍《やり》

山城の刀工、来国次の銘がある槍。在銘の槍としては最古の部類。
14世紀
ColBase（https://colbase.nich.go.jp/）

僧兵の薙刀やモンゴルの火薬兵器

鎌倉幕府は平安時代末の争乱の中から生まれた。この頃、大きな武装組織だったのが興福寺《こうふくじ》や比叡山延暦寺《ひえいざんえんりゃくじ》といった寺社勢力だ。源義経の郎党として知られる武蔵坊弁慶《むさしぼうべんけい》のような僧兵が活躍した。

よく描かれる僧兵の武器としては薙刀がある。長い柄に反りのある刀身をつけたもので、徒歩での戦闘に用いられたとされる。斬る、突くだけでなく、相手のすねなどを薙《な》ぐこともできたため、有効な武器として僧兵に限らず、一般的になった。

後に歩兵の主力武器となる槍も登場したが、あまり使われることはなかったようだ。

また、鎌倉時代には蒙古襲来という異文化との戦闘もあった。モンゴル軍が使った火薬兵器「てつはう」が、近年、長崎県の海中でも発見されたが、陶器製で中に鉄片などを入れて爆発させたとされる。

第4章

室町時代

この時代のポイント

- 建武の新政が崩壊し再び武士の世へ
- 東国の武士から戦国の世が始まる
- 応仁の乱が勃発し乱世は全国に広がる

応仁の乱
CGイラスト／成瀬京司

建武政権の崩壊

P90

新田義貞像
後醍醐天皇に賛同し、鎌倉を攻略し幕府を滅亡させるも、足利尊氏との戦いで討ち死にした。

湊川の戦い
（国立国会図書館蔵）

1334年

1月　**年号を建武《けんむ》と改元。後醍醐《ごだいご》天皇による建武の新政がはじまる。ただし、公家主導の政治であったため、武士の不満が高まる**

11月　護良《もりよし》親王と足利尊氏《あしかがたかうじ》の対立が激化。敗れた護良親王は鎌倉へ配流

1335年

7月　鎌倉幕府の14代執権北条高時《ほうじょうたかとき》の遺児北条時行《ときゆき》が信濃で挙兵。武蔵で足利直義《ただよし》を破る（**中先代《なかせんだい》の乱がおこる**）。
直義、護良親王を殺害し鎌倉を脱出する

8月　足利尊氏、北条時行軍を倒して鎌倉に入る

11月　足利尊氏、新田義貞《にったよしさだ》を討つことを理由に反政府の立場を表明

12月　足利尊氏、新田義貞らを箱根で破る。新田義貞は西へ逃走

1336年

1月11日　足利尊氏、京に入る

1月27日　**京の賀茂河原で足利尊氏と新田義貞らが戦い、敗れた尊氏は丹波へ逃れる**

2月11日　足利尊氏と新田義貞らが河内の豊島河原《てしまがわら》で交戦、敗れた尊氏さらに西に逃れる

2月12日　足利尊氏、海路で九州へ向かう途中、光厳《こうごん》上皇の院宣を受け大義名分を得る

3月　足利尊氏、備前の多々良浜《たたらはま》で後醍醐天皇方の軍勢を破る

4月　足利尊氏、軍を整え博多を出立

5月　**足利尊氏、摂津湊川《みなとがわ》の戦いで後醍醐天皇方を撃破。**
後醍醐天皇は神器を持って比叡山延暦寺に移り、楠木正成《くすのきまさしげ》が自害する

6月　延暦寺と京をめぐる攻防で、南朝方の千種忠顕《ちくさただあき》・名和長年《なわながとし》らが戦死。

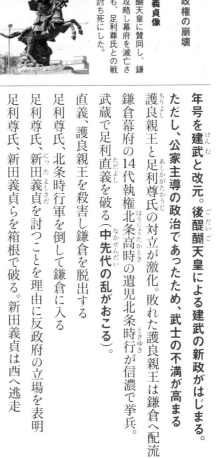

年	月	出来事
		足利尊氏、光厳上皇を擁して京に入る
	8月	北朝の光明《こうみょう》天皇が即位する
	10月	後醍醐天皇、京に入る
	11月	**足利尊氏が建武式目《けんむしきもく》を定める(これをもって足利幕府が成立したとされる)**
	12月	**後醍醐天皇、神器を奉じて大和の吉野へ移り、以後、「吉野の朝廷(南朝《なんちょう》)」と**
		「京の朝廷(北朝《ほくちょう》)」が成立(南北朝時代の始まり。～1392年)
1337年	3月	南朝方の新田義貞、敦賀の金ケ崎城《かねがさきじょう》で敗れ敗走する
	12月	南朝方の北畠顕家《きたばたけあきいえ》、鎌倉を陥落させる
1338年	5月	南朝方の北畠顕家、足利尊氏側近の高師直《こうのもろなお》らと和泉石津で戦い敗死する
	閏7月	**南朝方の新田義貞、北朝方の斯波高経《しばたかつね》らと越前藤島で戦い敗死する**
	8月	**足利尊氏、征夷大将軍に任じられる**
	9月	南朝、懐良《かねよし》親王を征西将軍に任じて九州におくる
1339年	8月	後醍醐天皇が没する(後村上《ごむらかみ》天皇が南朝で即位する)
1340年		南朝方の北畠親房《ちかふさ》が関東へ侵攻し北朝方高師冬《もろふゆ》と交戦。のち親房は吉野に戻る
1348年	1月	楠木正成の嫡男楠木正行《まさつら》が高師直と交戦し戦死する
		この頃から、足利尊氏の弟直義と尊氏の側近高師直の対立が深まる
1349年	閏6月	**足利直義と高師直の対立が武力衝突に発展**

後醍醐天皇に従い倒幕に協力した足利尊氏は乱世の中で室町幕府を開く。

P94

南北朝の争乱

足利直義は兄の尊氏と対立し、全国を二分する観応の擾乱に発展した。(国立国会図書館蔵)

年	月	出来事
1349年	9月	**足利尊氏、次男の基氏《もとうじ》を鎌倉におくる（鎌倉公方《くぼう》のはじまり）**
1350年	10月	足利尊氏の落胤《らくいん》とされる足利直冬《ただふゆ》が、足利直義に味方して九州で挙兵
	11月	**光厳上皇、足利尊氏の求めに応じて足利直義追討の院宣を下す。** **足利尊氏・直義兄弟の対立が全国を二分する戦いに（観応《かんのう》の擾乱《じょうらん》**がおこる）
	12月	足利直義、南朝に帰順する
1351年	2月20日	足利直義と足利尊氏が和睦する
	2月26日	**上杉能憲《うえすぎよしのり》が、摂津で高師直一族を滅ぼす**
	10月	足利尊氏、南朝に帰順し、南朝は足利直義追討の綸旨を発する
1352年	1月	足利尊氏、鎌倉に拠っていた足利直義を降伏させる
	2月	**足利直義が急死（観応の擾乱が終結）。足利尊氏による毒殺とされる**
	11月	足利直冬、南朝に帰順する
1353年	2月	懐良親王、南朝軍を率いて筑紫の針摺原《はりすりばる》で北朝方を撃破する
1354年		斯波高経の弟、斯波家兼《いえかね》が奥州管領に任命され、以後、東北の斯波氏優位が確立
1355年	1月	**足利直冬ら南朝方が京を占領する**
	3月	足利尊氏、京を奪還する
1358年	4月	足利尊氏が没する
1361年	8月	懐良親王の征西府《せいせいふ》が大宰府を制圧。九州は南朝方として半独立状態となる
1367年	11月	2代将軍足利義詮《よしあきら》、政務を義満《よしみつ》に譲り、管領の細川頼之《ほそかわよりゆき》がこれを補佐する

南北朝戦闘

ColBase（https://colbase.nich.go.jp/）

P94
南北朝の争乱

年	月日	参照	出来事
1360年代後半		P96 将軍×守護大名	斯波家兼の子、直持《ただもち》が陸奥で大崎氏を、弟の兼頼《かねより》が出羽で最上氏《もがみし》を名乗る
1368年	12月		**足利義満、征夷大将軍に任じられる（3代将軍）**
1371年	2月		遠江の守護今川了俊《いまがわりょうしゅん》（貞世《さだよ》）が九州探題として九州へ
1378年	3月		**足利義満、京に室町殿《むろまちどの》（花の御所）を造営し幕府を移す**
1391年			この年の秋、九州探題の今川了俊が九州をほぼ平定する
	12月		**足利義満、但馬・和泉・山城・因幡・伯耆など11カ国を領する守護大名の山名氏清《やまなうじきよ》を粛清。この後、山名氏の所領は3カ国に減らされる（明徳《めいとく》の乱）**
1392年	閏10月	P94 南北朝の争乱	**南朝の後亀山《ごかめやま》天皇が京に戻り、北朝の後小松《ごこまつ》天皇に神器を渡す（南北朝の合一《ごういつ》）**
1394年	12月17日	P96 将軍×守護大名	足利義満、子の義持《よしもち》（9歳）に将軍職を譲り北山殿《きたやまどの》に移る
	12月25日		足利義満、太政大臣に任じられる
1399年	12月		足利義満と周防・長門・石見など6カ国を領する守護大名の大内義弘《おおうちよしひろ》が対立。**大内義弘は、鎌倉公方の足利満兼《みつかね》と連携し大乱に発展する（応永《おうえい》の乱）**
1400年	1月		足利義満、今川了俊の守護職を解任、上杉憲定《のりさだ》に討伐を命じる
1416年	10月	P98 鎌倉公方と将軍	**関東管領を罷免《ひめん》された上杉禅秀《ぜんしゅう》（氏憲《うじのり》）が鎌倉公方の足利持氏《もちうじ》と対立** **（上杉禅秀の乱がおこる）**
1417年	1月		上杉禅秀が足利持氏に敗れ自害する。以後、山内上杉家が関東管領を独占する
1428年	1月		くじ引きで足利義教《よしのり》が6代将軍に決まる

年	月	参照	出来事
1428年	9月		京・畿内の土民が徳政令を求めて一揆をおこす(正長《しょうちょう》の土一揆《つちいっき》)
1438年	8月	P98 鎌倉公方と将軍	**6代将軍足利義教と鎌倉公方の足利持氏が対立。幕府は持氏討伐軍をおくり、幕府方の関東管領上杉憲実《のりざね》と持氏の間で戦に発展する(永享《えいきょう》の乱)**
	11月		足利持氏が出家する(翌年に没する)
1440年	3月		鎌倉公方の結城氏朝《ゆうきうじとも》、足利持氏の遺児を結城城に迎え入れる
1441年	4月		結城氏朝、上杉憲実・足利義教軍に結城城を包囲され敗死(結城合戦)
	6月		**播磨の赤松満祐《あかまつみつすけ》、6代将軍足利義教を自邸に招き殺害(嘉吉《かきつ》の変)**
	9月		赤松満祐、山名氏を中心とした幕府軍に攻められ播磨で自害
1449年	4月		足利義政《よしまさ》、征夷大将軍に任じられる(8代将軍)
1454年	12月	P118 関東の争乱	**足利持氏の子の成氏《しげうじ》が鎌倉公方となり、関東管領上杉憲忠《のりただ》を暗殺。鎌倉公方と関東管領上杉氏の間で関東を二分する乱に発展(享徳《きょうとく》の乱)。** **これをきっかけに関東の戦国化が進む**
1455年	1月		足利成氏、武蔵の分倍河原の戦いで上杉顕房《あきふさ》(扇谷上杉当主)勢を破る
	3月		幕府、足利成氏追討を上杉房顕《ふさあき》(関東管領)に命じる
	6月		**駿河の守護今川範忠《のりただ》が鎌倉に入る。足利成氏が下総の古河《こが》に移り幕府に対抗。** **以後、古河公方と呼ばれる**
1457年			この頃、武蔵の武将太田道灌《おおたどうかん》が江戸城を築いたと伝えられる
	5月		蝦夷《えぞ》でアイヌが蜂起。武田信広《たけだのぶひろ》がアイヌの首長コシャマインを討ち取る**(コシャマインの乱)**

年	月	出来事
	12月	足利義政、兄の足利政知《まさとも》を新たな鎌倉公方として鎌倉へおくるも、鎌倉に入れず伊豆の堀越《ほりごえ》にとどまる。以後、**「堀越公方」**と呼ばれる
1458年	8月	幕府、赤松家再興を許し、赤松政則《まさのり》を加賀半国の守護に任じる
1460年	9月	**足利義政、守護大名（河内・紀伊・山城・越中）の畠山義就《よしひろ》を罷免し、従兄の畠山政長《まさなが》に家督を継がせる**
	12月	朝敵とされた畠山義就による河内の嶽山城《だけやまじょう》での籠城戦が続く**（嶽山城の戦い）**
		この頃、寛正《かんしょう》の大飢饉がおこり死者が8万人にもおよぶといわれる
1466年	7月	**足利義政、守護大名（越前・尾張・遠江）の斯波義廉《よしかど》を罷免し、斯波義敏《よしとし》へ家督を変更。守護大名（但馬・備後・安芸・伊賀・播磨）の山名宗全《やまなそうぜん》らは斯波義廉を支持する**
	8月	畠山義就、吉野から軍を発し、大和・河内で畠山政長らと交戦**（文正《ぶんしょう》の政変）**
	9月	足利義政、弟の足利義視《よしみ》を討とうとするも、守護大名（土佐・讃岐・丹波・摂津・伊予）の細川勝元《かつもと》の元へ逃亡される
1467年	1月6日	畠山政長、管領職を罷免される
	1月18日	**畠山政長が京の上御霊社《かみごりょうしゃ》に布陣し畠山義就と交戦。山名宗全らが義就に加勢し、政長勢は敗れる（上御霊社の戦い）**
	2月	足利義視、細川勝元と山名宗全の間を調停する

P118 **関東の争乱**

P102 **応仁の乱**

戦いの舞台となった京都市上京区の上御霊社。

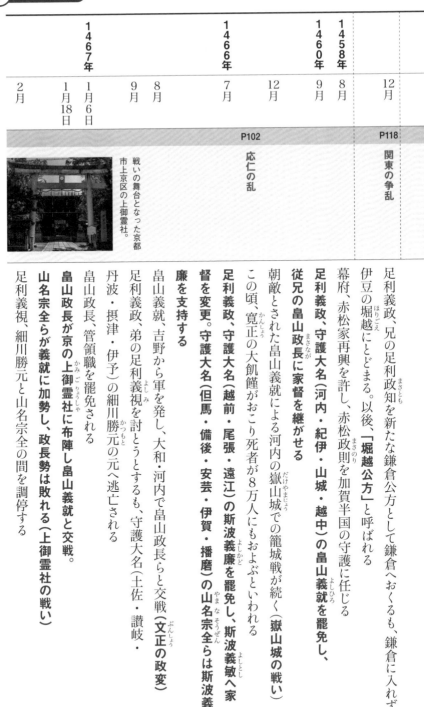

年	月日	出来事
1467年	5月	この頃、細川勝元（東軍）と、山名宗全（西軍）がそれぞれ京に味方の軍勢を集める
	5月26日	**東軍の細川勝元・畠山政長らが幕府御所《ごしょ》（花の御所）に本陣を構え、西軍の山名宗全・畠山義就・斯波義廉らと戦闘を開始（一条大宮《いちじょうおおみや》の戦い）**。**応仁《おうにん》の乱がはじまる**
	6月4日	足利義政、東軍の足利義視・細川勝元らに西軍の山名宗全追討を命じる
	6月11日	合戦により京の邸宅や寺社が多数焼失する
	8月	**守護大名（長門・筑前・豊前）の大内政弘《まさひろ》が大軍（水軍）を率いて西軍に加勢**。 東軍の総大将・足利義視が伊勢の北畠教具《のりとも》のもとへ逃亡
	10月	**相国寺《しょうこくじ》で防戦する東軍の京極持清《きょうごくもちきよ》・武田信賢《のぶかた》らを西軍の畠山義就・大内政弘らが破り、相国寺が炎上する。その後、京での戦乱が全国に波及する**
1468年	5～8月	京では斯波義廉邸の戦い（5月）、山名宗全邸の戦い（6月）、相国寺の戦い（8月）、深草・竹田の戦い（8月）、法性寺《ほっしょうじ》の戦い（8月）など、 東西両軍の戦いが繰り広げられる
	9月	東軍の細川勝元、仁和寺《にんなじ》に布陣していた西軍を攻撃（仁和寺の戦い） **西軍の大内政弘が布陣する船岡山《ふなおかやま》を東軍が攻撃し、これを破る（船岡山の戦い）**
	11月	足利義視が足利義政と不和となり、西軍へ寝返る（西軍の斯波義廉の陣に入る）
1469年	2月～12月	芝薬師堂の戦い（3月）、鶏冠井《かいで》城の戦い（4月）、谷ヶ堂《たにがどう》の戦い（4月）、観音寺城の戦い（5月）、簗瀬《やなせ》城の戦い（8月）、慈恩寺《じおんじ》の戦い（8月）、兵庫の戦い（10月）、

管領家の細川勝元は、東軍の総大将として活躍した。

ColBase（https://colbase.nich.go.jp/）

年	月	出来事
		三宅城《みやけ》の戦い(12月)など東西両軍の戦いが繰り広げられる
1471年	2月	**越前の朝倉孝景《あさくらたかかげ》、斯波義廉(守護)に背き東軍に寝返る**
	5月	室町幕府、朝倉孝景に越前守護の権限を与える
1472年	1月	東軍の細川勝元と西軍の山名宗全が和平を探ったが、交戦派が反対するなど失敗に終わる
1473年	3月	西軍の山名宗全が没する
	5月	東軍の細川勝元が没する
	10月	西軍の大内政弘、東軍の細川政元《まさもと》(細川勝元の嫡男)の摂津に侵攻
	12月	足利義尚《よしひさ》、征夷大将軍に任じられる(9代将軍)
1474年	4月	**東軍の細川政元と西軍の山名政豊《まさとよ》(山名宗全の後継者)の間で講和が成立。**
		西軍の畠山義就らは不参加
1476年	9月	足利義政、大内政弘に命じて東西両軍の和平をはかる
1477年	11月	**大内政弘が4カ国の守護を安堵されて東軍に帰順。軍を退き領国へ戻る(応仁の乱が終結)**
1478年		足利義政と足利義視が和解する

P102

応仁の乱

守護大名の山名宗全は、西軍の大将として戦いを指揮した。

(国立国会図書館蔵)

弥生〜奈良時代
平安時代
鎌倉時代
室町時代
戦国時代
安土桃山時代
江戸時代
近現代

1336年

新政権は分裂、次の武家政権が生まれる

建《けん》武《む》政《せい》権《けん》の崩壊

敗北		勝利
✕	VS	◎
後醍醐天皇 護良親王 楠木正成ほか		光厳上皇 光明天皇 足利尊氏

場所

鎌倉、京、九州、摂津など

いきさつ 尊氏と護良親王の対立

1333年6月に京に戻った後醍醐天皇は新政権の運営に乗り出す。しかし、混乱する都では足利尊氏が武士の中心的存在となっており、これを抑制するために、討幕を主導した護良親王を征夷大将軍とした。

後醍醐天皇の理想は、平安時代の**醍醐、村上《むらかみ》天皇**による**延喜《えんぎ》・天暦《てんりゃく》の治**だった。ある程度は鎌倉時代を踏襲しながらも、王政復古的な**天皇親政**をめざした。だが、討幕での論功行《ろんこうこう》賞《しょう》を行うと、公家寄りの裁定が多く、武士らの不満を呼ぶ。

新政権は尊氏の影響力増大を恐れた。重臣の**北畠親房《きたばたけちかふさ》**の子である**北畠顕家《あきいえ》**に義良《のりよし》親王を奉じさせ、陸奥将軍府を置き軍事的に対処をするが、すぐに尊氏の弟、**足利直義《ただよし》**に**成良《なりよし》親王**を奉じさせて**鎌倉将軍府**を置き、関東10カ国を統治させるなど懐柔策も行う。尊氏側も正面から天皇に造反できず、護良親王と対立することで政権との距離を置くようになっていく。

建武と改元された1334年、尊氏と護良親王の争いが沸点に達する。すると、後醍醐天皇は護良親王を将軍から解任し、捕縛し鎌倉へ送る。ここも尊氏を懐柔する道を選んだ。

経過 足利尊氏、東西へ転戦

新政権の混乱が際立ってくると、

後醍醐天皇

ColBase
(https://colbase.nich.go.jp/)

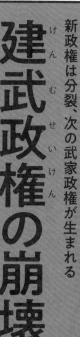

1335年、北条高時の子、**時行《ときゆき》**を担いで、旧幕府勢力が信濃で挙兵した（**中先代《なかせんだい》の乱**）。時行の軍は鎌倉へ進軍し、迎撃した足利直義が敗北。直義は幽閉中の護良親王がのちに面倒な存在になると判断し、殺害して鎌倉を脱出した。

後醍醐天皇は時行討伐を尊氏に命じた。尊氏は征夷大将軍への任命を要求したが、新幕府成立を恐れた後醍醐天皇に拒否され、そのまま鎌倉に向かう。後醍醐天皇は何もなしではよくないと考えたのか、尊氏を「征夷」ではなく**征東《せいとう》将軍**に任じている。

護良親王

『大日本歴史錦繪』
（国立国会図書館蔵）

同年8月に尊氏は鎌倉を奪還した。だが、政権の上洛命令を無視して鎌倉に居座り、11月には新田義貞の討伐を要求したが、政権は拒否。尊氏の離反が決定的になったため、新田義貞に尊氏討伐を命じた。

尊氏は東下してきた義貞軍を箱根の竹ノ下で撃破すると、1336年1月に京へ入る。しかし、陸奥から北畠顕家の軍が西上し、義貞軍が合流。これに尊氏は敗れ京を逃れた。

丹波で軍を立て直した尊氏だが、2月に義貞らに再び敗れ、海路九州へ逃げる。敗残の中であったが、尊氏は光厳上皇（後醍醐隠岐配流時の天皇で持明院統）の院宣を受け、反政権の大義名分を得ていた。

3月には筑前の**多々良浜《たたらはま》の戦い**で政権側の**菊池武敏《きくちたけとし》**を破り、尊氏は九州の兵をまとめた。4月に博多を出て、翌月には摂津湊川の戦い（p92）で新田義貞・楠木正成の軍を攻め、正成は敗死し、義貞も撤退した。

後醍醐天皇は比叡山に逃れたが、名和長年、千種忠顕も戦死。尊氏は光厳上皇を奉じて入京した。神器は

戦乱のポイント

京の防御力

平安京は朝廷を置くために開かれた都なので、戦闘が行われることを考慮しておらず、平地が多く防御拠点に乏しい。攻めやすく、守りにくい場所であり、このため源平合戦の時代から、京は何度も陥落し、南北朝時代にもそれは繰り返される。足利尊氏も京の防御力不足に苦労することになる。

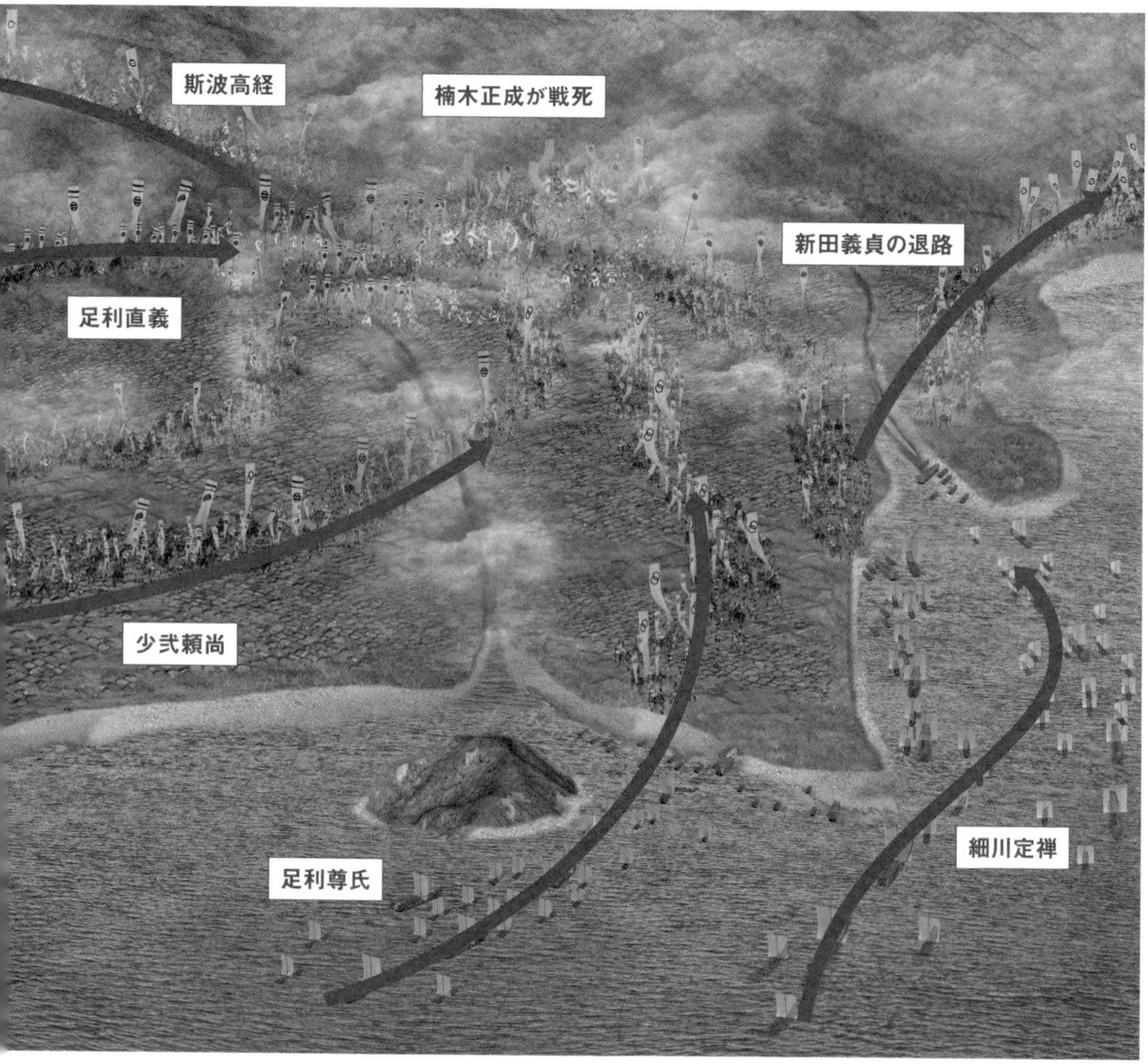

後醍醐天皇の手にあったが、光厳上皇の弟が光明天皇として即位。10月には後醍醐天皇が和平を受け入れ京に戻る。ただし、新田義貞は恒良《つねよし》、尊良《たかよし》親王を奉じて北陸へ向かった。

結果
南北朝に分立

11月、足利尊氏は鎌倉幕府の御成敗式目に倣った**建武式目**《けんむしきもく》を定める。尊氏による武家政権の発足だ。

しかし、12月に後醍醐天皇は幽閉されていた花山院《かざんいん》を脱出し、**吉野**に移って朝廷を開いた。こうして、京の北朝と吉野の南朝が並立する**南北朝時代**がはじまる。

戦いに敗れた南朝勢力であったが、陸奥には北畠顕家、北陸には新田義貞が健在で、九州には**懐良**《かねよし》**親王**が征西将軍として送られた。その力はあなどれず、尊氏は鎌倉殿になったに

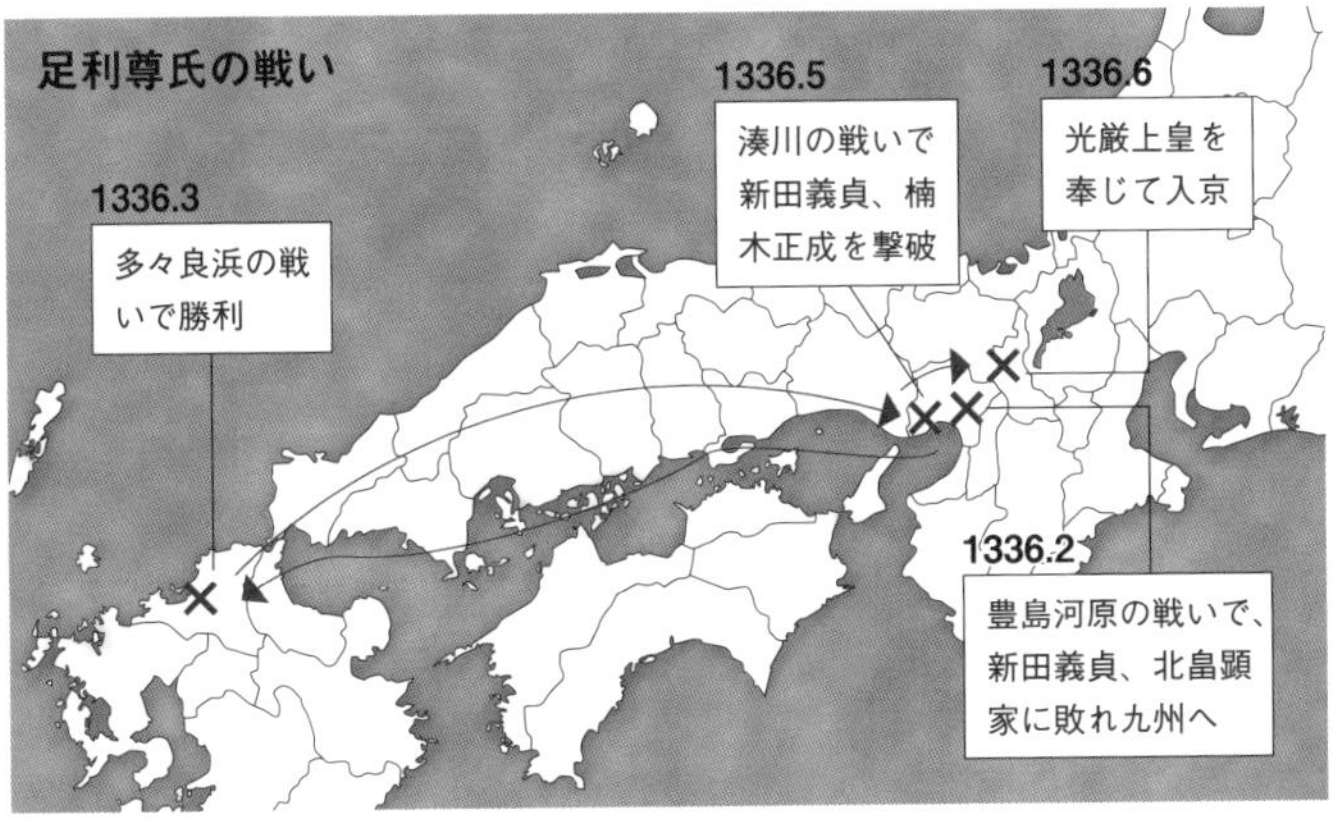
足利尊氏の戦い
1336.5
湊川の戦いで新田義貞、楠木正成を撃破
1336.6
光厳上皇を奉じて入京
1336.3
多々良浜の戦いで勝利
1336.2
豊島河原の戦いで、新田義貞、北畠顕家に敗れ九州へ

千種忠顕
『前賢故実』
（国立国会図書館蔵）

名和長年
『前賢故実』
（国立国会図書館蔵）

湊川の戦い
湊川上流に楠木軍、下流に新田軍が布陣。足利直義らが陸路、尊氏が海路から攻め、楠木軍は全滅した。

もかかわらず京に留まるしか手はなく、いずれ鎌倉へ移るという建前だった。各地の武士も時代の趨勢が読めず、日和見的に立場を変えた。北朝も南朝も彼らにとっては朝廷であり、都合のいい方に味方すれば大義名分が立った。それが混乱を長引かせることになっていく。

戦乱のポイント

ゲリラ戦法

楠木正成も赤松則村も討幕時にゲリラ戦法を駆使した武将だった。のちに則村は足利尊氏に味方し、尊氏が九州へ敗走した中、新田義貞の軍を播磨の白旗城で迎撃。得意の籠城戦で防いだ。これに対し、正成は湊川の戦いで得意のゲリラ戦ではなく、正面から足利の大軍を防ぐしかなく、包囲せん滅されてしまった。

1337－1392年

幕府内の争いに南北両朝が絡む

南北朝の争乱

勝利
室町幕府

VS

敗北
南朝方
足利直義ほか

場所
全国

足利直義
（国立国会図書館蔵）

いきさつ

劣勢続く南朝

朝廷が南北に分立すると、新田義貞は北陸で勢力挽回を図るが、1337年3月に拠点の金《かね》ケ《が》崎《さき》城《じょう》が陥落。12月には陸奥の北畠顕家が鎌倉を落とし西上するも、翌年5月に足利尊氏の執事の**高師直**《こうのもろなお》に敗れて戦死した。さらに閏7月には義貞も敗死する。

そして、1339年8月には後醍醐天皇も死去し、義良親王が**後村上**《ごむらかみ》**天皇**として即位。その後、北畠親房が常陸へ入り勢力拡大を図るが、南朝方の劣勢は続いた。

そんな中、幕府内で裁判などを担当していた足利尊氏の弟の直義と、武士を統括していた執事の高師直の関係が悪化していく。

経過

観応の擾乱

1348年には楠木正成の子、**楠木正行**《まさつら》が河内、和泉で軍事行動を起こす。しかし、高師直がこれを破り、正行は戦死。南朝は吉野から賀名生《あのう》に逃げた。師直の功績は大きく、直義との力関係が崩れる。直義は師直を糾弾し、師直は軍事行動で応じた。その後、直義が出家する形をとったが、それでは終わらなかった。

楠木正行

『武者无類外ニ三枚続キ画帖』
（国立国会図書館蔵）

『騎馬武者像』
この画は長らく足利尊氏とされてきたが、高師直との説も強い。
ColBase（https://colbase.nich.go.jp/）

尊氏の子であるが認知されていなかった**足利直冬**《ただふゆ》は、直義の養子になっていた。この直冬が直義に味方して１３５０年に九州で挙兵した。

直義も京を脱出し、斯波高経《しばたかつね》、山《やま》名《な》時氏《ときうじ》らを味方に挙兵し**（観応《かんのう》の擾《じょう》乱《らん》）**、さらに南朝方に帰順した。尊氏は師直に味方して直義討伐を決めるも、１３５１年には直義と南朝勢が京を占拠。尊氏は和睦を選んだが、直義は高師直一族を謀殺。その後、師直派は尊氏を担ぎ、尊氏・直義兄弟で争うことになった。

直義が鎌倉に移って勢力を拡大すると、直冬も西国で強大化する。尊氏は南朝勢をこれらから引き離すため、南朝に帰順し北朝を廃し、南朝は直義追討の綸旨を尊氏に出した。

１３５２年１月、尊氏は鎌倉の直義を降伏させ、翌月に暗殺した。すると、同年に直冬が南朝に帰順し、さらに九州では懐良親王の**征西府**が北朝方を撃破し、勢力を拡大。

１３５５年には直冬らが京を一時占拠した。

結果 遠い両朝合一

直義の死後、北朝は再び立てられたが、混乱は続いた。１３５８年に足利尊氏が亡くなったのちも、１３６１年に征西府が九州をほぼ統一し、半独立状態になるなど安定しない。

１３７１年には**今川了俊**《いまがわりょうしゅん》**（貞世《さだよ》）**が九州探題として派遣されるが、九州平定には20年ほどを要し、南北朝の合体が成るのは、１３９２年、３代将軍の**足利義満**《あしかがよしみつ》のときであった。

戦乱のポイント

守護の強大化

長引く戦乱の中、状況に応じた対処をするため、幕府は守護の職権を拡大するしかなかった。このため鎌倉時代に比べ、守護の権力は大きくなり、守護大名と呼ばれるものに変容していく。観応の擾乱で敵味方に分かれた、斯波・細川・畠山・山名といった守護家が強大化していくことになる。

1368－1399年

将軍と肥大化した守護大名の闘争

将軍×守護大名

勝利
◎
足利義満

VS

敗北
×
山名氏清
大内義弘ほか

場所
全国

いきさつ

幕府内の対立

幕府内では高師直がそうであったように、のちに管領《かんれい》となる将軍執事をめぐる争いが絶えない。

2代将軍、**足利義詮《よしあきら》**のときには、足利の有力分家の細川清氏《きようじ》が失脚し、南朝方に転じるなど混乱する。

次に足利本流に近い**斯波高経《たかつね》**（斯波は子孫が名乗ったもので、この時点では足利高経）が執事となったが、有力守護らと対立し、1366年に義詮は高経を失脚させた。

しかし、その義詮はすぐに病気になり、子の足利義満を後継者とするが、まだ成人していなかったため、義満を補佐する管領に**細川頼之《よりゆき》**を任じ、義詮は死去した。

1368年に義満は征夷大将軍となる。しかし、九州では南朝の懐良親王が強大な勢力を維持していたため、幕府は今川了俊を派遣。南朝から帰順した山名時氏らと細川頼之が対立するなど争いは続いた。

1378年、義満は政庁を室町に移した。のちに**花の御所**と呼ばれ、室町幕府の名も、これに由来する。

経過

巨大守護をつぶせ

しかし、1379年には、頼之と対立する守護らが花の御所を包囲し、頼之の罷免を要求。頼之は失脚し、**斯波義将《よしまさ》**が管領となった。

金閣

足利義満が築いた北山殿の舎利殿。現在の鹿苑寺。

このように守護らの力が強大化したため、義満は自身の官位を上げることで将軍の権力強化を図った。

さらに、土岐《とき》氏の内紛に乗じて、その勢力を削るなど強権的な手法もとるようになった。

北朝への帰順後、数度の政変を経て山名氏の所領が11カ国に及ぶと、義満はその内紛に介入し挑発を繰り返す。1391年、怒った山名時氏の子、**氏清**《うじきよ》らは南朝に帰順して京へ進撃。都を舞台に激戦となったが、幕府軍が勝ち、山名氏の領国を3カ国に減らした**（明徳《めいとく》の乱）**。

義満は1394年に将軍職を子の足利義持《よしもち》に譲り、北山殿に移ってからも大御所として権力を振るった。

この頃、南朝から帰順し、西国6カ国の守護となっていた**大内義弘**《おおうちよしひろ》は、海外との貿易などで富強化していた。

義満はここに目をつけ、自身の貿易拡大もねらい義弘を挑発する。

1399年、義弘は軍を率いて和泉へ至ったが、義満に従うか否かで割れ、堺に城を築き籠城した。幕府軍は陸海からこれを包囲し激戦となる。しかし、1カ月ほどで義弘は戦死し決着がついた**（応永《おうえい》の乱）**。

結果 繰り返される強権手法

義満は危険な大戦を仕掛けて守護らに勝ち、将軍の権力拡大を続けて1408年に死去する。

しかし、応永の乱では京の幕府と対立する**鎌倉公方**《かまくらくぼう》も呼応しており、状況は不透明だった。それでも、のちに続く将軍らは、一定の成果を得た義満の強権手法に倣おうとした。それが、次の大乱を呼ぶことになる。

大内義弘

『本朝百将伝』

（国立国会図書館蔵）

戦乱のポイント

相続の変化

鎌倉時代、所領は子孫に分割相続されたが、これが零細化の原因にもなった。この反省から、嫡子が単独で相続し、兄弟などを養う形になったため、家督を継承できるか否かですべてが変わる。これが守護家内で内紛を生むことになり、将軍の介入を招き、継続して争乱が起きるようになる。

1416－1441年

関東を治めた鎌倉公方が幕府を揺るがす

鎌倉公方《かまくらくぼう》と将軍

敗北 ✕ 足利持氏 結城氏朝ほか

勝利 ◎ 足利義教 上杉氏

VS

場所
関東ほか

初代鎌倉公方・足利基氏（国立国会図書館蔵）

いきさつ

関東の将軍、鎌倉公方

当初、足利尊氏は征夷大将軍かつ鎌倉殿となって、鎌倉に幕府を開くはずだった。しかし、南北朝の争いで京に拠《よ》る必要があり、不在の鎌倉殿の代理として、１３４９年に子の**足利基氏**《もとうじ》を鎌倉に置いた。これが**鎌倉公方**のはじまりだ。

この鎌倉公方は幕府同様に評定衆や政所などを備え、関東10カ国の守護を管轄した。いわば、もう一つの幕府だった。そして、鎌倉公方の執事である**関東管領**《かんとうかんれい》を代々務めたのが**上杉氏**で、元は鎌倉幕府で初の皇族将軍となった宗尊親王と一緒に鎌倉へ下向した公家の一族だ。

当初は京の将軍の代理として機能していた鎌倉公方だが、代を重ねるごとに将軍と対立していく。実際、応永の乱において、大内義弘は鎌倉公方3代目の**足利満兼**《みつかね》と呼応し、東西で京をねらうなど、幕府を転覆しうる存在だった。

そして、関東管領である上杉氏は、鎌倉公方を抑制する意味で京の幕府との関係が深かった。ここで将軍と関東管領、それに対立する鎌倉公方という構図ができたのである。

経過

立て続けに荒れる関東

関東管領を輩出する上杉氏は**山内**《やまのうち》**上杉**を筆頭に**扇谷**《おおぎがやつ》**上杉**、**犬懸**《いぬがけ》**上杉**な

足利義持像（模本）

足利義持は4代将軍だが、後の混乱を生むことになる。

ColBase（https://colbase.nich.go.jp/）

関東の対立構図

❶上杉禅秀の乱

◎ **鎌倉公方・足利持氏**
山内上杉

VS

× **犬懸上杉・上杉禅秀**
鎌倉府に不満の武家

⬅

❷永享の乱

× **鎌倉公方・足利持氏**
結城氏・佐竹氏ほか

VS

◎ **将軍・足利義教**
関東管領・上杉憲実

⬅

❸結城合戦

× **足利持氏の遺児**
結城氏朝、佐竹義憲ほか

VS

◎ **将軍・足利義教**
山内上杉、扇谷上杉

どに分流した。それぞれの名は屋敷のあった鎌倉近郊の地名だ。

そして、関東管領だった犬懸上杉の**上杉禅秀**《ぜんしゅう》が鎌倉公方の**足利持氏**《もちうじ》に罷免されると争いが起こる。鎌倉公方に不満のあった武士が上杉禅秀に加担し、1416年に反乱（**上杉禅秀の乱**）した。この戦いは上杉氏同士の争いの面が強く、持氏側に立った山内上杉が勝ち、以後は関東管領を独占するようになった。

このとき、持氏は独断専行の戦後処理を行い、4代将軍の**足利義持**《よしもち》と対立した。そして、その義持は5代将軍に子の**足利義量**《よしかず》を置いたあとも実権を握った。義量が早世すると、義持自身が政務をとったが、1428年に後継者を決めずに死んでしまう。それゆえ、後継者は義持の弟（義満の子）の中からくじ引きで決め、**足利義教**《よしのり》が継ぐことになった。

この事態の中、鎌倉公方の持氏は自身が将軍になれると考えたとされ、義教とは最初から険悪だった。持氏はこれを諫める関東管領、**上杉憲実**《のりざね》と対立するようになる。1438年、持氏が憲実の討伐に動き、義教は憲

戦乱のポイント

武士の都、鎌倉

本来、京に朝廷があり、幕府は鎌倉にあるのがこの時代の武士の感覚。足利尊氏は武士を統べて鎌倉に幕府を置きたかった。だから、建武政権では鎌倉将軍府に信頼できる弟、足利直義を置いた。しかし、朝廷は二分し、観応の擾乱では直義とも争う。最初に鎌倉公方を置いたのはそんな時期のことだった。

実を援護し、駿河の今川《いまがわ》氏や信濃の小笠原《おがさわら》氏ら守護を投入した。持氏は敗れて降伏したが、義教は許さず、憲実に攻められ自害した（**永享《えいきょう》の乱**）。

　さらに、義教は自分の子を鎌倉公方に任じようとしたが、これに下総の**結城《ゆうき》氏朝《うじとも》**が怒る。1440年に持氏の遺児を担いで、その残党らと挙兵した（**結城合戦**）。義教はまたも討伐軍を出し、氏朝らの結城城を包囲。氏朝らは奮戦するも翌年に落城し、持氏の遺児らも殺された。

　義教はこの関東の争乱に関与するだけでなく、父の足利義満同様、強権的に守護らを圧迫し、あまりのことに「万人恐怖《ばんにんきょうふ》」と評された。

上杉憲実
『本朝百将伝』
（国立国会図書館蔵）

結果　関東の戦国化

　1441年、**赤松満祐《みつすけ》**は結城合戦の祝勝会と称して、将軍を自邸に招いた。そして、猿楽の鑑賞中に抜刀した将兵が乱入し、義教の首をはねた。義教による赤松氏への圧迫があったためだ。

　将軍暗殺という前代未聞の事態に幕府は山名氏を中心とした軍で赤松を攻め、満祐は自害する（**嘉吉《かきつ》の乱**）。

　この結果、室町幕府の不安定さは臨界点に達した。巨大化した守護家内のほとんどで相続をめぐる争いが起こり、それは将軍家においても同じだった。しかも、赤松氏は一度滅んだが、残った一族も多く、滅亡に直接関与し、その領地を奪った山名

結城城跡
結城合戦の舞台となった。

嘉吉の変
結城合戦の祝勝会として、赤松満祐は自邸に将軍、足利義教を迎え殺害した。

氏への遺恨も生まれた。

一方、関東では鎌倉を再興すべきという機運が生まれ、持氏の子で生き残った**足利成氏**《しげうじ》が5代鎌倉公方となった。しかし、関東管領の山内上杉との関係が修復されることもなく、**享徳**《きょうとく》**の乱**が勃発し、戦国乱世は関東からはじまることになる。

戦乱のポイント

家督を決める将軍

室町幕府において、有力守護大名は強大で、将軍でさえ容易には扱えなかった。しかし、どこも大所帯であり、分家も誕生し相続の問題が多かった。ただし、実際に家督を決めるのは将軍であり、足利義教はこれを使って各家の相続争いに介入する。そして、度を越した介入が恨みを買ってしまった。

1467－1477年

応仁《おうにん》の乱

京を焼き尽くし、全国を戦国乱世に突入させた

勝利 ◎ 勝敗不明
VS
敗北 × 勝敗不明

場所
京→全国

いきさつ
深刻化する幕府内の混乱

嘉吉の変で6代将軍、足利義教が暗殺されると、その子である**足利義《よし》勝《かつ》**が幼少で7代将軍となった。だが、1年ほどで早世したため、その弟の**足利義政**《よしまさ》が1449年に8代将軍となった。

当時の幕府では将軍を補佐する管領を輩出してきた足利の有力分家、**「細川・斯波・畠山」**の三管領と、四職《ししき》とされる侍所の長を担う、**「赤松・一《いっ》色《しき》・山名・京極《きょうごく》」**といった守護大名が強大な力を持っていた。しかもその多くが家督争いを抱えていて、争乱の火種には事欠かない。

さらに、守護たちは京へ出仕していることが多く、領国の経営は現地の守護代まかせだ。次第に守護代が各地で実権を握るようになり、幕府も守護代らの動向は懸案事項となっていた。

足利義満以降、将軍は守護や守護代の内紛に干渉し、それによって将軍の権力を誇示してきた。足利義政も同様で、畠山氏に相続争いが起こると介入した。

細川勝元
『本朝百将伝』
（国立国会図書館蔵）

山名宗全
『本朝百将伝』
（国立国会図書館蔵）

しかし、この争いはこじれ、義政の判断も二転三転し、相争う**畠山義就**《よしひろ》と**畠山政長**《まさなが》に各守護らの争いもからみ、泥沼化したのである。

それだけでなく、義政は**斯波義廉**《よしかど》と**斯波義敏**《よしとし》による斯波氏の家督争いにも介入した。1466年、義敏を支持した義政だが、これに**山名宗全**《そうぜん》らが反発し、義政の側近が追放される事態に発展した。結局、義政の影響力が弱まり、有力守護の統制ができなくなる**(文正**《ぶんしょう》**の政変)**。

経過

応仁の乱が勃発

1467年1月、足利義政が畠山義就を支持し、畠山政長を管領から罷免した。怒った政長が**上御霊社**《かみごりょうしゃ》に陣を敷くと、対陣する義就に山名宗全、斯波義廉らが味方する。不利な政長は上御霊社を焼いて撤退**(上御霊社の戦い)**。**応仁の乱**がはじまった。

細川勝元《かつもと》は宗全との関係も悪くなかったが、畠山の争いでは政長に味方し、京の東側に陣を展開、5月に花の御所を占拠し、将軍を擁す形になる。対する山名宗全らは西側に陣を敷いたため、それぞれ東軍・西軍と呼ばれる。両軍が武力衝突を繰り返す中、東軍側は義政の弟の**足利義視**《よしみ》を総大将にし、大義名分を得たうえで西軍を圧迫する。

しかし、周防、長門などに勢力を

足利義政

文正の政変以降、将軍権力は失墜。応仁の乱を招く。

ColBase（https://colbase.nich.go.jp/）

戦乱のポイント

将軍家の混乱

足利義政には男児がなく、このため、僧になっていた弟を還俗させて将軍候補とした。これが足利義視だ。しかし、還俗の数日後に男子が生まれる。これが足利義尚だ。正室の日野富子の子なので、こちらを将軍にという動きになる。立場の微妙な義視は、まず細川勝元を頼ったのである。

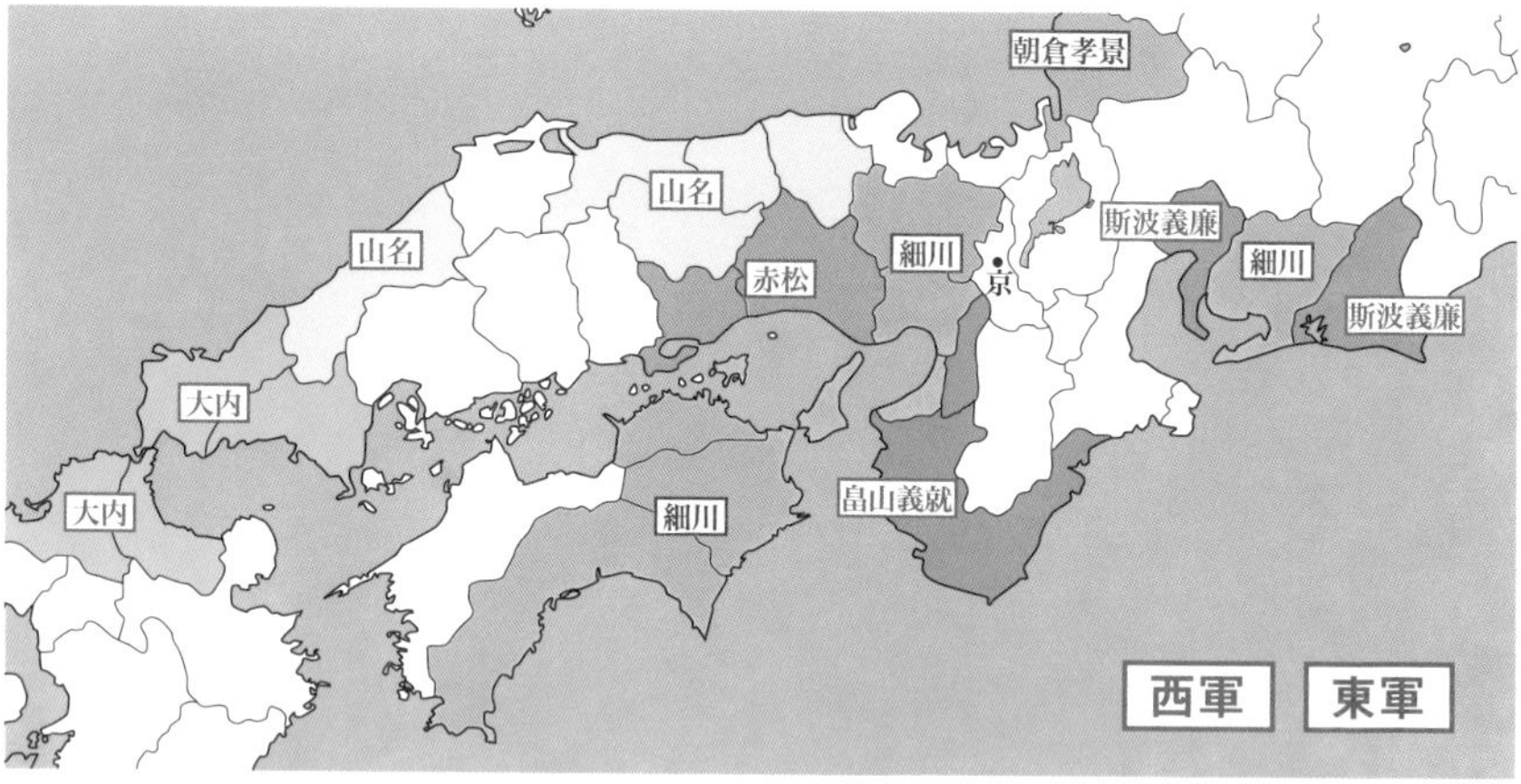

誇る大内政弘《まさひろ》が西軍につき、海路から摂津に上陸。8月に大軍で入京すると形勢が変わる。

さらに、次期将軍候補でありながら、義政に子の**足利義尚**《よしひさ》が生まれたことで立場が微妙だった義視が東軍を脱走した。劣勢となった東軍を西軍が包囲し、10月に**相国寺**《しょうこくじ》**の戦い**が起きる。相国寺が焼失するほどの激戦となるが、痛み分けに終わり、以後、京での合戦は小康状態となり、舞台は全国に波及していく。

斯波氏の守護代であり、西軍で中心的活躍をした**朝倉孝景**《あさくらたかかげ》が東軍に転じ、越前で戦国大名となるなど、地方でも戦国化が進んだ。

結果

戦国時代がはじまる

1472年、細川勝元と山名宗全は和平の道を探ったが、両軍の交戦派に反対され、翌年に宗全と勝元がともに死去する。それでも戦いは続くが、1474年に山名と細川の間で単独講和が成立した。

1477年、西軍の中心となっていた大内政弘が東軍に帰順する形で

両陣営のおもな武将

西軍		東軍
山名宗全	×	細川勝元
斯波義廉		斯波義敏
畠山義就		畠山政長
六角高頼		京極持清
大内政弘		赤松政則

朝倉孝景（のちに東軍へ）➡　⬅足利義視（のちに西軍へ）

燃える京

応仁の乱の初期、双方の屋敷を焼くような合戦が続き京は荒廃する。

領国に戻ると、ようやく乱も終わる。

しかし、11年におよぶ戦乱で京は荒廃し、将軍の権威は地に落ちた。守護大名らの領国では、実力ある守護代が**下《げ》剋上《こくじょう》**して戦国大名化していく。先に享徳の乱で戦国化した関東に続き、全国が**戦国乱世**となった。

戦乱のポイント

下剋上

南北朝を生き抜いた風潮もあり、室町時代の主従関係は上下関係というより相互協力関係に近かった。このため、上位の者が至らなければ、とって代わってもよいという下剋上が一般的な価値観になっていく。現実として、領国経営には守護よりも守護代が通じており、下剋上の理由となった。

室町時代の武具

合戦を知る 4

槍《やり》

安価で扱いやすい槍が歩兵用武器として台頭してくる。
室町時代・16世紀・石川県出土
ColBase（https://colbase.nich.go.jp/）

黒韋肩妻取威胴丸《くろかわかたつまどりおどしどうまる》

着脱しやすい胴丸に分割された草摺など実用性が考慮されている。
室町時代・15世紀
ColBase（https://colbase.nich.go.jp/）

武士らしい豪気さと実用性が混在した時代

大太刀《おおたち》

南北朝期に流行した大太刀。備前国長船兼光の作。
南北朝時代（1359年）
ColBase（https://colbase.nich.go.jp/）

歩きやすい甲冑へ変化

武士が勃興した関東は、平地が多く騎馬が威力を発揮した。しかし、南北朝争乱の舞台となった畿内は平地が少ない。楠木正成《くすのきまさしげ》の千《ち》早城《はやじょう》のように、山上に城を築き、高低差のある移動も多くなった。それゆえ鎌倉時代の大鎧では重いし歩きにくくて不便なため、装備しやすい胴丸《どうまる》、歩きやすく分割された草摺《くさずり》、動きやすい小さめの袖で構成された甲冑《かっちゅう》が主流になる。

武器の分野では、長大な大太刀《おおたち》が南北朝時代に流行した。重いので背負って携行したとされるが、そのまま刀を抜けたのかは不明だ。薙刀や太刀の刀身に長い柄をつけた長巻《ながまき》など、リーチの長い武器を用いる武士も多かった。

また、楠木正成軍がそうであったように、個人の一騎打ちから集団戦へと戦闘法の変化が進む。そのため安価で使いやすい歩兵用の槍が重要になってくる。

第5章

戦国時代

この時代のポイント

- ▶ 享徳の乱より、関東が戦国化する
- ▶ 幕府が弱体化し畿内・西国も戦国化する
- ▶ 下剋上が起こり各地に戦国大名が登場する

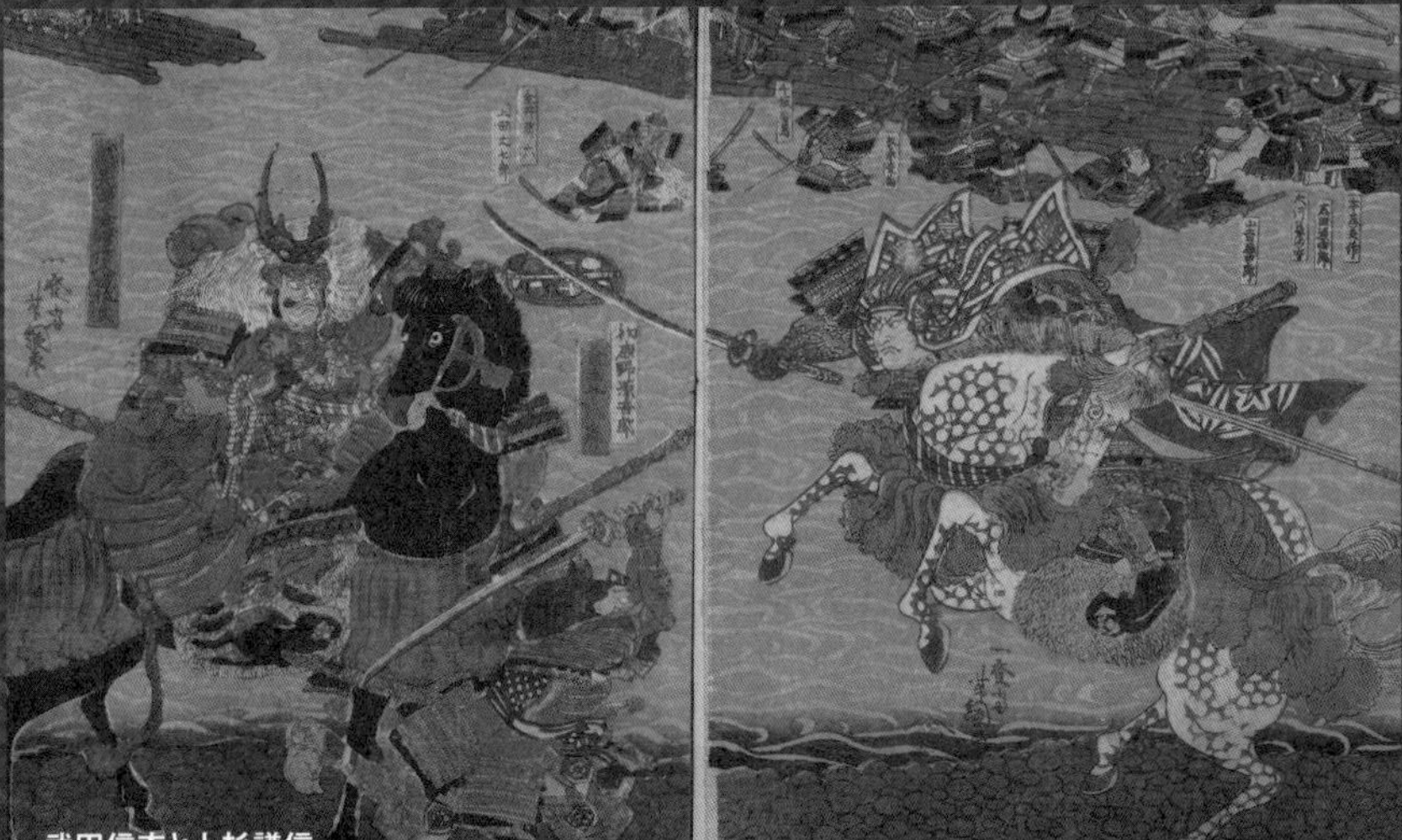

武田信玄と上杉謙信
（国立国会図書館蔵）

年	月	参照	分類	出来事
1476年	6月	P118	関東の争乱	**関東管領上杉《うえすぎ》氏の家臣・長尾景春《ながおかげはる》が、主家に対して反乱を起こし、古河公方《こがくぼう》を巻き込み混乱する（長尾景春の乱）**
1477年	3月			**武蔵の太田道灌《おおたどうかん》、反乱をおこした長尾景春方の溝呂木《みぞろぎ》城、小磯《こいそ》城を攻略**
	5月			太田道灌らが武蔵の用土原《ようどはら》の戦いで長尾景春を破る
	10月			塩売原《しおうりはら》の戦いで太田道灌と長尾景春が対峙するも決着がつかず
1478年	7月			太田道灌、長尾景春を鉢形《はちがた》城で破る
	9月	P126	畿内・西国の戦い	大内政弘《おおうちまさひろ》、筑前の少弐政資《しょうにまさすけ》を攻め、豊前・筑前に進出
1479年	1月	P118	関東の争乱	太田道灌、下総の千葉孝胤《ちばたかたね》の白井《しろい》城を攻囲する
1480年	7月	P122	管領細川氏の攻防	守護大名の斯波義敏《しばよしとし》らが、越前で朝倉孝景《たかかげ》方の長崎城を攻略する
1481年	9月			斯波義敏の子の義寛《よしひろ》、越前で朝倉孝景の子の氏景《うじかげ》に敗れ加賀に退く
1482年	3月			畠山政長《はたけやままさなが》・細川政元《ほそかわまさもと》らが畠山義就《よしひろ》討伐に向かう
	7月			細川政元と畠山義就が和睦する
	11月	P118	関東の争乱	足利義政《あしかがよしまさ》、信濃の守護大名上杉房定《ふささだ》の進言で、古河公方の足利成氏《しげうじ》と和睦
1483年	8月	P122	管領細川氏の攻防	畠山義就と畠山政長が河内で交戦
	12月	P126	畿内・西国の戦い	山名政豊《やまなまさとよ》、守護大名（播磨・美作など）の赤松政則《あかまつまさのり》を播磨で破る
1486年				**赤松政則が山名政豊を破り、播磨の覇権を握る。山名氏は以後衰退する**
	7月	P118	関東の争乱	**太田道灌が暗殺される**
1487年	9月	P122	管領細川氏の攻防	9代将軍足利義尚《よしひさ》、近江の六角高頼討伐のために坂本へ出陣。高頼、甲賀に退く

年	月	参照	分類	出来事
	11月	P118	関東の争乱	**関東管領の上杉顕定《あきさだ》（山内上杉氏）と相模守護の上杉定正《さだまさ》（扇谷《おおぎがやつ》上杉氏）が相模で対陣（長享《ちょうきょう》の乱）。これに乗じるかたちで伊勢宗瑞《いせそうずい》（北条早雲《ほうじょうそううん》）が台頭する**
1488年	1月	P122	管領細川氏の攻防	足利義尚、畠山政長に畠山義就追討の命を下す
				ポルトガル人のバルトロメウ＝ディアスがアフリカ南端の喜望峰《きぼうほう》に到達
	2月	P118	関東の争乱	上杉定正、相模で関東管領上杉顕定の軍を破る
	6月	P130	加賀の一向一揆	**一向宗門徒《いっこうしゅうもんと》、加賀国守護の富樫《とがし》氏を滅ぼす。以後、石山戦争終結まで一向宗門徒が加賀一国を治める（〜1580年）**
	7月	P126	畿内・西国の戦い	赤松政則、山名政豊を攻めて播磨より追い出し、播磨・備前・美作を回復する
	8月			近江・飛騨守護大名の京極政経《きょうごくまさつね》、甥の京極高清《たかきよ》に近江で敗れ伊勢に逃れる
	11月	P118	関東の争乱	相模守護の上杉定正、武蔵で上杉顕定・足利成氏と交戦
1490年	7月	P122	管領細川氏の攻防	畠山政長、紀伊で畠山義就を破る
1491年	10月			幕府、斯波義寛《よしひろ》（尾張・越前・遠江の守護）に越前の朝倉貞景《さだかげ》追討の命を下す
1492年				コロンブスがアメリカ大陸（西インド諸島）に到達
1493年	4月	P122	管領細川氏の攻防	**細川政元・日野富子《ひのとみこ》、10代将軍足利義稙《よしたね》（義材《よしき》）を廃し足利義澄《よしずみ》を新将軍にする（明応《めいおう》の政変）。以後、幕府は細川氏の傀儡になる**
		P118	関東の争乱	この年、伊勢宗瑞（北条早雲）が伊豆の堀越公方《ほりごえくぼう》を攻める

1498年				ヴァスコ＝ダ＝ガマ、アフリカ南端を通りインドに至る（インド航路発見）
1500年		P118	関東の争乱	**この頃、伊勢宗瑞、扇谷上杉家の家臣の大森藤頼《おおもりふじより》を攻め小田原《おだわら》城を落とす**
1504年	9月			扇谷家上杉家当主の上杉朝良《ともよし》、伊勢宗瑞・今川氏親《うじちか》らの支援をうけ、武蔵の立河原で関東管領上杉顕定を破る
1507年	2月	P134	甲斐武田氏の台頭	甲斐の守護武田信縄《のぶつな》が没し、子の信直《のぶなお》（信虎《のぶとら》）が家督を継ぐ
	6月	P122	管領細川氏の攻防	**細川政元が暗殺され、後継者をめぐり細川氏が分裂。以後、細川高国《たかくに》と細川澄元《すみもと》が管領の座をめぐって争う（両細川の乱）**
	8月	P136	越後長尾氏の台頭	越後守護代の長尾為景《ためかげ》が、越後守護の上杉房能《ふさよし》を倒し上杉定実《さだざね》を守護に擁立
		P122	管領細川氏の攻防	阿波細川家の細川澄元の家臣、三好之長《みよしゆきなが》らが細川政元を暗殺した細川澄之《すみゆき》方を急襲する。澄之は自害。
1508年	10月	P118	関東の争乱	伊勢宗瑞、駿河・遠江守護の今川氏親の命にしたがい三河に侵攻する
		P126	畿内・西国の戦い	**出雲守護の京極政経が守護代の尼子経久《あまごつねひさ》に後事を託し死去。以後、京極分家の尼子氏が勢力を広げる**
1509年	6月	P122	管領細川氏の攻防	足利義稙《よしたね》（義材）に味方する大内義興《よしおき》と細川高国が連合し、如意ヶ嶽《にょいがたけ》の戦いで細川澄元を破る
	7月	P136	越後長尾氏の台頭	上杉房能の兄で関東管領の上杉顕定が越後守護代の長尾為景を攻め、為景は越中に逃れる
1510年	6月			上杉顕定、長尾為景と長森原《ながもりはら》で戦い敗死する

弥生～奈良時代
平安時代
鎌倉時代
室町時代
戦国時代
安土桃山時代
江戸時代
近現代

1511年	8月	P122	管領細川氏の攻防	**細川高国が船岡山の戦いで細川澄元を破る。以後、高国の政権が確立**
1515年	10月	P134	甲斐武田氏の台頭	駿河の今川氏が甲斐へ侵攻。甲斐の武田信虎、今川方の大井信達《おおいのぶさと》の富田城を攻めるが敗北する
1518年		P122	管領細川氏の攻防	中央で武力を誇った大内義興が細川高国と反目し、周防に帰国。以後、尼子氏らと戦う。高国政権が不安定になる
1522年				陸奥の国人領主から大崎・最上《もがみ》氏に取り入り、勢力を広げていた伊達稙宗《だてたねむね》が陸奥守護に任じられる
1523年		P126	畿内・西国の戦い	**反目する大内勢と細川高国勢の遣明船《けんみんせん》が、明の寧波《ニンポー》で武力衝突事件を起こす（寧波《ニンポー》の乱）**。以後、大内氏が日明貿易を独占し繁栄する
1524年	2月	P134	甲斐武田氏の台頭	甲斐の武田信虎、関東管領上杉憲房《のりふさ》を支援し相模へ侵攻する
1526年	4月			駿河の今川氏親が分国法「今川仮名目録《かなもくろく》」を制定する
1528年		P142	毛利・大内・尼子の戦い	大内義興が死去。大内義隆《よしたか》が家督を相続し、九州方面に進出。以後、豊後の大友・筑前の少弐《しょうに》氏らと争う
1531年	6月	P122	管領細川氏の攻防	**細川澄元の子である細川晴元《はるもと》が細川高国を倒し、高国は自害する**
1532年	6月	P132	三好長慶と三人衆	阿波の三好元長《もとなが》、細川晴元らの策謀で蜂起した一向一揆に攻められ堺で自害する
1535年	8月	P118	関東の争乱	伊勢宗瑞（北条早雲）の嫡男北条氏綱《うじつな》と今川氏親の嫡男今川氏輝《うじてる》が、甲斐の武田信虎を破る

	12月	P140	尾張織田氏の台頭	三河の松平清康《まつだいらきよやす》、織田《おだ》勢との攻防の最中に尾張守山で殺害される
1536年	6月			今川氏輝《うじてる》が急逝し後継者争いが勃発。 **花倉《はなぐら》の乱で今川義元《よしもと》が勝利し、今川家の家督を継ぐ**
	7月			**延暦寺の僧徒と近江守護の六角定頼《ろっかくさだより》が、洛中の法華宗徒《ほっけしゅうと》（日蓮《にちれん》宗徒）を襲い二十一本山を焼く（天文法華《てんぶんほっけ》の乱）** 大内義隆が少弐氏を滅ぼし、北九州の覇権を握る
1537年	2月			駿河の今川義元、武田信虎の娘を正室にむかえる
	3月	P142	毛利・大内・尼子の戦い	安芸の毛利元就《もうりもとなり》、出雲守護代の尼子経久の生田《いけだ》城を攻めて落城させる
	8月			尼子経久、守護大名（周防・長門など）の大内義隆の石見大森銀山《いわみおおもりぎんざん》を攻略
1538年	7月			出雲の尼子晴久《はるひさ》、守護大名（播磨・備前など）の赤松政村《まさむら》（晴政《はるまさ》）を破る
	10月			古河公方の足利晴氏《はるうじ》と北条氏綱が、安房の里見義堯《さとみよしたか》と足利義明《よしあき》を破る
1539年	1月	P132	三好長慶と三人衆	**阿波の三好長慶《ながよし》、京に入り細川晴元に仕える**
	5月	P142	毛利・大内・尼子の戦い	守護大名（周防・長門・石見・安芸など）の大内義隆、尼子経久の石見大森銀山を攻略
1540年	5月	P134	甲斐武田氏の台頭	甲斐の武田信虎、信濃の諸城を攻略する
	6月	P140	尾張織田氏の台頭	尾張の織田信秀《のぶひで》、三河の安祥《あんじょう》城を攻略する
	8月	P142	毛利・大内・尼子の戦い	尼子晴久、大内義隆の石見大森銀山を攻めるが失敗に終わる
	10月			毛利元就、安芸で尼子晴久を破る

大内義隆
（国立国会図書館蔵）

1541年	6月	P134	甲斐武田氏の台頭	**甲斐の武田晴信《はるのぶ》、父の信虎を追放し家督を継ぎ甲斐守護となる**
1542年	閏3月	P142	毛利・大内・尼子の戦い	大内義隆・毛利元就、出雲の尼子晴久を攻める
	7月	P134	甲斐武田氏の台頭	武田晴信、諏訪頼重《すわよりしげ》を甲斐に幽閉（のちに自害する）
	8月	P140	尾張織田氏の台頭	斎藤道三《さいとうどうさん》（利政《としまさ》）、美濃守護の土岐頼芸《ときよりのり》を尾張に追放する
	9月	P134	甲斐武田氏の台頭	武田晴信、諏訪（高遠《たかとお》）頼継《よりつぐ》を破り諏訪を平定する
1543年	3月	P142	毛利・大内・尼子の戦い	大内義隆・毛利元就、出雲富田城の尼子勝久を攻めるも撤退する
	8月			**種子島に漂着したポルトガル人が鉄砲を伝える（鉄砲伝来）**
1544年	9月	P140	尾張織田氏の台頭	織田信秀と美濃守護の土岐頼芸、越前の朝倉教景《のりかげ》が連携し美濃の稲葉山《いなばやま》城の斎藤道三を攻めるも反撃をうける
1545年	9月			織田信秀、三河の安祥城で岡崎の松平広忠《ひろただ》を破る
1547年	6月	P134	甲斐武田氏の台頭	武田晴信、分国法「甲州法度之次第《こうしゅうはっとのしだい》」を定める
	8月	P140	尾張織田氏の台頭	三河の戸田康光、松平広忠の子竹千代《たけちよ》（徳川家康《とくがわいえやす》）を奪い、織田信秀におくる
1548年	2月	P134	甲斐武田氏の台頭	武田晴信、信濃の上田原で北信濃の武将村上義清《むらかみよしきよ》に敗れる
	7月			武田晴信、塩尻峠で信濃守護の小笠原長時《おがさわらながとき》を破る
	10月	P132	三好長慶と三人衆	三好長慶、摂津守護の細川氏綱と結び管領の細川晴元に反旗を翻す
	12月	P136	越後長尾氏の台頭	**長尾景虎《ながおかげとら》、兄晴景に代わって長尾家の家督を継ぎ越後守護代になる**
		P140	尾張織田氏の台頭	この頃、斎藤道三と織田信秀が和睦。

年	月日	頁	項目	出来事
1548年		P140	尾張織田氏の台頭	道三の娘の濃姫《のうひめ》（帰蝶《きちょう》）が信秀の子の織田信長《のぶなが》の正室となる
1549年	6月24日	P132	三好長慶と三人衆	三好長慶、摂津の江口《えぐち》城の戦いで三好政長《まさなが》らを討つ
	6月28日			**足利義晴《よしはる》・義輝《よしてる》（義藤《よしふじ》）、細川晴元らは近江へ逃れ、三好長慶が実権を握る**
		P140	尾張織田氏の台頭	今川勢が織田氏の安祥城を攻め、織田信広《のぶひろ》を拘束。 その後、信広と松平竹千代の人質交換が行われる
	7月			**フランシスコ＝ザビエルが鹿児島に上陸（キリスト教伝来）**
1550年	7月	P134	甲斐武田氏の台頭	武田晴信、信濃の林城で小笠原長時を破る
	9月			武田晴信、村上義清の砥石《といし》城を攻めるも大敗（砥石崩れ）
	11月	P132	三好長慶と三人衆	三好長慶、京に入る。 足利義輝は陣を構えていた中尾城を自ら焼き、近江の堅田《かたた》に退く
1551年	5月	P134	甲斐武田氏の台頭	武田家家臣の真田《さなだ》幸隆《ゆきたか》らの調略により砥石城が落城
	7月	P132	三好長慶と三人衆	三好長慶方の松永久秀《まつながひさひで》らが、京の相国寺で細川晴元勢を破る
	9月	P142	毛利・大内・尼子の戦い	**陶晴賢《すえはるかた》が謀反を起こし、大内義隆が自害する（大寧寺《たいねいじ》の変）**
				豊後の大友宗麟《おおともそうりん》、ザビエルにキリスト教の布教を許可する
1552年	1月10日	P136	越後長尾氏の台頭	**関東管領の上杉憲政《のりまさ》、北条氏綱の子の氏康《うじやす》に領国の上野を攻められ、 長尾景虎を頼り越後へ逃亡。以後、長尾景虎と北条氏康は敵対関係となる**
	1月28日	P132	三好長慶と三人衆	足利義輝と三好長慶の和睦が成立。義輝、京に戻る
	3月	P140	尾張織田氏の台頭	**尾張の織田信秀が没し、嫡男の信長が家督を継ぐ**

年	月	頁	項目	出来事
	3月	P142	毛利・大内・尼子の戦い	豊後の大友宗麟の弟・大内義長《よしなが》が陶晴賢らが主導する大内氏を継ぐ。大友氏が九州で勢力を強める
1553年	3月	P132	三好長慶と三人衆	足利義輝、三好長慶との和睦が破れ東山の霊山《りょうぜん》城に移る
	4月	P138	川中島の戦い	武田晴信、北信濃へ出兵。北信濃の村上義清らが越後の長尾景虎に支援を要請。その後、義清らは越後に逃れる
	8月	P132	三好長慶と三人衆	三好長慶、東山の霊山城を攻め、足利義輝は近江の朽木《くつき》に退く
	9〜10月	P138	川中島の戦い	**この頃、長尾景虎が出陣。第1次川中島《かわなかじま》の戦いがおきる（布施《ふせ》の戦い）** 長尾景虎が越後に引きあげ、武田晴信も甲斐へ引きあげる
1554年	3月			武田（甲斐）・北条（相模）・今川（駿河）の三者間で婚姻が成立。**武田・北条・今川の間で同盟する（甲相駿《こうそうすん》三国同盟）**
	5月	P142	毛利・大内・尼子の戦い	毛利元就、安芸の諸城を攻撃する
1555年		P140	尾張織田氏の台頭	この年、尾張の織田信長が知多の水野《みずの》信元《のぶもと》を支援し、今川方の村木砦《むらきとりで》を攻略する 織田信長、斯波義銀《よしかね》を守護に担ぎ尾張守護代の織田信友《のぶとも》を清洲《きよす》城で討ち取る
	7月	P138	川中島の戦い	**犀川《さいがわ》を挟んで武田軍と長尾軍が対峙。第2次川中島の戦いが起こる（犀川の戦い）**
	10月1日	P142	毛利・大内・尼子の戦い	**安芸の厳島《いつくしま》で毛利元就が陶晴賢軍を破り、晴賢は自害。毛利元就軍4千が奇襲によって陶晴賢軍2万を破ったとされる（厳島の戦い）**

年	月	参照	テーマ	出来事
	閏10月15日	P138	川中島の戦い	今川義元の調停により、長尾景虎・武田晴信が北信濃より撤退する
1556年	4月	P140	尾張織田氏の台頭	美濃の斎藤道三、息子の義龍《よしたつ》と戦い敗死する
	5月	P142	毛利・大内・尼子の戦い	毛利元就・吉川元春《きっかわもとはる》が、出雲の石見銀山で尼子晴久に勝利する
1557年	4月	P138	川中島の戦い	北信濃に侵攻してきた武田軍に対して、長尾景虎が長野盆地に出陣。 **第3次川中島の戦いがおきる（上野原《うえのはら》の戦い）**
	9-10月			長尾景虎が越後に引きあげ、武田晴信も甲斐へ引きあげる
1558年	11月	P144	桶狭間の戦い	**織田信長、弟の織田信勝《のぶかつ》を清洲城で殺害**
	11月	P132	三好長慶と三人衆	13代将軍足利義輝、近江守護の六角承禎《じょうてい》（義賢《よしかた》）らの仲裁により三好長慶と和睦
		P138	川中島の戦い	この年、足利義輝が長尾景虎と武田晴信に和議を催促したとされる
1559年	2月			**織田信長、上洛し将軍足利義輝に謁見する**
	4月	P136	越後長尾氏の台頭	長尾景虎、将軍足利義輝に謁見
				この年、織田信長は尾張上四郡の守護代織田信賢を攻め、岩倉《いわくら》城で降伏させる
1560年	5月18日	P144	桶狭間の戦い	駿河守護の今川義元、大軍を率いて尾張の沓掛《くつかけ》城に入る
	5月19日			**織田信長、桶狭間《おけはざま》で今川義元を討ち取る**
	5月23日			今川に従軍した松平元康《もとやす》（徳川家康）は今川氏を離れ故郷の岡崎城に入り、三河で独立をはかる
	10月	P132	三好長慶と三人衆	三好長慶、河内の飯盛《いいもり》城と高屋《たかや》城を攻略
1561年	2月			織田信長と三河の松平元康が和睦する

年	月	参照	テーマ	できごと
	3月			長尾景虎、北条氏康の小田原城を包囲するも攻めあぐねる(小田原城の戦い)
	閏3月	P136	越後長尾氏の台頭	**長尾景虎、関東管領の上杉憲政の養子となり、山内上杉家の家督を継ぎ、上杉政虎《まさとら》と名を改める**
	9月	P138	川中島の戦い	**上杉政虎と武田信玄《しんげん》が出陣。第4次川中島の戦いがおきる(八幡原《はちまんばら》の戦い)。激しい戦闘が行われ、両軍死者も多数。信玄の弟信繁《のぶしげ》や軍師山本勘助《やまもとかんすけ》らが戦死する**
1562年	1月			織田信長と松平元康が同盟を結ぶ
1563年	2月			北条氏康・武田信玄の連合軍が上杉方の武蔵の松山城を攻め落とす(上杉政虎、救援に向かうも間に合わず)
	7月			松平元康、駿河の今川氏真《うじざね》との関係を断ち、松平家康と名を改める
				イエズス会宣教師のルイス＝フロイスが来日。のち織田信長に謁見
1564年	2月			松平家康(徳川家康)、三河一向一揆を鎮圧
	5月			**この頃、織田信長、犬山城主の織田信清《のぶきよ》を倒して尾張を統一する**
	7月	P132	三好長慶と三人衆	三好長慶が没する
	8月	P138	川中島の戦い	第5次川中島の戦いがおきるもにらみ合いに終わる(塩崎の対陣)
1565年	5月	P132	三好長慶と三人衆	**三好義継《よしつぐ》・松永久通《ひさみち》(松永久秀の嫡男)らが京の二条御所を襲撃。将軍足利義輝が没し、将軍家臣の細川藤孝《ふじたか》らは、次期将軍に足利義昭《よしあき》の擁立をはかる**
1566年	5月			三好三人衆《みよしさんにんしゅう》(三好長逸《ながやす》・三好政康《まさやす》・岩成友通《いわなりともみち》)、堺で松永久秀を破る

川中島の戦い(国立国会図書館蔵)

弥生～奈良時代
平安時代
鎌倉時代
室町時代
戦国時代
安土桃山時代
江戸時代
近現代

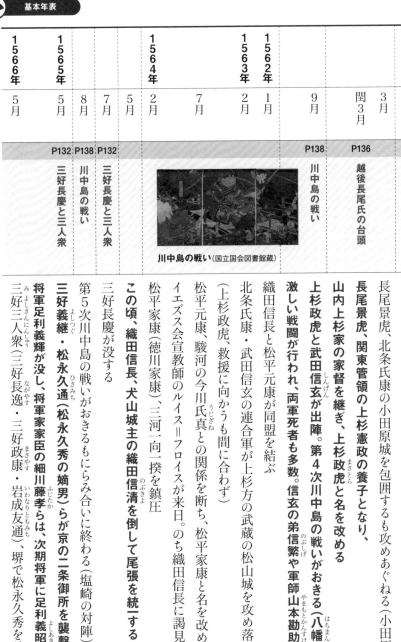

15世紀後半

享徳の乱で戦国化した関東で続く争い

関東の争乱

勝利
北条氏
VS
敗北
諸勢力

場所
関東

足利成氏

いきさつ

享徳の乱がはじまる

関東では、1416年に上杉禅秀の乱があり、さらに永享の乱、結城合戦と鎌倉公方と関東管領上杉氏の争いが続いた。その後、嘉吉の変で足利義教が暗殺されると、鎌倉再興が図られ足利成氏が公方となった。

しかし、関東管領の**上杉憲忠**《のりただ》は、成氏の父の足利持氏を殺した上杉憲実の子であるゆえ、早々に対立が表面化した。

1454年、足利成氏は公方御所に憲忠を招いて謀殺し、**享**《きょう》**徳**《とく》**の乱**が勃発する。成氏は、上杉方の武蔵や上野を制圧するために軍を出し、山内上杉氏の家宰、**長尾景仲**《ながおかげなか》らを撃破する。

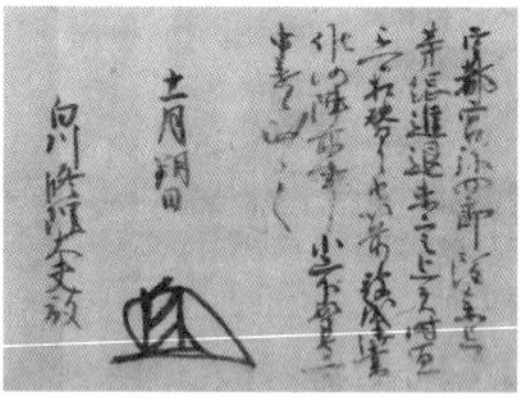

足利成氏の書状

成氏が白河結城直朝に出したもの。
ColBase（https://colbase.nich.go.jp/）

これに対し、幕府は上杉へ援軍を派遣し、幕府方の**今川範忠**《のりただ》らが鎌倉を奪う。拠点を失った成氏は味方である常陸の結城氏、下野の宇都宮《うつのみや》氏らに近い下総の古河《こが》に移る。このため以後、**古河公方**と呼ばれる。

幕府もこれを放置できず、足利義政は異母兄の足利政知《まさとも》を関東に送るが、関東武士の支持は得られず、鎌倉へ入れない。仕方なく、上杉領内の伊豆・堀越《ほりごえ》に拠った。こちらは**堀越公方**と呼ばれた。

経過

長尾景春の乱と太田道灌

現在の東京湾に注いでいた利根川を境に、東側を古河公方の足利成氏、西側を関東管領の上杉氏が勢力圏とし、戦いは一進一退を繰り返し乱は20年ほど続いた。

　しかし、関東管領の上杉顕定《あきさだ》と長尾景仲の孫、**長尾景春**《かげはる》が対立すると、1476年に景春は武蔵の鉢形《はちがた》城を拠点に反乱。さらに、対古河公方の最前線である上杉方の五十子《いかっこ》の陣を陥落させた（**長尾景春の乱**）。

　この動きに武蔵や相模の上杉支配に不満を持つ武士らが呼応し、景春方は一大勢力になった。しかし、扇谷上杉の家宰である**太田道灌**《おおたどうかん》は、景春の縁者であり勧誘もされていたが、乱の鎮圧を選ぶ。軍事的才能に優れる道灌は関東諸城を次々と攻略し、景春を封じていった。

　この道灌の活躍で、古河公方と上杉方の力関係に変化が生まれ、成氏が和平交渉に動き、両者の和睦が成立した。1482年には幕府と成氏の間にも和睦が成り、ようやく享徳の乱が終わった。

古河城本丸跡

足利成氏が拠った城。渡良瀬川に面し湿地帯を防御に利用した。

結果 北条氏が台頭する

　太田道灌の活躍はめざましかったが、主君の扇谷上杉の**上杉定正**《さだまさ》はその勢力の伸張を警戒した。結局、定正は道灌を信じきれず自邸に招き暗殺してしまう。すると、道灌の子、**太田資康**《すけやす》が山内上杉を頼る。その結果、扇谷と山内の対立が表面化し、抗争に発展した（**長享**《ちょうきょう》**の乱**）。

　関東管領の上杉顕定は、山内上杉

戦乱のポイント

館から城へ

関東の武士は館に住んで騎馬での野戦が主だった。しかし、南北朝以降、楠木正成の千早城のような山城の概念が全国に波及する。ただし、関東平野は山が少ないため、河川や湿原などを防御に利用する例が多くなる。足利成氏の古河城や太田道灌が築いた初期の江戸城などは代表的な例だ。

の家督を継いでいるが、分家の越後上杉の出身であり、両家の戦力を使えた。このため、扇谷の定正は劣勢にあったが、ここに将軍の側近を輩出する伊勢《いせ》氏出身の**伊勢宗瑞**《そうずい》が登場した。のちに**北条早雲**《ほうじょうそううん》となる人物だ。

関東の争乱に幕府軍として何度も介入したのが駿河の今川氏。その当主である**今川氏親**《うじちか》と縁戚関係にあった宗瑞は、客将的に両上杉の争いに介入した。1493年、山内上杉の保護下にあった堀越公方の御所を奪取し、相模の西側を攻略していく。

さらに数年後には、相模の小田原城を奪い、自身の拠点としたのだ。

この両上杉の争いは長く続き、上杉定正は上杉顕定と戦う中に急死する。その顕定も**長尾為景**《ためかげ》に下剋上されると、その討伐の中で戦死した。

その後、関東管領上杉氏は衰退し、伊勢宗瑞の孫の**北条氏康**《うじやす》の時代に扇谷上杉は滅び、山内上杉は越後へ逃れる。そして、北条氏は関東で戦国大名となり、巨大勢力を築いていく。

関東の対立構図

❶ 享徳の乱初期

△ **古河公方・足利成氏**
結城氏、宇都宮氏ほか
VS
△ **山内上杉・上杉憲忠**
長尾景仲、扇谷上杉ほか

⬅

❷ 長尾景春の乱

× **長尾景春**
VS
○ **山内上杉・上杉顕定**
扇谷上杉家宰・太田道灌

⬅

❸ 長享の乱

△ **扇谷上杉・上杉定正**
伊勢宗瑞（北条早雲）
VS
△ **山内上杉・上杉顕定**
太田資康ほか

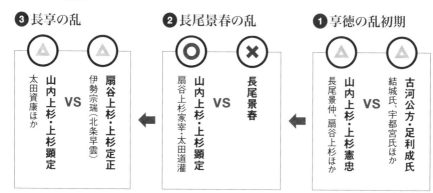

伊豆討ち入り
幕府が送った堀越公方の館を伊勢宗瑞(北条早雲)が奪取した。

戦乱のポイント

足軽《あしがる》戦法

「足軽」は平安時代からある言葉で、武士の従者や随兵を意味した。応仁の乱ではあぶれ者を臨時雇いした兵らも足軽と呼んだ。だが、太田道灌は下級武士や農民を足軽として訓練し、歩兵部隊として運用したとされる。伏兵や弓、槍を使った集団戦を駆使した。のちにそれが合戦のスタンダードになる。

北条早雲(神奈川県小田原市)

管領細川氏《かんれいほそかわし》の攻防

将軍を補佐する管領をめぐる大乱

勝利
細川晴元
三好元長

VS

敗北
細川高国

場所
畿内、阿波

いきさつ　明応の政変

応仁の乱が終結すると、多くの守護らは領国に戻り、領国をめぐり戦いを続ける。

三管領の中でも斯波氏は**朝倉孝景**に越前を奪われて以降、管領に返り咲くこともなく弱小化した。

応仁の乱の発端でもあった畠山氏は、畠山義就が河内で戦国大名となり、これを畠山政長が攻めるという構図になった。あまりにしつこく戦うため、1485年には**山城国一揆**《やましろのくにいっき》が起こり、南山城《みなみやましろ》を**国人衆**《こくじんしゅう》が支配する形が8年も続いた。

足利義尚

戦陣で死去し、混乱がはじまる。

ColBase（https://colbase.nich.go.jp/）

細川勝元の後継は、子の細川政元《まさもと》となり、足利義政の子で9代将軍の足利義尚を支えた。しかしその義尚が**六角氏**《ろっかくし》討伐の陣中で病死するも、若い義尚には後継者がいない。

そこで、畠山政長らが足利義視の子、**足利義稙**《よしたね》**（義材**《よしき》**）**を将軍にし、政長は管領となり権力を手にした。

これが気に入らない細川政元は、1493年に義稙と政長が河内に出兵するとクーデターを決行し、堀越公方、足利政知の子、**足利義澄**《よしずみ》を擁立する。孤立した政長は自害し、義稙は幽閉。幕府は管領となった政元の傀儡政権と化した**（明応**《めいおう》**の政変）**。

経過　細川政元が死んだ！

実権を握った政元は、越中に亡命

争い続ける両畠山

畠山義就と畠山政長の戦いは応仁の乱後も続き、細川氏一強の事態を生む。

した前将軍の義稙らと戦いながら、義稙に味方する比叡山を焼き討ちするなど、勢力を拡大した。

だが、政元は個性的な人物だった。修験道《しゅげんどう》に没入するあまり、天狗の修行で空を飛ぼうとしり、女人禁制を守ったために後継者もなく、あちこ

戦乱のポイント

幕府権威を取り戻せ

足利義尚は応仁の乱の直前に生まれたため、若くて覇気もあった。このため、失墜した幕府権威を取り戻そうと、守護らに強硬な姿勢でのぞむが、志半ばで病死した。続く将軍らは傀儡のようになるが、それでも幕府を立て直そうとするのは同じで、最後の将軍、足利義昭までこの傾向は続く。

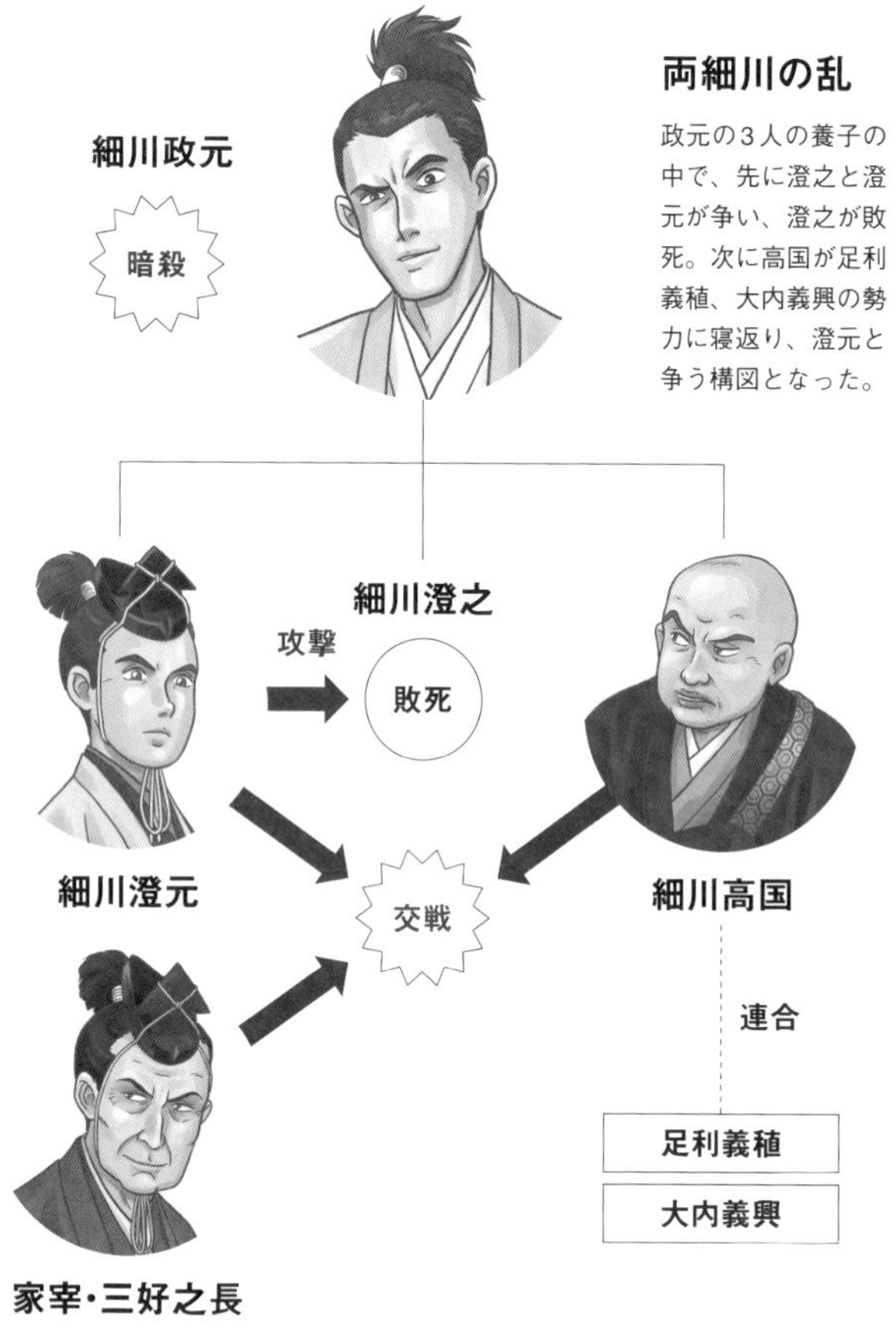

両細川の乱

政元の3人の養子の中で、先に澄之と澄元が争い、澄之が敗死。次に高国が足利義稙、大内義興の勢力に寝返り、澄元と争う構図となった。

ちから養子をとった。最初は公家から**細川澄之**《すみゆき》、次は分家の阿波から**細川澄元**《すみもと》、さらに別の分家から**細川高**《たか》**国**《くに》を養子にした。

こうなると、澄之派と澄元派が後継争いをはじめる。そして、1507年、政元は修行で湯殿に入ったところを澄之派に暗殺されてしまう。

これを発端に**永正**《えいしょう》**の錯乱**《さくらん》がはじまる。最初は澄之が後継者となったが、公家出身であることから支持が薄い。澄元派が巻き返すと高国も加勢し、澄之は追い込まれる。結局、1カ月ほどで敗死することになった。

その後、澄元が後継者となったが、それでは終わらない。足利義稙が周防の**大内義興**《よしおき》と組んで軍を発すと、これに細川高国が寝返ったのだ。

1508年、この軍は将軍の義澄と澄元を京から追放し、義稙が将軍、高国が管領となる。この政権を支える大内軍は強大で、澄元は家宰の**三**《み》**好之長**《よしゆきなが》らと本拠の阿波へ戻った。

何度か澄元らを退け、権力を保った細川高国。しかし、約10年も京に留まった大内義興が周防へ帰ると、澄元らの反攻がはじまる。

京の奪い合いの中、三好之長は敗死し、澄元も病死した。高国は対立しはじめた将軍の義稙を廃し、義澄の子を12代将軍、**足利義晴**《よしはる》とした。

結果

大物崩れ

足利氏の有力分家である管領細川氏の遠い分家出身の細川高国であったが、運命と機転が高国を権力者にした。しかし、澄元の子である細川晴元と、三好之長を継いだ**元長**《もとなが》が阿波から反攻し、堺に渡って将軍、義晴の弟である**足利義維**《よしつな》を奉じる。「**堺**《さかい》**幕府**」とも称される形が生まれた。

それでも、高国には権力があった。全国は戦国化していたが、将軍と管領の名は重く、優位な状況で三好元長らと摂津で対陣した。しかし、1531年、播磨の赤松氏が寝返る。高国の軍勢は、前方の三好軍と後方の赤松軍に挟撃される形となり、崩れた。高国は敗れ、摂津《せっつ》大物《だいもつ》で自害。大勢力の終焉とその地名から、**大物崩れ**とと呼ばれる。

勝者は細川晴元と三好元長。この一連の戦いは両細川の乱ともいうが、京・将軍・管領をめぐる幕府権威的な争いとは別に、地方では実力主義の戦国的争乱が続いていた。幕府はあってないようなものになる。

細川澄元像（模本）
ColBase（https://colbase.nich.go.jp/）

戦乱のポイント

阿波勝瑞城《しょうずいじょう》

細川氏の宗家は京兆家《けいちょうけ》といい、細川頼之以降、四国や中国地方に大きな勢力を保った。細川澄元は分家の阿波細川家の生まれだったため、高国らに追われると阿波へ撤退し、兵力を養って再攻することを繰り返した。拠点の勝瑞城は水運にすぐれた城で、それが彼らの戦いを支えた。

大物崩れ戦跡（兵庫県尼崎市）

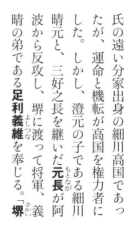

守護権力は弱体化し、国人層が飛躍する

畿内・西国の戦い

勝利 ○ 尼子経久 毛利元就ほか

VS

敗北 × 六角氏 京極氏ほか

場所

畿内、西国

いきさつ

山陽、近江の混迷

嘉吉の変で一度滅んだ赤松氏だが、**赤松政則**《まさのり》のときに加賀半国の守護として再興し、応仁の乱では東軍に味方した。この戦乱の中、本来の領国である**播磨**を山名氏から奪還し、さらに**美作**《みまさか》、**備前**《びぜん》も手に入れ、山陽地方に大きな勢力を築いた。

山名氏は宗全の死後、**山名政豊**《まさとよ》が後継しており、赤松政則はこれと激しく争う。しかし、赤松氏の中で家臣の**浦上則宗**《うらがみのりむね》の権力が次第に増大し、政則を廃そうという事件さえ起きる。結局、政則の死後、浦上氏と別所《べっしょ》氏が台頭し、赤松氏は衰退する。

尼子経久

『肖像集』

（国立国会図書館蔵）

一方、京に隣接する**近江**《おうみ》は、鎌倉時代以降、佐々木《ささき》氏が勢力を誇った。足利尊氏が挙兵したとき、分家の京極氏出身の佐々木道誉《どうよ》が味方したことから、京極氏は室町幕府において重要な地位となる。ただし、佐々木の宗家は六角氏であったため、近江は京極氏と六角氏が分け合うような形になり対立が絶えない。応仁の乱でも、**京極持清**《もちきよ》は東軍、**六角高頼**《たかより》は西軍となって争った。

応仁の乱後、六角氏は足利義尚の討伐対象になるなど、危機もあったが、南近江の観音寺城《かんのんじじょう》を拠点に戦国大名として生き残る。

経過

台頭する尼子経久

16世紀前半の畿内・西国

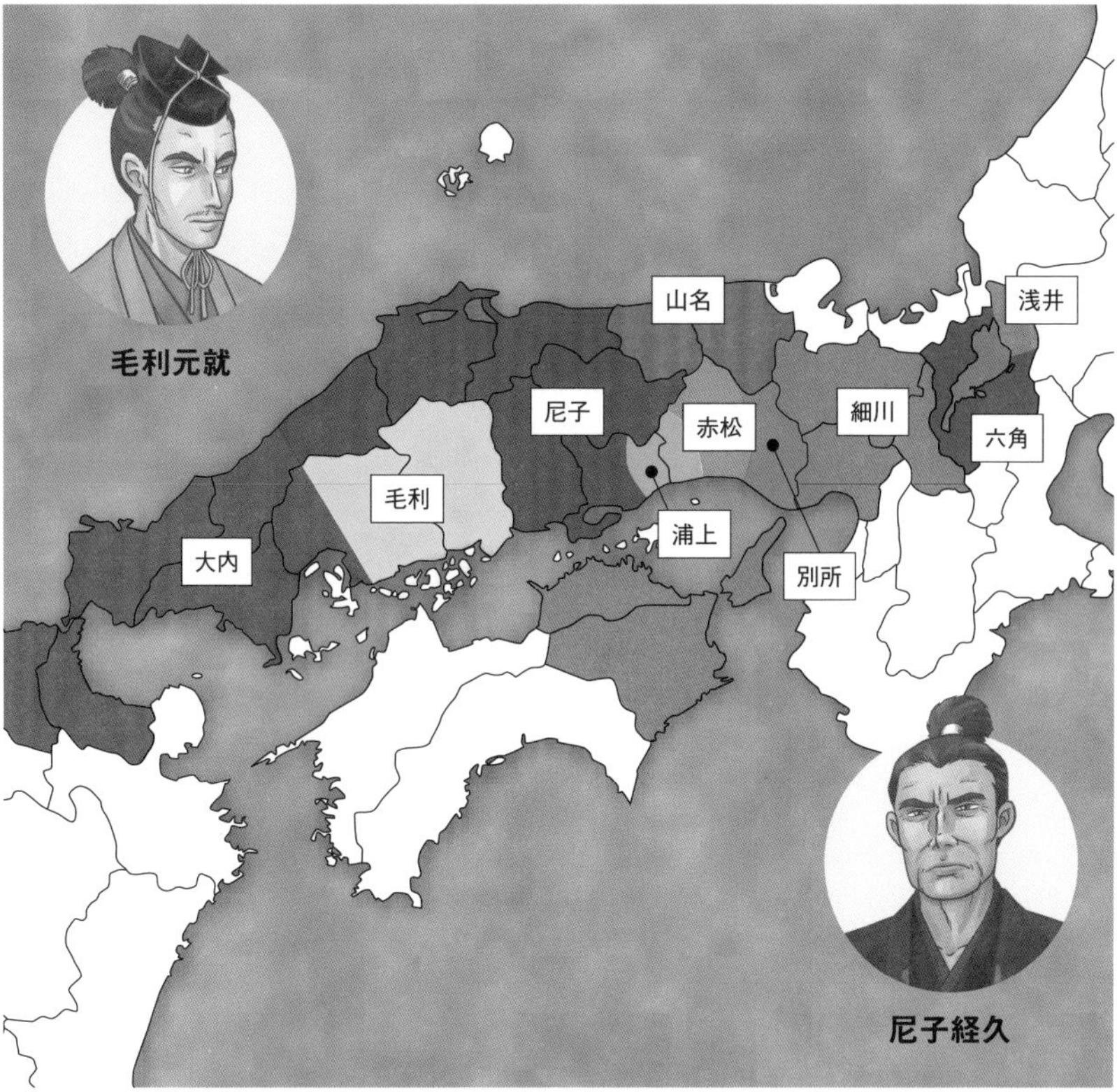

戦乱のポイント

国人領主

平安時代に荘園制が発達した頃から、名目上の領主は都などにいて、それぞれの土地は実質的な領主が経営していた。室町幕府でも守護らは京に出仕しており、在地の支配層は国人領主または国衆と呼ばれた。戦国時代になると、この層が実力を持ち、尼子氏や毛利氏のように戦国大名となった。

京極氏の方は応仁の乱の中、持清が病死すると、後継者が次々に病死し、家督争いが勃発。30年以上にわたって混乱を続けた。

この事態の中、京極氏の領国であった**出雲**《いずも》では、分家出身の**尼子経久**《あまごつねひさ》が守護代として権力を強めた。

あまりに力を持ちすぎたため、主

月山富田城

守護代を追放された尼子経久はこの城を奪回し拠点とした。

君の**京極政経**《まさつね》は経久を守護代から追放したこともある。しかし、経久は守護代に返り咲き政経と和解する。

政経が死去すると、その孫を後見する形で経久は出雲の統治を続け、孫が亡くなると経久自身が出雲の戦国大名となった。かつてはこの交代劇は武力による下剋上と解釈されていたが、現在は代替わりの中でソフトに下剋上が成ったのだろうと考えられている。

一方、応仁の乱においては、最大兵力を率いて西軍で活躍したのが、周防の大内政弘だった。大内家は百済から渡来した人々の末裔とされ、海運に関係が深い氏族だった。貿易をめぐって、足利義満と対立したこともあった。

政弘は周防に戻ると、北部九州に侵攻するなど勢力を拡大。政弘が1495年に死去すると、子の**大内**

郵便はがき

おそれいりますが
切手をお貼り
下さい

104-8011

東京都中央区築地
5―3―2

株式会社
朝日新聞出版
生活・文化編集部 行

ご住所 〒 電話 ( )		
ふりがな お名前		
Eメールアドレス		
ご職業	年齢 歳	性別

このたびは本書をご購読いただきありがとうございます。
今後の企画の参考にさせていただきますので、ご記入のうえ、ご返送下さい。
お送りいただいた方の中から抽選で毎月10名様に図書カードを差し上げます
当選の発表は、発送をもってかえさせていただきます。

愛読者カード

本のタイトル

お買い求めになった動機は何ですか？（複数回答可）

1．タイトルにひかれて　2．デザインが気に入ったから
3．内容が良さそうだから　4．人にすすめられて
5．新聞・雑誌の広告で（掲載紙誌名　　　　　　　　）
6．その他（　　　　　　　　　　　　　　　　　　　）

表紙　1．良い　2．ふつう　3．良くない
定価　1．安い　2．ふつう　3．高い

最近関心を持っていること、お読みになりたい本は？

本書に対するご意見・ご感想をお聞かせください

ご感想を広告等、書籍のPRに使わせていただいてもよろしいですか？

1．実名で可　2．匿名で可　3．不可

ご協力ありがとうございました。
尚、ご提供いただきました情報は、個人情報を含まない統計的な資料の作成等に使用します。その他の利用について詳しくは、当社ホームページ https://publications.asahi.com/company/privacy/ をご覧下さい。

義興《よしおき》が後継した。九州北部では大宰府の大宰少弐《しょうに》という役職を得たことからはじまる**少弐氏**が長く勢力を誇っていたが、義興はこれを攻めて一時滅亡させた。

すると、明応の政変で細川政元に将軍を廃された足利義稙が亡命してきた。畿内の混乱を好機と見た義興は軍を起こす。

1508年、これに細川高国が連携する形で、政権にあった足利義澄と細川澄元を京から追い払った。

大内氏遺跡凌雲寺跡

大内義興の菩提寺だった。

結果

毛利元就の登場

細川高国が管領、大内義興が**管領代**という政権は強大で、尼子経久や安芸《あき》の武田元繁《たけだもとしげ》らも従い、細川澄元らと戦っていた。

しかし、時とともに高国と将軍、義稙の関係は悪くなり、さらに義興と高国の間も日明貿易をめぐる利害対立が生まれる。これはのちに中国で**寧波**《ニンポー》**の乱**（1523年）を起こす原因にもなった。

長引く京滞在の中、義興の領国内では国人衆らが不穏な動きをし、尼子経久、武田元繁らも離反の動きを見せる。それゆえ1518年に義興は周防に戻り、領国経営に力を注いだのである。

この状況下で、頭角を現したのが**毛利元就**《もうりもとなり》だった。毛利氏は鎌倉幕府創設時に活躍した大江広元の子孫とされ、安芸に土着した国人領主だった。武田元繁と敵対する形で世に出た元就は、大内・武田・尼子が争う中で勢力を拡張することになる。

戦乱のポイント

寧波の乱

中国沿岸で海賊行為を働く倭寇《わこう》がいたため、明との貿易には勘合符を用いた。大内義興が入京すると、この日明貿易の権利が与えられた。のちに細川高国と対立すると、高国側も遣明船を出し、中国の寧波で勘合をめぐって衝突。船を焼くなどの事件になった。その後、大内氏が貿易を独占した。

弥生〜奈良時代
平安時代
鎌倉時代
室町時代
戦国時代
安土桃山時代
江戸時代
近現代

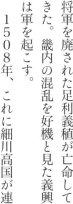

1488年

一向宗、国人、農民らが守護を打倒する

加賀の一向一揆

敗北		勝利
×	VS	○
富樫政親		一向宗門徒

場所

加賀

蓮如
東京・本法寺蔵

いきさつ

衰退していた本願寺

浄土宗《じょうどしゅう》の開祖、**法然**《ほうねん》に学んだ**親鸞**《しんらん》が**浄土真宗**《しんしゅう》を開いたのは鎌倉幕府が成立した頃だった。親鸞は阿弥陀仏への信心を強調し、地方武士や農民に布教して入滅した。京近郊にあった親鸞の墓所を大谷廟堂《おおたにびょうどう》とし、14世紀前半の覚如《かくにょ》の時代に寺院化し本願寺となった。さらに「一心一向《いっしんいっこう》に阿弥陀仏に帰依《きえ》」という意味から**一向宗**という呼び名も生まれた。

1415年に本願寺8世の蓮如《れんにょ》が生まれた。しかし、当時の本願寺は延暦寺につながる青蓮院《しょうれんいん》に属す寺でしかなく、衰退していた。

さらに、蓮如が比叡山と対立すると、1465年に比叡山は蓮如を仏敵とし、衆徒が本願寺を破却する事態に至った。以後、蓮如は各地を転々とする。

1471年に越前の**吉崎**《よしざき》に坊を構え布教をはじめると

福井県あわら市には蓮如が拠点としていた吉崎御坊跡が残る。往時は一向宗徒が大勢集まったという。

本図は本願寺を比叡山の僧兵が襲う場面。蓮如によって本願寺の勢力が伸びると比叡山からたびたび弾圧を受けた。
『本法寺蓮如絵伝』
（東京・本法寺蔵）

門徒が集まり、周囲には寺内町が形成される。本願寺が一勢力を築いた形になった。

　加賀守護の**富樫政親**《とがしまさちか》が蓮如に家督争いでの協力を要請した。ちょうど応仁の乱の時期であり、政親は東軍だったが、弟の**幸千代**《こうちよ》は西軍に与《くみ》し対立したのだ。これには越前で朝倉孝景が東軍に寝返り独立したことも影響していて、越前守護代の**甲斐敏光**《かいとしみつ》は、その奪還のために西軍勢力と結んでいたのだ。

　蓮如はこの要請を受諾し、政親とともに浄土真宗他派の援助を受ける幸千代を滅ぼした。

経過　打倒！富樫政親

　この後、蓮如は越前を離れ畿内へ向かい、京近郊の山科《やましな》に寺院を建立し、のちに**山科本願寺**とした。

　蓮如が去った北陸では、勝者となった政親が一向宗の勢力を警戒し、弾圧に転じる。しかし、加賀の国人層も政親への不満が強く、越中に逃れた本願寺門徒と結託する。

　さらに、この勢力の中には蓮如の３人の子もいて、それぞれ指導的立場にあった。１４８８年、この勢力は政親の一族の**富樫泰高**《やすたか》を加賀守護に擁立。政親を攻めて滅亡させた。

結果　強大になった本願寺

　こうして一向一揆が加賀を支配し、以後、約１００年にわたり越前朝倉氏、**上杉謙信**《うえすぎけんしん》、**織田信長**《おだのぶなが》らと争う。「百姓の持ちたる国」とも表現された加賀の政体であるが、守護の富樫氏は残り、蓮如の子らも残って統治を続け、これを国人層らが支えたもので、農民の共同体とは異なる。

　蓮如は晩年、**大坂御坊**《ごぼう》を構えて隠居。これが大坂（石山）本願寺の基礎となった。

　蓮如一代で、本願寺は強大になり、一向一揆が各地で起こり、戦国大名らを悩ませるようになっていく。

戦乱のポイント

浄土真宗と妻帯

親鸞は肉食も妻帯も規制せず、自身も妻帯し、子をもうけた。こうして、浄土真宗では血脈的に宗主が受け継がれ、布教の上でも有利に働いた。蓮如には男女27人もの子がいたとされ、加賀一向一揆を指導した３人の子のように各地で布教活動にあたるなど勢力の拡大を担った。

1531－1565年

細川氏を支えた三好氏による政権奪取

三好長慶《ながよし》と三人衆

勝利
三好長慶
三好三人衆

VS

敗北
細川晴元
足利義輝

場所
京

三好長慶

いきさつ

晴元と三好の反目

阿波細川家の戦いは細川澄元、家宰の三好之長からはじまり、細川晴元と三好元長の代で１５３１年に細川高国を滅ぼし、政権奪取が成った。

しかし、晴元が元来敵方だった足利義晴を奉じたことから、元長との関係が悪化した。

元長が対立する畠山氏の**木沢長政**《きざわながまさ》と対陣すると、晴元は元長を見限る。さらには本願寺の一向一揆を促して元長を敗死させた。

だが、晴元は一揆を制御できず、結局は元長の子である**三好長慶**が鎮圧する。晴元と長慶は対立関係を抱えたまま、主従の形になる。

すると、晴元は長慶と敵対する**三好政長**《まさなが》を厚遇、険悪さはさらに増した。だが、当時の畿内は将軍家も畠山氏も二分している状況。

さらに細川高国の養子である**細川氏綱**《うじつな》が旧勢力を糾合しており、晴元も安泰ではない。組み合わせ次第で戦況が変わる。

三好長慶
『本朝百将伝』
（国立国会図書館蔵）

経過

三好政権の誕生

１５４３年、細川氏綱の軍勢が畿内を席巻すると、晴元も京を逃れる事態になる。１５４６年、義晴が子の**足利義輝**《よしてる》に将軍をゆずる頃には、晴元は立場を失いつつあった。

そして１５４８年、とうとう三好

長慶が晴元を見限り、細川氏綱側に転じ、宣戦布告する。翌年には敵対する三好政長を敗死させ、将軍の義輝、前将軍の義晴、将軍を支えた六角定頼《さだより》勢と晴元が京から逃げる。

長慶は空になった京に氏綱と一緒に入り、京を統治する。義晴が亡くなり、義輝らが京奪還をねらうが果たせず、その後、和議を結んだ。将軍は義輝、細川家は氏綱で、長慶がこれを支えるという組み合わせだ。

しかし、以後も義輝と長慶は軍事衝突を繰り返し、将軍が再び京を追われる事態も起こる。その中で長慶の勢力は拡大し、いつしか**三好政権**と呼べる状況になった。

足利義輝

ColBase（https://colbase.nich.go.jp/）

結果　将軍義輝を斬殺

しかし、1560年を過ぎると長慶の活動に陰りが出る。弟の十河《そごう》一存《かずまさ》、嫡男の三好義興《よしおき》が病で亡くなり、1564年には自身も病を発し、死去してしまう。

跡を継いだのは一存の子の**三好義継《よしつぐ》**。これを重臣の**松永久秀《まつながひさひで》**、**三好三人衆**と呼ばれる三好長逸《ながやす》、三好政康《まさやす》、岩成友通《いわなりともみち》が後見した。

好機と見た将軍、義輝は幕府権威の復興をねらう。しかし、これは松永久秀らとの対立を招き、1565年、義輝は御所で三好勢に襲われ、斬殺されてしまう。とうとう、将軍がいなくなってしまった。

松永久秀

『武者无類外ニ三枚続キ画帖』（国立国会図書館蔵）

戦乱のポイント

家宰の権力伸張

守護や管領といった公職の補佐として守護代や管領代があったが、各守護家には私的な家向きのことを家長の代わりに扱う存在も必要で、これを家宰といった。実務を行うことで実権を握ることも多く、山内上杉氏の長尾氏、扇谷上杉氏の太田氏、細川氏における三好氏などがその例といえる。

16世紀中頃

甲《か》斐《い》武《たけ》田《だ》氏の台頭

名門武田が甲斐を統一し戦国乱世へ雄飛

勝利		敗北
武田信玄	VS	小笠原長時 村上義清など

場所

甲斐、信濃

武田信玄

いきさつ 戦国に出遅れた武田

甲斐武田氏は清和源氏の名門で、治承・寿永の乱では武田信義が源頼朝と同格に近い存在で主導権争いをしたほどだった。その後、鎌倉幕府の御家人となり、**甲斐守護**を続け、室町幕府においても安芸や若狭に分家を出しながら、それは続いた。

しかし、上杉禅秀の乱に加担し当主の武田信満《のぶみつ》が敗死する。新しい甲斐守護をめぐり、幕府と鎌倉府の思惑がぶつかり、混乱は続いた。

そして、永享の乱で足利持氏が滅ぶと、ようやく武田家の再興も軌道に乗る。しかし、国内は武田分家や国人層が独立傾向にあり、統一にはほど遠い状況だった。

15世紀末には、隣国の駿河で今川氏親が戦国大名化し、伊勢宗瑞（北条早雲）も伊豆、相模に割拠していた。この状況下で、武田の家督と甲斐守護を継承した**武田信虎《のぶとら》**は分裂していた武田氏を統一し、次に甲斐統一をめざす。武田の分家や国人らを次第に制圧し、甲府に**躑躅《つつじ》ヶ《が》崎館《さきやかた》**を築き拠点とした。

武田信玄

『芳年武者无類』

（東京都立図書館蔵）

経過 信虎を追放し信濃へ

伊勢宗瑞が死去すると子は北条氏を名乗り、**北条氏綱《うじつな》**となる。信虎はこの氏綱や今川氏親と戦いながら、甲斐統一を果たした。

しかし、信虎の施政には家臣団の

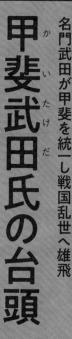

反発も多く、嫡男の**武田晴信《はるのぶ》（信玄《しんげん》）**との関係も悪かった。

１５４１年、晴信とこれを支持する家臣団が信虎を隠居させ駿河の今川氏へ追放した。当主となった晴信は隣国信濃の諏訪《すわ》氏を倒し、領地を併呑。さらに、信濃南部の高遠《たかとお》氏などを滅ぼして信濃に侵攻していく。

信濃守護は武田氏支流の小笠原氏で、関東の争乱に何度も幕府側として介入した守護家だ。その当主の小笠原長時《ながとき》と戦い、さらに晴信は北信濃の**村上義清《むらかみよしきよ》**と争う。義清に数度の敗北を喫しながらも、１５５３年に信濃をほぼ制圧した。

『武田信玄出陣屏風絵』
ColBase（https://colbase.nich.go.jp/）

結果 川中島の戦いへ

しかし、村上義清は存命しており、越後の**長尾景虎《かげとら》（上杉謙信）**を頼る。隣り合う形になった両雄の利害がぶつかり、有名な**川中島《かわなかじま》の戦い**へと発展していく。

このため、１５５４年に晴信は信虎の代から争っていた今川氏、北条氏と三国同盟を結ぶ。両家ともに代が替わり、**今川義元《よしもと》**、**北条氏康《うじやす》**が当主となっており、これらとの合戦を避け、長尾景虎を正面の敵に据えたのだ。

戦乱のポイント

孫子《そんし》の合理性

武田信玄は旗印に「疾如風 徐如林 侵掠如火 不動如山」（動くときは疾風のように、静かにするときは林のように、攻めるときは火のように、動かないときは山のように）という中国の兵法書、『孫子』の一節を用いた。孫子は奇抜な用兵でなく、合理性を説いたので、信玄もそれを重んじたのだ。

孫子の旗

16世紀中頃

関東の争乱の末に軍神、上杉謙信が立つ

越後《えちご》長尾《ながお》氏の台頭

上杉謙信（長尾景虎）
VS
北条氏康
武田信玄

場所

関東、北信濃

上杉謙信

いきさつ

長尾氏×関東管領

関東の争乱は鎌倉公方と関東管領の上杉氏を中心に繰り広げられた。その上杉氏の重臣だったのが**長尾氏**だ。享徳の乱では、山内上杉氏の家臣だった長尾景仲が古河公方の足利成氏と戦い、のちにはその山内上杉氏に反抗した長尾景春の乱も起きる。

そして、越後では上杉氏の分家が守護を継承していて、その守護代を代々続けた越後長尾氏があった。

だが、両者は次第に対立する関係となり、1507年に守護代の**長尾為景《ためかげ》**が守護の**上杉房能《ふさよし》**を襲い、自害させる事態が起きた。

為景は房能の養子を守護にし、下剋上を果たしたのだ。

これに怒ったのが越後上杉出身で関東管領の上杉顕定は、殺された房能の兄だった。顕定の軍が越後に入ると為景は逃走した。しかし、為景は1510年に反撃に出て越後を奪還し、さらに顕定を敗死させる。その後、加賀や越中といった北陸方面に勢力を広げ、為景は二十数年にわたり**春日山城《かすがやまじょう》**を拠点に越後を治めた。

経過

越後の長尾景虎

為景が隠居すると、**子の長尾晴景《はるかげ》**が後継した。しかし、反乱鎮圧などで弟の**長尾景虎《かげとら》**（後の上杉謙信）の武名が高まると、長尾家中に景虎擁立

北条氏康

『太平記英勇伝』

（東京都立図書館蔵）

の機運が生まれ長尾家は分裂した。

結局、1548年に晴景が隠居し（病が理由ともされる）、景虎が家督を継ぐことになった。

この頃、関東では北条氏康と関東管領の戦いが激化。山内上杉の**上杉憲政**、扇谷上杉の**上杉朝定**《ともさだ》、古河公方の**足利晴氏**《はるうじ》らが北条方の川越城を囲むと氏康は救援に向かう。1546年、氏康は包囲軍に奇襲をかけ、これを壊滅させた。朝定が戦死し扇谷上杉は滅亡、晴氏も降伏した。憲政は敗走したが、勢力を取り戻すことができなくなった。

『上杉八将図』
ColBase
（https://colbase.nich.go.jp/）

結果

長尾氏＋関東管領＝上杉謙信

1552年、関東管領の上杉憲政は進退窮まり、越後へ逃げて景虎を頼る。これを保護することで景虎は北条氏康を敵とすることになった。

さらに、武田晴信（信玄）に敗れた小笠原長時、村上義清も景虎を頼ってくる。このため、景虎は武田とも戦うことになり、川中島の戦いへと発展していく。

北条、武田らと戦い続け、1561年、上杉憲政から山内上杉の家督と関東管領職を譲られ、景虎は**上杉政虎**《まさとら》を名乗る。長尾氏と関東管領の長い対立が、この人物の中で一つになった。ただし、出家して上杉謙信を名乗るのは、まだ先のことだ。

戦乱のポイント

義の人

北条との敵対も、武田との戦いも、敗者に頼られてはじまった戦。ゆえに上杉謙信には「義の人」というイメージがある。これに国内の紛争も加わった時期、謙信は世を憂いたのか出家を宣言し、高野山へと出奔している。幸い、追いついた家臣らが連れ戻して臣従を誓ったため、当主に戻っている。

上杉謙信
『武者无類外ニ三枚続キ画帖』
（国立国会図書館蔵）

1553－1564年

戦国屈指の強豪同士がぶつかり合う

川中島《かわなかじま》の戦い

武田信玄（武田晴信）

VS

上杉謙信（長尾景虎）

場所

北信濃

いきさつ

北信濃でぶつかる両雄

武田晴信は信濃攻略を進め、残るは北信濃だけとなった。晴信に敗れた北信濃の村上義清や北信濃の国衆は長尾景虎に支援を要請した。

こうして、戦国の両雄が**北信濃**でぶつかることになる。これが全5次にわたる川中島の戦いだ。ただし、両者ともに長い戦いの中で改名するので、混乱を避ける意味で、ここでは甲斐の武田信玄、越後の上杉謙信と以後は表記する。

武田信玄と上杉謙信

『大日本歴史錦繪』

（国立国会図書館蔵）

ちなみに川中島とは千曲川《ちくまがわ》（信濃川）と犀川《さいがわ》が合流する地域をいう。

1553年、謙信が村上義清を救援し、千曲川沿いで信玄と数度の交戦後に撤退したのが**第1次川中島の戦い**だ。次に北条、今川と三国同盟を結んだ信玄が、犀川を挟んで謙信と対峙したのが、1555年の**第2次川中島の戦い**となった。1557年には**第3次川中島の戦い**が起きるが、将軍、足利義輝が和睦をすすめ、信玄が受諾して戦いは終わった。

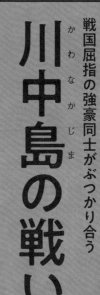

経過

激闘！第4次合戦

上杉の家督と関東管領を継いだ謙信は、北条氏康の小田原城を包囲。氏康と同盟する信玄は、海津城《かいづじょう》を築き謙信をけん制した。このため、謙

弥生〜奈良時代
平安時代
鎌倉時代
室町時代
戦国時代
安土桃山時代
江戸時代
近現代

信は小田原城から撤収し、1561年8月に海津城に近い**妻女山**《さいじょさん》に布陣した。対する信玄も海津城に入る。

武田家家臣の**山本勘助**《やまもとかんすけ》は兵を二手に分け、別働隊が妻女山を襲い、謙信が山を下りたところで信玄の本隊が待ち伏せ挟み撃ちにする**「啄木鳥**《きつつき》**戦法**《せんぽう》**」**を立案したという。9月9日の深夜、猛将の高坂昌信《こうさかまさのぶ》、馬場信春《ばばのぶはる》に率いられた別働隊が行軍開始した。

だが、謙信はこれを察知し、夜間に山を下り、川を渡る。10日朝、霧が晴れると謙信の眼前に信玄の軍。上杉軍は必殺の陣で突撃した。

山本勘助

『甲越勇将伝』

（東京都立図書館蔵）

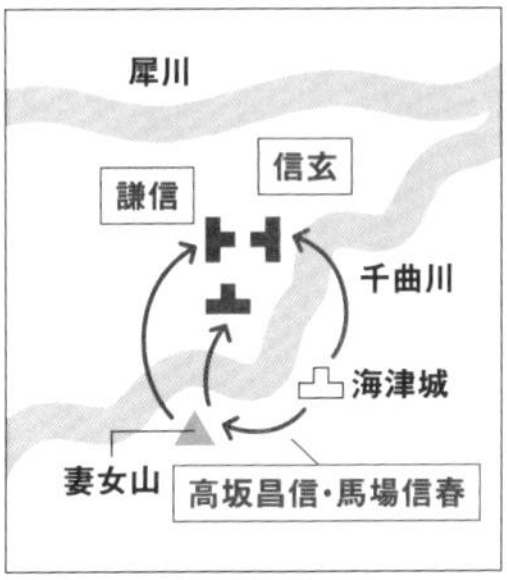

第4次川中島の戦い

夜、高坂ら武田別働隊が妻女山に向かうが、謙信は山を下り、朝に信玄の本隊と遭遇した。

激闘となったが、軍を二手に分けた武田軍は兵力に劣り、信玄の弟の武田信繁《のぶしげ》や山本勘助らが戦死。乱戦になり、謙信が信玄と斬り合った逸話さえ残る。すると誰もいない妻女山から急行した武田別働隊が到着。挟撃される形になった謙信は退却を選んだ。

この**第4次川中島の戦い**が最大の激戦で、上杉方が3千人、武田方が4千人の死者を出したとされる。

結果
両者の方向性に変化

1564年には**第5次川中島の戦い**が起こったが、前回の損耗に懲りたのか、にらみ合いで終わった。

以後、信玄は謙信との戦いを避け、東海道方面へと侵攻対象を変える。謙信も越中や加賀の一向一揆と戦うことが多くなった。

戦乱のポイント

『甲陽軍鑑《こうようぐんかん》』

川中島の戦いについては甲斐武田の事績を記した『甲陽軍鑑』という書物に詳しい。だが、この書は信ぴょう性の部分で疑問視され、山本勘助の存在についても疑われていた。しかし、近年『甲陽軍鑑』は再評価され、「山本菅助」の名も複数の文書で見つかり、実在の可能性が高まっている。

15－16世紀

尾張《おわり》織田《おだ》氏の台頭

経済力を基盤におこった尾張の新勢力

勝利 ◎ **織田信秀**
織田信長

VS

敗北 × **岩倉織田氏**
清洲織田氏ほか

場所
尾張

いきさつ

尾張の守護代

織田氏は三管領の一つ斯波氏の家臣だった。斯波氏は室町時代を通じて尾張守護を務めた足利氏の有力な家系で、尾張のほか越前、遠江を領した。これを家老格の甲斐氏・朝倉氏・織田氏が補佐し、各地で守護代などを務めた。

だが、応仁の乱において、朝倉孝景が下剋上により越前で戦国大名になると、斯波氏は衰退する。

尾張では、織田氏が守護代を続けていたが、宗家の**織田敏広《としひろ》（岩倉織田氏）**が西軍に味方し、分家の**織田敏定《としさだ》（清洲織田氏）**が東軍方になって争うことになった。幕府も困ったのか、再三にわたり介入し、両家に和睦を促す。結局、尾張北部は岩倉城《いわくらじょう》を拠点とする**織田敏広**、南部は清洲城を拠点とする織田敏定が治めることとなった。

こののち、駿河の今川氏が旧領である遠江に侵攻し、斯波氏は越前に続き遠江も失う。尾張の斯波氏はこの奪還がテーマとなるが、その中で勢力を失っていく。

経過

弾正忠家の躍進

そうした中、急速に力をつけてきたのが清洲織田氏の分家で家老職を

犬山城

岩倉織田氏の砦を信長の叔父の織田信康が奪い、居城とした。

務める**織田弾正忠家**《だんじょうのじょうけ》だった。

尾張南部の統治に携わる中、水運にすぐれた地の**勝幡城**《しょばたじょう》を拠点に交易などで富を得た。

織田信秀が家督を継承すると、信秀は今川氏が築いた**那古野城**《なごやじょう》を奪い、ここを居城にした。以後も信秀は城を築いては居城を変える。

さらに三河の松平《まつだいら》氏と争い、美濃で下剋上し守護の**土岐頼芸**《ときよりのり》を追放した**斎藤道三**《さいとうどうさん》と争うなど、守護代の家臣を超えた活動をする。

織田信長像（模本）
ColBase（https://colbase.nich.go.jp/）

斎藤道三
『本朝百将伝』
（国立国会図書館蔵）

1548年には、信秀は道三と和睦し、道三の娘の**濃姫**《のうひめ》**（帰蝶**《きちょう》**）**を嫡男、**織田信長**の正室としている。

いつしか、信秀は尾張における中心的勢力となっており、西へ侵攻を続ける今川義元を松平氏から奪った三河で迎撃する構図が続いた。

結果

織田信長、登場

今川氏と争う中、信秀は病になって、1552年に死去。子の織田信長が後継者となる。

ただし、力を持ちすぎた弾正忠家に対して、清洲や岩倉の織田氏が反目しており、家内では信長の弟、**織田信勝**《のぶかつ》**（信行**《のぶゆき》**）**を担ごうという勢力もあった。信長は外の今川義元に備えながら、内の織田氏と争う。

1555年には守護の**斯波義銀**《よしかね》を奉戴し、清洲織田氏を滅亡させ、父以上の勢力を築いていく。

戦乱のポイント

居城を移す

織田信秀の居城は勝幡城だったが、那古野城を奪うと居城とし、さらに古渡城、末森城と拠点を移した。状況に合わせて最適な拠点を設けるようだ。これは織田信長も継承し、清洲城、小牧山城、岐阜城、安土城と次々に城をかえる。経済でのし上がっただけに合理性を重んじた父子だといえる。

16世紀

大内と尼子が争い、毛利が躍進する
毛利《もうり》・大内《おおうち》・尼子《あまご》の戦い

敗北 **大内氏 尼子氏** VS 勝利 **毛利元就**

場所
中国地方

いきさつ
大内と尼子

応仁の乱以降、中国地方の主役は周防の**大内氏**だった。しかし、上洛した大内義興が周防に戻る1518年頃には**尼子経久**が敵対してくる。

経久は東の伯耆・山名領へ侵攻し、さらに南の備中、備後、安芸、西の石見へも侵攻する。この頃、若くして安芸・毛利氏の指導的立場になったのが**毛利元就**だ。元就は経久の攻勢を見て、大内を見限り尼子につく。1523年、経久は安芸へと進出し、元就らの活躍で鏡山城《かがみやまじょう》を奪取。安芸を支配下にした。

だが、経久は元就を警戒したのか毛利の家督争いに介入。これを機に元就は正式に毛利の当主となる。そして、大内義興が安芸奪還に軍を進めると、今度は大内軍に味方した。

その後、義興が亡くなり、子の**大内義隆《よしたか》**が後継しても、元就は大内氏の家臣を続けた。1541年には尼子経久が亡くなり、孫の**晴久**が後継すると、その拠点の**月山富田城《がっさんとだじょう》**を義隆が攻める。だが、大内軍は大敗し、元就も大損害を受けた。

毛利元就

経過
大逆転！厳島の戦い

そんな中、元就は飛躍への布石を打っていた。海に近く、水軍を抱える小早川《こばやかわ》家に三男**小早川隆景《たかかげ》**を、山陰に近い吉川《きっかわ》氏には次男**吉川元春《もとはる》**を養子に出した。そして、嫡男の**毛利隆元《たかもと》**に当主を譲る形にした。

すると、1551年に大内家内の主導権争いが激化し、武功派の**陶晴《すえはる》賢《かた》**が謀反し、義隆は自害する**（大寧《たいねい》寺《じ》の変）**。晴賢は大友宗麟《そうりん》の弟を**大内義長《よしなが》**として当主にすえ、大内氏を実質支配した。この下剋上を元就は支持していたが、晴賢は元就を警戒し、次第に反目する。1554年に関係が決裂、元就は**厳島《いつくしま》**を占拠した。

厳島神社

陶晴賢と毛利元就の争覇の舞台となった。

1555年、晴賢は2万とされる大軍で動き、厳島に上陸。対する毛利軍は4千程度とされたが、瀬戸内海賊衆の**村上水軍**が味方する。夜、雨の中を毛利の船団は厳島に接近。朝になって陶軍に奇襲をかけた。

狭い島内に大軍でいたため、陶軍は混乱。さらに、村上水軍が船を焼き脱出もできない。剣戟の音の中、晴賢は自刃した**（厳島の戦い）**。

山中幸盛

『武者无類外ニ三枚続キ画帖』

（国立国会図書館蔵）

結果

毛利が中国地方を統べる

1557年、元就は力を失った大内氏を滅亡させ、旧大内領を併合。尼子晴久が急死すると、1565年に月山富田城を包囲し、翌年に尼子氏を降伏させた。尼子遺臣の**山中幸《やまなかゆき》盛《もり》**が**尼子勝久《かつひさ》**を擁して抵抗したが、すでに毛利の敵ではなかった。

元就は中国地方のほとんどを勢力圏とし、1571年に死去した。

戦乱のポイント

石見銀山《いわみぎんざん》

大内義興の頃に採掘が本格化した石見銀山は、大内と尼子の争奪戦となった。次には尼子晴久と毛利元就で争い、毛利の勢力下となると、それが毛利氏の経済力を支えたとされる。その潤沢な埋蔵量は国際的にも注目され、銀は日本の主要な輸出品となり、世界史にさえ影響をおよぼした。

1560年

桶狭間《おけはざま》の戦い

大軍勢の今川義元を討ち取った信長の戦い

敗北		勝利
× 今川義元	VS	○ 織田信長

場所

尾張

今川義元（東京都立図書館蔵）

いきさつ 西をめざす義元

駿河の今川氏は足利氏の支流で室町幕府の名門だった。関東が戦国化する中、伊勢宗瑞（北条早雲）と連携しながら、今川氏親は戦国大名として旧領の遠江を斯波氏から奪還した。氏親が死去すると、子の**今川氏輝**が継ぐ。しかし、1536年に氏輝とその弟が次々に亡くなると、**花倉《はなぐら》の乱**と呼ばれる家督争いが起きる。しかし、氏親の正室だった**寿桂尼《じゅけいに》**が指導力を発揮し、氏親の五男である**今川義元（母は寿桂尼）**が当主となった。

この今川氏と尾張の織田氏の間に挟まれる地が**三河**である。複数の国人衆が乱立する状況だったが、次第に**松平氏**が勢力を伸ばす。しかし、今川と織田の争奪地であり、16世紀半ばには**松平広忠《ひろただ》**が義元に帰順した。これで義元は駿河・遠江・三河の三国を統べる大大名となり、1554年には甲斐の武田信玄、相模の北条氏康と**三国同盟**を結んだ。

北と東の憂いがなくなった今川義元は、西の尾張を標的とし、軍事行動を繰り返した。対する尾張の中心人物は、弟の信勝（信行）を葬り、尾張統一が近い**織田信長**である。

桶狭間古戦場の今川義元像と織田信長像

桶狭間の戦いの現場は現在もわかっていない。

経過 今川の大軍、来襲！

1560年、今川義元は2万5000ともされる大軍を率い、駿府を出陣。尾張東部の**沓掛城**《くつかけじょう》に入った。

出兵の理由は、尾張侵攻の一環とも、上洛とも考えられている。

対する織田信長は、5月18日に一報を受け、軍議を開いたが世間話をするばかりだった。

当時、松平広忠は亡くなった後で、その子である**松平元康**《もとやす》**（徳川家康**《とくがわいえやす》**）**も今川軍として従軍し、5月19日に織田軍の砦を攻撃する。これを聞いた信長は突如、出陣を命令し数騎で飛び出し、熱田で兵を待った。

義元は**桶狭間**で兵を休ませ、元康らが砦を落としたことを喜ぶ。

同じ頃、信長はようやく2000〜3000の兵を集めたが、午後に雨が降り、雹《ひょう》も混じったという。これが織田軍の接近を義元に悟らせなかったのかもしれない。晴れると、織田軍が義元らに襲いかかった。

損害を出しながらも繰り返し攻める織田軍に義元の周囲の兵は減り、50程度になった。義元は逃げようと動いたが、沼地や田に足を奪われ、織田軍に斬りこまれる。そして、毛利新介《しんすけ》という武将が義元の首をとった。

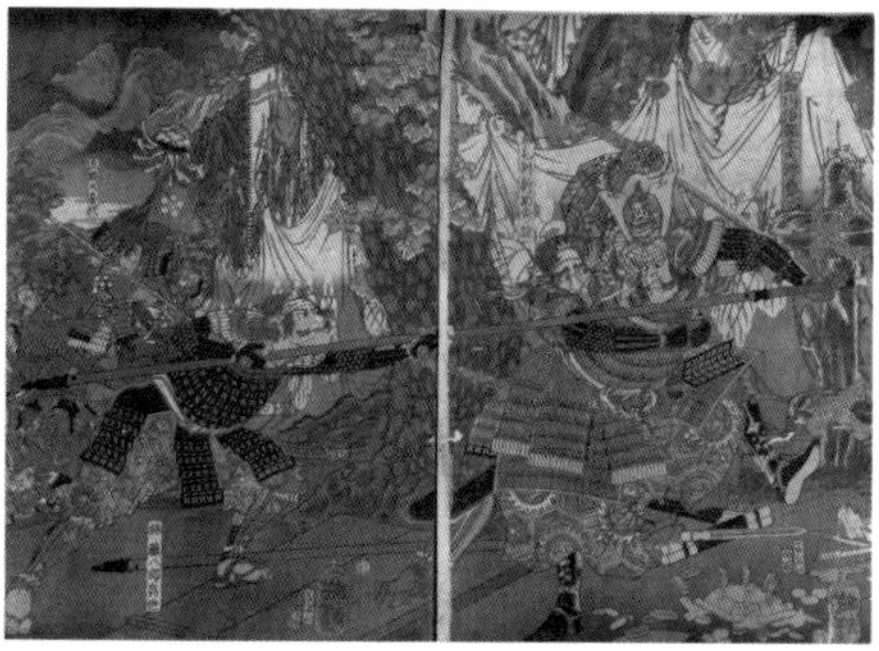

桶狭間合戦

『大日本歴史錦繪』

（国立国会図書館蔵）

結果 信長の時代がはじまる

この大逆転が起きた理由は、いまだに不明だ。しかし、強大な今川氏は義元を失い、急激に衰退する。一方、主君を失った松平元康は岡崎で独立。勝った織田信長は、戦国乱世に名を残す一歩を踏み出した。

戦乱のポイント

なぜ、勝てた?

織田信長が勝てた理由はわかっていない。信長の事績に詳しい『信長公記』を素直に読むと、有利な山上に位置する義元に、少数で攻め込んだようにしか思えない。なんらかの奇襲をかけたはずだが、それも謎。だから、昔の読み物では義元を無能に描いたが、そんなわけもない。とにかく謎だ。

戦国～安土桃山時代の武具

関ヶ原合戦屏風絵（模本）

西郡の大谷吉継隊らの激戦となった部分。双方が鉄砲を用いる。

ColBase（https://colbase.nich.go.jp/）

紺糸威南蛮胴具足《こんいとおどしなんばんどうぐそく》

西洋甲冑風の胴、兜の鉢が特徴の当世具足。徳川家家臣の榊原康政が関ヶ原の直前に拝領した。

安土桃山時代・16世紀

ColBase（https://colbase.nich.go.jp/）

集団に埋没しないため、当世具足は奇抜になっていく

大身槍《おおみやり》

足軽用と異なり、刀身の大きい槍。戦国武将の加藤清正が用いたとされる。

戦国時代（1504年）

ColBase（https://colbase.nich.go.jp/）

集団戦法が主流に

享徳《きょうとく》の乱で関東が戦国時代に突入したとき、太田道灌《おおたどうかん》は訓練された足軽を組織した集団戦法で活躍する。時代が下がると、この流れはさらに進み、歩兵用の長槍《ながやり》が重視されるようになった。もちろん、武将たちは大身槍《おおみやり》（刀身の大きい槍）などを装備して戦場の華ではあったが、個人の武勇以上に兵の統率力が問われる時代になっていく。

鉄砲が伝来すると、その傾向はさらに加速した。弓や槍も重要な兵器ではあったが、とにもかくにも鉄砲の一斉射撃が戦闘の主流となる。関ヶ原合戦図屏風などを見ても、それはわかる。

足軽の集団戦が極まると、武将たちは実用性だけを追いかけていては目立たず埋もれてしまう。そこで、意匠を凝らした当世具足《とうせいぐそく》が登場し、見た目の派手さを競うようにもなった。

第6章

安土桃山時代

この時代のポイント

- 尾張を統一した織田信長が天下をめざす
- 豊臣秀吉が全国統一を果たす
- 関ヶ原の戦い後、徳川家康が天下人となる

長篠の戦い

ColBase（https://colbase.nich.go.jp/）

年	月日	参照	項目	出来事
1567年	8月	P162	信長上洛への攻防	**織田信長《おだのぶなが》、美濃の稲葉山《いなばやま》城を攻めて斎藤龍興《さいとうたつおき》を滅ぼす。以後、岐阜城と改め居城とする**
	10月	P132	三好長慶と三人衆	松永久秀《まつながひさひで》、大和の東大寺で三好三人衆《みよしさんにんしゅう》を破る
1568年	2月	P162	信長上洛への攻防	織田信長、北伊勢を平定し、息子の信孝《のぶたか》を神戸《かんべ》氏の養子(神戸信孝)とする
	9月7日			**織田信長、足利義昭《あしかがよしあき》を奉じて岐阜城を出発**
	9月12日			織田信長、京への途上にある近江守護・六角承禎の箕作《みつくり》城を陥落させる
	9月13日			織田信長、逃亡した六角義賢の本城・観音寺《かんのんじ》城に入る
	9月26日			**織田信長、足利義昭とともに京に入る。三好三人衆が京を脱出する**
	10月18日			**足利義昭、征夷大将軍に任じられる(15代将軍)**
	12月12日			甲斐の武田信玄《たけだしんげん》、甲相駿《こうそうすん》三国同盟(1554年)を破り駿河に侵攻し、薩埵峠《さったとうげ》で今川氏真《いまがわうじざね》軍を破る。その後、相模の北条氏政《ほうじょううじまさ》が氏真救援に向かう
	12月13日			武田信玄が駿府城下に攻め入り、今川氏真は遠江へ退く
1569年	1月5日	P162	信長上洛への攻防	三好三人衆、足利義昭の御所・本圀寺《ほんこくじ》を襲撃するも失敗に終わる
	1月10日			織田信長、京都に入る
	2月2日			織田信長、京に二条城の造営を開始する
	4月14日			足利義昭、二条城に移る
	5月17日			今川氏真、徳川家康に降伏し掛川《かけがわ》城を退去(北条氏政に保護される)
	6月			**相模の北条氏康《うじやす》と越後の上杉輝虎《うえすぎてるとら》の間で和睦が成立(越相《えつそう》同盟)。**

年	月日	参照	分類	出来事
	10月			武田信玄、北条氏の小田原城を攻める **以後、輝虎は北陸平定を目指す**
1570年	1月	P164	信長×浅井・朝倉	将軍足利義昭と織田信長の対立が次第に表面化する
	4月20日			織田信長・徳川家康《とくがわいえやす》連合軍、京を出立し越前の朝倉義景《あさくらよしかげ》攻めに向かう
	4月30日			朝倉義景攻めの最中、北近江の浅井長政《あざいながまさ》が朝倉方に寝返り、織田・徳川軍が京へ撤退（金ヶ崎《かねがさき》の退き口）
	6月28日			**織田・徳川の連合軍、北近江の姉川《あねがわ》の戦いで浅井長政・朝倉義景軍を破る**
	9月12日	P166	信長×寺社勢力	**石山本願寺《いしやまほんがんじ》の顕如《けんにょ》、織田信長との戦いに向けて各地の門徒に檄文《げきぶん》を発する**
	9月24日	P164	信長×浅井・朝倉	織田信長、近江坂本に出陣し、比叡山《ひえいざん》の浅井・朝倉軍と対峙する
	11月21日	P166	信長×寺社勢力	伊勢長島の一向一揆、尾張の小木江《こきえ》城で織田信長の弟信興《のぶおき》を討ち取る
	12月14日	P164	信長×浅井・朝倉	織田信長、勅命及び足利義昭の斡旋で浅井・朝倉と和睦
1571年	2月			上杉謙信《うえすぎけんしん》、越中へ出陣し富山城を攻撃する
	3月			武田信玄、徳川家康方の高天神《たかてんじん》城を攻撃
	5月	P166	信長×寺社勢力	織田信長、伊勢長島の一向一揆と戦う
	8月	P142	毛利・大内・尼子の戦い	毛利元就《もうりもとなり》の次男・吉川元春《きっかわもとはる》が出雲の尼子勝久《あまごかつひさ》を攻める。 その後、敗れた勝久は織田信長を頼る
	9月12日	P164	信長×浅井・朝倉	**織田信長、比叡山延暦寺《えんりゃくじ》を焼き討ちにする**

織田信長像（模本）
ColBase（https://colbase.nich.go.jp/）

年	月日	頁	対立	出来事
1572年	7月	P164	信長×浅井・朝倉	織田信長、北近江小谷《おだに》城の浅井長政・朝倉義景と対峙する
	8月			上杉謙信、越中の一向一揆鎮圧に向かう
	10月	P168	織田・徳川×武田	西上をはかる武田信玄、遠江に侵入し徳川家康方の城を攻める
	11月			織田信長と上杉謙信が同盟を結ぶ
	12月22日	P168	織田・徳川×武田	**武田信玄、三方ヶ原《みかたがはら》の戦いで徳川家康に大勝**
1573年	4月			武田信玄の病状が悪化し、西上を諦め甲斐へ戻る途中に没する
	7月18日			**織田信長、挙兵した足利義昭を京より追放し室町幕府が滅亡**
	8月10日	P164	信長×浅井・朝倉	織田信長、北近江の浅井長政と越前の朝倉義景が籠城する小谷城を攻撃
	8月13日			**織田信長、越前に退却する朝倉義景を追撃する。20日に義景は自害する（朝倉氏滅亡）**
	9月1日			**織田信長、小谷城を攻撃し浅井長政は自害する（浅井氏滅亡）**
	11月	P166	信長×寺社勢力	本願寺の顕如と織田信長が和睦
	12月26日			大和の松永久秀、織田信長に多聞山《たもんやま》城を明け渡す
1574年	5月	P168	織田・徳川×武田	甲斐の武田勝頼《かつより》（武田信玄の嫡男）、徳川方の高天神城を包囲する
	7月			上杉謙信、越中を平定する。以後、加賀に侵攻する
	9月	P166	信長×寺社勢力	**織田信長、伊勢長島の一向一揆を鎮圧**
1575年	4月	P168	織田・徳川×武田	武田勝頼、徳川方の長篠《ながしの》城を包囲する
	5月21日			**織田信長・徳川家康の連合軍が武田勝頼軍に大勝（長篠の戦い）**

年	月日	参照	出来事
	7月		長宗我部《ちょうそかべ》元親《もとちか》、土佐を平定する
	8月	P166 信長×寺社勢力	**織田信長、越前の一向一揆を鎮圧する**
	9月	P170 信長の天下統一戦	織田信長、柴田勝家《しばたかついえ》を北陸方面の司令官とする
1576年	2月8日		足利義昭、備後の鞆《とも》に移り毛利輝元《てるもと》(毛利元就の孫)に支援を求める
	2月23日		**織田信長、新たに築城した近江の安土城《あづち》に移る**
	4月		顕如が再び挙兵し、織田軍が石山本願寺を包囲する
	7月13日		毛利輝元、摂津に水軍をおくり織田信長の水軍を撃破。
			その後、信長に徹底抗戦する石山本願寺に兵糧を運び込む
	11月		上杉謙信、能登に侵攻し諸城を落とした後、七尾《ななお》城を包囲する
1577年	2月		織田信長、紀伊の雑賀衆《さいかしゅう》を攻め、翌月に降伏させる
	6月	P170 信長の天下統一戦	織田信長、安土城下を楽市楽座《らくいちらくざ》とする
	8月		**大和の松永久秀、足利義昭・石山本願寺などの反織田信長勢力と呼応して信長に反旗を翻す**
	9月23日		上杉謙信、加賀の湊川《みなとがわ》(手取川《てどりがわ》)で柴田勝家ら織田信長勢を破る
	10月10日		**織田信忠《のぶただ》(織田信長の嫡男)、大和の信貴山《しぎさん》城を包囲し松永久秀が自害する**
	10月23日		織田信長、羽柴秀吉《はしばひでよし》を播磨攻略に向かわせる
	11月20日		織田信長、右大臣に任じられる

年	月日	参照	出来事
1577年	12月3日	P170 信長の天下統一戦	**羽柴秀吉、毛利方の播磨の上月城《こうづき》を落とし、尼子勝久・山中幸盛《やまなかゆきもり》（鹿介《しかのすけ》）が入城**
1578年	3月		上杉謙信が没する
	4月		吉川元春・小早川隆景《こばやかわたかかげ》ら毛利軍が上月城を取り囲み、羽柴秀吉と対峙する
	5月		上杉謙信亡き後、上杉家の家督争いが勃発。上杉景虎《かげとら》が御館《おたて》へ移り、春日山《かすがやま》城の上杉景勝《かげかつ》と争う
	7月3日		**毛利軍が上月城を攻め、尼子勝久が自害する**
	10月		織田方だった摂津の荒木村重《あらきむらしげ》が有岡《ありおか》城で織田信長に反旗を翻す
	11月		九州南部を制圧した島津義久《しまづよしひさ》、九州北部に勢力を誇った大友宗麟《おおともそうりん》と戦い大友軍を日向《ひゅうが》で破る**（耳川《みみかわ》の戦い）**
	11月6日		**織田信長方の九鬼嘉隆《くきよしたか》らが、鉄装甲の大型船で毛利水軍を破る**
	11月9日		織田信長、有岡城を包囲し高山右近《たかやまうこん》・中川清秀《なかがわきよひで》が降伏する
1579年	3月		上杉景勝、上杉景虎の御館を攻略し、景虎は自害。景勝が上杉家当主となる
	8月		織田家家臣の明智光秀《あけちみつひで》、織田信長に丹波の平定を報告
	8月29日	P170 信長の天下統一戦	**徳川家康、正室の築山殿《つきやまどの》を殺害し、翌月に嫡男の信康《のぶやす》を自害させる**
1580年	1月		**羽柴秀吉、播磨の三木《みき》城を攻め、別所《べっしょ》氏を滅ぼす**
	閏3月		**織田信長が顕如と講和。顕如が石山本願寺を退去する（石山戦争が終結）**
	11月		柴田勝家、加賀の一向一揆を鎮圧
1581年	8月		織田信長、高野聖《こうやひじり》1000人余りを捕らえて処刑する

年	月日	ページ	テーマ	出来事
	9月			織田信雄《のぶかつ》（織田信長の次男）が伊賀惣国一揆《いがそうこくいっき》を平定する
	10月2日			織田信長、前田利家《まえだとしいえ》に能登を治めさせる
	10月25日			羽柴秀吉、因幡の鳥取城を兵糧攻めで陥落させる
	11月			羽柴秀吉、淡路を平定
1582年	1月			九州のキリシタン大名（大友宗麟・有馬晴信《ありまはるのぶ》・大村純忠《おおむらすみただ》）が、天正遣欧使節《てんしょうけんおうしせつ》をローマ教皇に派遣する
	2月			織田信忠、甲斐の武田勝頼討伐に向かう
	3月11日	P168	織田・徳川×武田	**織田信長勢が甲斐を攻め、滝川一益《たきがわかずます》らが天目山《てんもくざん》で武田勝頼を包囲。勝頼が自害する（甲斐武田氏滅亡）**
	3月	P170	信長の天下統一戦	羽柴秀吉、播磨の姫路から備中へ出陣
	4月16日			織田信長、東海道見物を終えて徳川家康の居城がある浜松へ到着
	5月7日			織田信長、三男の信孝《のぶたか》に四国攻めを命じる
	5月15日			徳川家康、安土城の織田信長のもとを訪ねる
	5月17日	P172	本能寺の変	備中高松城で毛利軍と対陣している羽柴秀吉が援軍を要請。織田信長は自身の出陣と明智光秀の派遣を決定する
	5月26日			明智光秀、出陣準備のために近江の坂本《さかもと》城から丹波の亀山《かめやま》城に移る
	5月29日			織田信長、京の本能寺《ほんのうじ》に入る

年	日付	参照	出来事	内容
1582年	6月2日	P172	本能寺の変	**明智光秀、1万3000の軍で本能寺を包囲し織田信長を討ち取る。**
				嫡男の織田信忠も二条御所で自害（本能寺の変）
	6月3日			羽柴秀吉に「本能寺の変」の第一報が届く
	6月4日			羽柴秀吉、高松城城主の清水宗治《しみずむねはる》の自刃をもって毛利氏と講和
	6月6日			**羽柴秀吉軍、中国大返しで畿内へ戻る**
	6月8日			明智光秀、近江の坂本城に入る
	6月13日	P174	山崎の戦い	**羽柴秀吉、山崎《やまざき》の戦いで明智光秀を破る。光秀は逃亡中、落武者狩りに討たれる**
	6月27日			**羽柴秀吉、織田家の重臣が集まる清洲《きよす》会議で後継争いの主導権を握る**
	10月15日	P176	賤ヶ岳の戦い	羽柴秀吉、京の大徳寺で織田信長の葬儀を催す
	12月			羽柴秀吉、岐阜城の織田信孝を攻めて降伏させる
1583年	3月17日			柴田勝家と羽柴秀吉が賤ヶ岳《しずがたけ》で対陣
	4月21日			**羽柴秀吉、賤ヶ岳の戦いで柴田勝家を破る**
	4月24日			柴田勝家、羽柴秀吉の追撃にあい、越前の北ノ庄《きたのしょう》城で自害
	4月25日			羽柴秀吉、加賀に進み前田利家《まえだとしいえ》・佐々成政《さっさなりまさ》らを帰順させる
	5月2日			織田信雄、尾張で織田信孝を自害させる
	6月			羽柴秀吉、大坂城に移る
1584年	3月13日	P178	小牧・長久手の戦い	徳川家康、尾張の清洲城で織田信長の次男信雄と会い、羽柴秀吉と敵対する
	3月28日			**羽柴秀吉が尾張の楽田《がくでん》城へ入り、小牧山《こまきやま》城の徳川家康と対峙。**

賤ヶ岳七本槍の一人、加藤清正は豊臣秀吉に仕え、後に肥後一国を治めた。

（国立国会図書館蔵）

年	月日	出来事
		小牧・長久手《ながくて》の戦いがはじまる
	4月9日	徳川家康、尾張の長久手で羽柴秀吉勢を破る
	12月	徳川家康と羽柴秀吉が和睦する
1585年	4月	羽柴秀吉、高野山を帰順させ武装解除をさせる
	6月	羽柴秀吉の弟秀長《ひでなが》が四国の長宗我部元親攻めに向かう
	7月11日	**羽柴秀吉、関白となる**
	7月25日	**長宗我部元親が降伏(秀吉の四国平定)**
	9月9日	羽柴秀吉、豊臣《とよとみ》姓をたまわる
1586年	5月	徳川家康、朝日姫《あさひ》(豊臣秀吉の妹)を正室(継室)にむかえる
	8月	**豊臣秀吉、黒田孝高《くろだよしたか》・小早川隆景《こばやかわたかかげ》らに九州攻めを命じる**
	10月13日	豊臣秀吉、大政所《おおまんどころ》(豊臣秀吉の母)を人質として徳川家康におくる
	10月18日	島津義久《しまづよしひさ》、大友氏攻撃のため日向に出陣
	10月27日	徳川家康、諸将らと大坂城で豊臣秀吉に謁見
	12月3日	**豊臣秀吉、惣無事令《そうぶじれい》を発する**
	12月13日	島津家久《いえひさ》、豊臣方の仙石秀久《せんごくひでひさ》・長宗我部信親《のぶちか》らを豊後の戸次川《へつぎがわ》で破る
	12月19日	豊臣秀吉、太政大臣に任じられる
1587年	3月1日	**豊臣秀吉、九州の島津討伐のため大坂城を出立**

P180 秀吉の全国統一

1587年	4月17日	豊臣秀長、日向の根白坂《ねじろざか》で島津義久らを破る
	5月	**島津義久、豊臣秀吉に降伏（豊臣秀吉の九州平定）**
	6月7日	豊臣秀吉、九州の国分けを行う
	6月19日	豊臣秀吉、バテレン追放令を出す。以後、京の南蛮寺《なんばんでら》などを取り壊す
1588年	7月	**豊臣秀吉、刀狩《かたなが》り令・海賊取締令《かいぞくとりしまりれい》を出す**
	8月	島津義久、豊臣秀吉の命により琉球王国に日本への服属を促す
1589年	7月	豊臣秀吉、信濃の真田昌幸《さなだまさゆき》に上野沼田領の3分の1を北条氏に渡すよう命じる
	9月	豊臣秀吉、妻子を京に住まわせるよう諸将に命じる
	11月	豊臣秀吉、約定に反して真田氏の名胡桃《なぐるみ》城を奪取した北条氏に誅伐を通告する
1590年	1月20日	豊臣秀吉、陸奥の伊達政宗《だてまさむね》に参陣を催促する
	3月1日	豊臣秀吉、相模の北条氏討伐のため小田原に向けて聚楽弟《じゅらくてい》を出陣
	4月	**豊臣秀吉、北条氏が籠城する小田原城を包囲する**
	6月	**伊達政宗、小田原陣中の豊臣秀吉のもとを訪れ臣従することを奏上**
	7月5日	**小田原城の北条氏直《うじなお》が降伏（豊臣秀吉の全国統一）**
	7月13日	**豊臣秀吉、徳川家康に北条氏の所領である関東への移封を命じる**
	8月1日	徳川家康、江戸城に入る（八朔《はっさく》）
	9月	豊臣秀吉、京に戻る
1591年	2月28日	千利休《せんのりきゅう》、豊臣秀吉に命じられて自害する

P180 秀吉の全国統一

北条氏の小田原城は武田信玄や上杉謙信も攻めあぐねた戦国一の名城だ。

年	月日	参照	出来事
	8月	P184 秀吉の朝鮮出兵	豊臣秀吉、翌年の朝鮮出兵を発表。諸将に肥前名護屋《なごや》城の造営を命じる
	12月28日		豊臣秀次《ひでつぐ》（秀吉の甥）が関白となる
1592年	1月5日	P184 秀吉の朝鮮出兵	豊臣秀吉、3月からの朝鮮出兵を諸将に命じる
	1月19日		豊臣秀吉、琉球を島津氏の与力とする
1593年	3月	P184 秀吉の朝鮮出兵	**豊臣秀吉、大軍を朝鮮半島におくる（文禄《ぶんろく》の役がはじまる）**
	4月12日		肥後の小西行長《こにしゆきなが》ら第一軍が釜山《プサン》に到着
	4月25日		豊臣秀吉、肥前名護屋城に到着
	5月		小西行長・加藤清正《かとうきよまさ》らが漢城《ハンソン》を攻める
	6月		小西行長・黒田長政《くろだながまさ》らが平壌《ピョンヤン》を攻める
	9月1日		小西行長、明の沈惟敬《しんいけい》と会い講和を結ぶ（50日間の休戦）
	1月8日		小西行長、明の李如松《りじょしょう》の攻撃を受け平壌を脱出
	4月頃		小西行長らが沈惟敬と会い、講和使節の派遣を約束
	4月18日		小西行長らが漢城を撤退する
	6月		**豊臣秀吉、明の使節に和平7カ条を提示する（文禄の役が終結）**
1594年	8月		豊臣秀吉、伏見城に移る
1595年	1月	P184 秀吉の朝鮮出兵	小西行長と明の陳雲《ちんうん》が協議するも決裂
	7月8日		豊臣秀吉、豊臣秀次を高野山へ蟄居させる

豊臣秀吉から宗義智に宛てた朱印状。朝鮮に派遣する代官7人につき通訳1人を帯同させるよう命じたもの。

ColBase（https://colbase.nich.go.jp/）

年	月日	参照	出来事
1595年	7月15日		豊臣秀次、高野山で自害
	7月頃		豊臣秀吉、徳川家康・前田利家をはじめ、諸将に子の拾《ひろい》（秀頼《ひでより》）への忠誠を誓う起請文を提出させる
1596年	1月	P184 秀吉の朝鮮出兵	小西行長、明の副使の沈惟敬を連れて日本に向かう
	6月25日		沈惟敬、伏見城で豊臣秀吉に謁見
	9月1日		明の正使が豊臣秀吉に謁見。金印・冠服を授け、天子《てんし》（皇帝）の言葉を告げたが、秀吉はその言葉に激怒。朝鮮に再び出兵することを決める
1597年	3月		黒田長政・加藤清正らが朝鮮半島（梁山《ヤンサン》・西生浦《ソセンポ》など）に城を築く
	6月		**豊臣秀吉、小西行長・加藤清正らに攻撃を命じる（慶長《けいちょう》の役がはじまる）**
	7月		小西行長・藤堂高虎《とうどうたかとら》らが、巨済島《コジェド》で朝鮮水軍を破る
	8月		宇喜多秀家《うきたひでいえ》・島津義弘らが朝鮮の南原《ナムウォン》城を攻略
	9月		日本水軍、鳴梁《ミョンリャン》で朝鮮水軍に敗れる
	12月		蔚山《ウルサン》城の加藤清正・浅野幸長《あさのよしなが》らが、明・朝鮮の連合軍に包囲される
1598年	1月		豊臣秀吉、越後の上杉景勝を会津120万石に加増し国替えとする
	3月	P184 秀吉の朝鮮出兵	小西行長、明との和平を画策
	5月		宇喜多秀家・毛利秀元《ひでもと》・藤堂高虎ら諸将が朝鮮より帰国する
	7月		豊臣秀吉、徳川家康や前田利家らに秀頼に忠誠を誓わせる起請文を提出させる
	8月18日		**豊臣秀吉が伏見城で没する**

朝鮮出兵の前線基地となった名護屋城跡（佐賀県）には石垣が残る。

年	月日	出来事
	8月22日	豊臣家の五奉行、朝鮮に出兵している諸将に撤退を告げる使者をおくる
	11月	**島津義弘ら朝鮮に出兵した日本軍の撤退が完了する（慶長の役が終結）**
1599年	1月10日	豊臣秀頼が伏見城から大坂城へ移る
	2月29日	豊臣家大老の前田利家、徳川家康を訪問
	3月11日	徳川家康、病に伏せる前田利家を見舞う
	閏3月3日	前田利家が没する
	閏3月4日	**加藤清正・黒田長政・福島正則《ふくしままさのり》ら七将が、五奉行の石田三成《いしだみつなり》邸を襲撃**
	閏3月10日	石田三成、近江の佐和山《さわやま》城へ蟄居。奉行職を解かれる
	閏3月13日	徳川家康、京の伏見城に移る
	8月	豊臣家大老の上杉景勝、会津領内の支城や山道の整備を命じる
	9月27日	徳川家康、大坂城内の西の丸に移る
	10月3日	**徳川家康、加賀の前田利長《としなが》討伐を発表**
1600年	3月	徳川家康のもとに上杉景勝に謀反ありとの訴えが届く
	4月1日	徳川家康、上杉家家臣の直江兼続《なおえかねつぐ》に詰問状をおくり、上洛を要請する
	4月14日	**直江兼続、徳川家康に返書をおくり上洛の要請を拒否する（直江状）**
	6月6日	**徳川家康、会津の上杉討伐を発表**
	6月16日	徳川家康、伏見城から江戸城に向けて出発

P186

関ヶ原の戦い

福島正則は賤ヶ岳七本槍の一人で、関ヶ原合戦では東軍に加わった（福島正則像・模本）。

ColBase（https://colbase.nich.go.jp/）

弥生～奈良時代 平安時代 鎌倉時代 室町時代 戦国時代 安土桃山時代 江戸時代 近現代

7月2日	徳川家康、江戸城に入る
7月11日	石田三成、徳川討伐に反対する豊臣家家臣の大谷吉継《おおたによしつぐ》を説得し、徳川家康と戦うことを決定する
7月12日	石田三成・大谷吉継・安国寺恵瓊《あんこくじえけい》・増田長盛《ましたながもり》らが軍議を開き、毛利輝元へ協力を要請することを決定する
7月17日	**毛利輝元、大坂城に入り西軍の総大将になる**
7月19日	**西軍が、徳川家家臣の鳥居元忠《とりいもとただ》が守る伏見城を攻撃**
7月21日	西軍、徳川方（東軍）の細川幽斎《ほそかわゆうさい》の丹後田辺《たなべ》城を攻撃
	徳川家康、会津の上杉景勝討伐に向けて江戸城を出発
7月24日	徳川家康に石田三成（西軍）挙兵の知らせが届く
7月25日	**徳川家康、下野の小山《おやま》城で諸将と軍議を開き、反転して西（石田三成方）に軍を向けることが決定する（小山評定）**
8月1日	東軍の鳥居元忠が守る伏見城が落城
8月11日	石田三成、美濃の大垣《おおがき》城に入る。三成は尾張を防衛ラインに設定する
8月23日	東軍の福島正則・池田輝政、西軍が守る美濃の岐阜城を攻略
8月24日	徳川秀忠《ひでただ》、東軍の別働隊を率いて中山道を進軍する
9月1日	会津討伐から引き返した徳川家康が、東軍の本隊を率いて江戸を出発。以後、東海道を通り関ヶ原《せきがはら》へ進軍する

P186

関ヶ原の戦い

（堺市博物館蔵）

織田信長・豊臣秀吉のもとで戦い続けた徳川家康は、関ヶ原の勝利でついに天下人となる。

石田三成はこの「大一大万大吉」を旗印に戦場を駆け抜けた。

9月3日	大谷吉継、関ヶ原に着陣
9月6日	**徳川秀忠率いる東軍の別働隊が、信濃の上田《うえだ》城に拠る真田昌幸・信繁《のぶしげ》（幸村《ゆきむら》）と交戦。秀忠軍は上田城を攻略できず信濃にとどまることに**
9月7日	毛利秀元ら西軍の主力部隊が関ヶ原の南宮山《なんぐうさん》に布陣
9月8日	**西軍が、東軍の京極高次《きょうごくたかつぐ》が守る大津《おおつ》城を攻撃**
9月11日	徳川秀忠、真田昌幸・信繁の上田城に押さえを残して関ヶ原に向かう（結果的に関ヶ原の戦いには間に合わず）
9月13日	豊前中津の黒田孝高《よしたか》（如水《じょすい》）が北九州で挙兵、豊後の石垣原《いしがきばる》で大友義統《よしむね》と戦闘を開始する
9月14日	徳川家康、美濃の赤坂に着陣。西軍の小早川秀秋《ひであき》が関ヶ原の松尾山《まつおやま》に入る
9月15日	**早朝、両軍が関ヶ原に布陣。戦闘が開始される（関ヶ原の戦い）** 午前中、西軍諸将の奮戦もあり、一進一退の攻防が続く **正午過ぎ、西軍の小早川秀秋が寝返り、東軍が有利となる** 15時頃、西軍の敗北で終わる この頃、直江兼続が出羽の長谷堂《はせどう》城を攻撃。黒田如水が大友義統を降伏させる
9月21日	石田三成、関ヶ原に近い伊吹山《いぶきやま》山中で捕えられる
10月1日	石田三成・安国寺恵瓊・小西行長ら西軍の将が処刑される

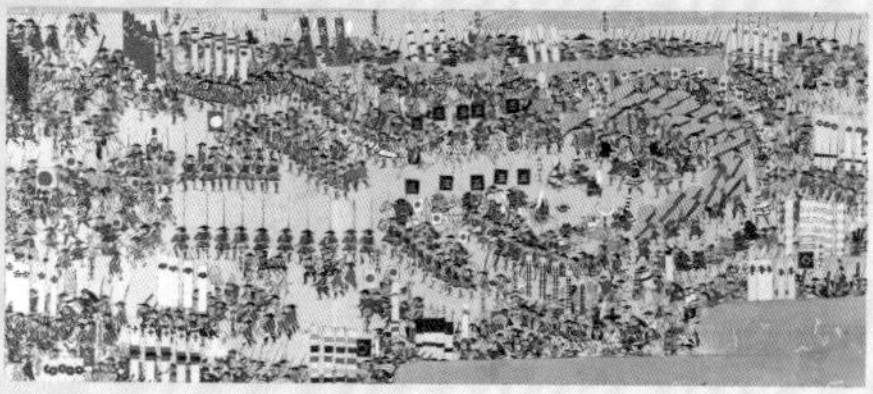

『関ヶ原合戦屏風絵』

ColBase（https://colbase.nich.go.jp/）

1568年

混乱の畿内を織田信長の軍勢が京へ向け進む

信長上洛への攻防

勝利		敗北
○		×
織田信長	VS	三好三人衆 六角義賢

場所

近江、山城、摂津

いきさつ

流浪の将軍候補

1567年に**斎藤龍興**《たつおき》（斎藤道三の孫）を滅ぼした織田信長は、**稲葉山城**《いなばやまじょう》を奪取し**岐阜城**《ぎふじょう》とあらため居城とし尾張に続き美濃を領国とした。

この頃、暗殺された足利義輝の後継将軍をめぐり、出家していた義輝の弟、覚慶《かくけい》は還俗して**足利義昭**《よしあき》を名乗り、近江の**六角義賢**《よしかた》を頼った。そして、各地の戦国大名に上洛を促したがことは進まず、義昭は若狭を経て越前の**朝倉義景**《よしかげ》を頼る。

現在の岐阜城

だが、義景も上洛へと動かない。そこで、この動きの中心にいた**細川藤孝**《ふじたか》は、越前にいた**明智光秀**《あけちみつひで》とともに織田信長へ上洛要請を企図する。信長はこれを受諾し、1568年7月に義昭は岐阜城に近い立政寺《りゅうしょうじ》に入った。

経過

1カ月で畿内制圧

同年8月7日、信長は近江の佐和《さわ》山城《やまじょう》で、同盟する北近江の**浅井長政**《あざいながまさ》と対面したが、南近江の六角義賢は交戦の構えを見せる。

信長は岐阜に戻り、軍を整え9月7日に進発。12日に佐久間信盛《さくまのぶもり》・木《きの》下藤吉郎《したとうきちろう》・丹羽長秀《にわながひで》らに六角方の箕《み》作城《つくりじょう》を攻めさせ、これを陥落させる。義賢はこの報を聞いて逃亡。翌日

六角義賢
『太平記英勇伝』
（東京都立図書館蔵）

には信長は義賢の居城であった観音《かんのん》寺城《じじょう》に入った。ここで信長は義昭と合流し、9月26日に入京した。

このとき、京を勢力下に置いていたのは**三好三人衆**だが、信長はこれを追撃。29日には、その一人である岩成友通が降伏した。

さらに摂津に軍を進めると、三人衆の一人の三好長逸も居城の**芥川**《あくたがわ》**城**《じょう》を捨てて、阿波へ退去した。一方、三人衆と争っていた**松永久秀**も、信長に茶器を献じて従ったのである。

こうして信長は1カ月足らずで、六角氏の近江と三好三人衆の畿内を制圧したのである。

結果
足利義昭が将軍に

10月18日、足利義昭は**室町幕府15代将軍**となった。信長は義昭から感状を受けて、同月の間に岐阜城へ戻っている。翌1569年1月には信長がいない中、義昭の御所となっていた**本圀寺**《ほんこくじ》を三好勢が攻めたが、明智光秀らがこれを防いだ。この危機に信長は急いで上洛し、義昭の在所として**二条御所**《にじょうごしょ》を新たに築いている。この時点では、再興した幕府を守る「美濃・尾張の大名」というのが信長の立ち位置だった。

足利義昭
ColBase（https://colbase.nich.go.jp/）

戦乱のポイント

信長の軍事力の源泉

応仁の乱以降、紛争の絶えない地域に進軍し、わずか1カ月ほどで制圧したのだから、信長の軍事力は強大だった。そして、その源泉は父の信秀以前から続く、織田弾正忠家の経済力にあったと考えられている。世界史的には大航海時代であり、交易拠点を支配することで富を得ていたとされる。

1570－1573年

反信長の急先鋒となった北近江と越前

信長×浅井・朝倉

勝利
織田信長

VS

敗北
朝倉義景
浅井長政

場所
近江、越前

朝倉義景

いきさつ

信長と義昭の関係悪化

将軍の足利義昭を奉じるも、幕政は幕臣らが行い、自身は美濃で領国経営にあたるというのが、当初の織田信長がとった方針だった。

しかし、長い戦乱で幕府の力は低下しており、信長が出ていくしかない事案も多く、本来は幕臣であるはずの細川藤孝や明智光秀が信長の意を受けて動くことも増えてきた。

その線引きが微妙なこともあり、1569年に信長は将軍権力などを確認する**殿中御掟**《でんちゅうおんおきて》**9カ条**、さらに7カ条を義昭に承認させた。この時点では単なる確認だったようだが、1570年に再び5カ条を示す。義昭は将軍の権力を拡大しようとしていたところで徐々に対立の方向に進む。

経過

浅井長政が背いた！

1570年4月、信長は再三の上洛要請に従わない越前の**朝倉義景**を**徳川家康**（松平元康から改名）と攻めた。しかし、朝倉と同盟する**浅井長政**が裏切ったという報が入った。

信長は越前からの撤退を決め、殿《しんがり》に木下藤吉郎・池田勝正・明智光秀らを残し、京に戻る。

態勢を立て直した信長は、近江に進出した浅井・朝倉連合軍を**姉川**《あねがわ》**の戦い**で破る。しかし、反信長の動きは続いた。6月には池田勝正の家臣

浅井長政像（模本）

ColBase
（https://colbase.nich.go.jp/）

であった**荒木村重**《あらきむらしげ》が摂津で反乱し、これに呼応して7月に**三好三人衆**が挙兵した。

この迎撃に信長が向かうと、今度は石山本願寺の**顕如**《けんにょ》が三好方に味方した。さらに、浅井・朝倉連合軍が京へ動き、これを防ぐ**宇佐山城**《うさやまじょう》**の戦い**では、信長方の宿将**森可成**《もりよしなり》が戦死するなど、大きな損害を出す。**「第一次信長包囲網」**ともいわれる状況だったが、信長は顕如や三好勢を牽制しつつ浅井・朝倉と対峙した。

しかし、信長が京へ軍を返すと、浅井・朝倉軍は比叡山に籠り、信長との対峙が続いた。**正親町天皇**《おおぎまち》が仲裁することで和睦が成ったが、信長は延暦寺を逆恨みし、1571年に**比叡山を焼き討ち**にする。

森可成
『肖像集』
（国立国会図書館蔵）

結果　一乗谷、小谷城が陥落

浅井・朝倉は信長の正面敵となり、その後も交戦が続いた。1573年に信長は大軍で侵攻し、先に朝倉義景の拠点の**一乗谷**《いちじょうだに》に攻め込みこれ滅亡させ、次に浅井長政の**小谷城**《おだにじょう》を包囲。長政は自害し、越前と近江は信長の勢力圏となった。

一乗谷朝倉氏遺跡（福井県福井市）

戦乱のポイント

まとまらない反乱

1570年の「第一次信長包囲網」とされる時点では、信長と義昭の対立は表面化しておらず、将軍と争う三好勢、信長と争う浅井・朝倉という構図だった。挙兵した勢力はそれぞれの理由で兵を動かしていただけでもあった。このため、個々に和睦を結ぶことも可能だったのだろう。

1570−1580年

信長を苦しめたもう一つの敵との争い

信長×寺《じ》社《しゃ》勢力

勝利
◎
織田信長

VS

敗北
×
本願寺
一向一揆ほか

場所
摂津、越前、長島

顕如
『御文章石山軍記』
（東京都立図書館蔵）

いきさつ
仏教勢力との争い

足利義昭が将軍になる前は僧であったように、皇族や公家、幕府の権力者たちは、子弟を出家させるなど寺社勢力とのつながりが深かった。

たとえば、織田信長と争った本願寺11世の**顕如**《けんにょ》は、**蓮如**《れんにょ》の子孫であり、妻は公家出身で武田信玄の正室の妹だった。そのようなつながりが、世俗の勢力とは異なる権力を生み、寺社勢力が武装化すると戦国大名並みになった。

本願寺派《ほんがんじは》は蓮如以降、摂津の**大坂（石山）本願寺**を中心に勢力を広げており、細川や三好勢とも争った。信長が上洛すると、その圧迫を受けて対立し、1570年に信長包囲網の一翼を担う形で武力衝突に至った。

この戦いには鉄砲にすぐれた紀州の**雑賀衆**《さいかしゅう》（地侍の傭兵集団）も参加し、**鈴木孫一**《すずきまごいち》（雑賀孫市）らが本願寺側で活躍している。

信長と仏教勢力の戦いはこれだけでなく、比叡山延暦寺相手にも起きる。浅井・朝倉軍が比叡山に籠ったこともあり、信長はこれを無力化しようと考えたのだ。正親町《おおぎまち》天皇の弟でもある**覚恕**《かくじょ》が天台座主《てんだいざす》であったが、1571年の**比叡山焼き討ち**は、こうして起こった。

鈴木孫一
『太平記英勇伝』
（東京都立図書館蔵）

経過
第二次信長包囲網

本願寺との争いはその間も続く。

伊勢長島《いせながしま》では呼応するように一向一揆が起きており、信長が鎮圧に向かうも失敗した。

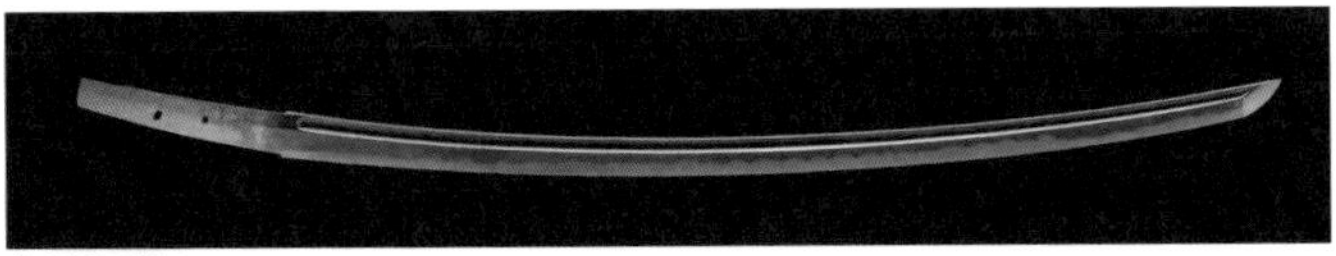

大般若長光《だいはんにゃながみつ》

「太刀 銘 長光」。この太刀の価値を600貫としたことがあり、大般若経600巻にかけてこの名で呼ばれる。足利将軍家に伝わり、のちに織田信長が入手。さらに徳川家康、家臣の奥平信昌へと贈られた。

ColBase（https://colbase.nich.go.jp/）

これと並行するように、足利義昭と信長の関係は悪化。1572年には信長が**「異見《いけん》十七カ条」**を送り、義昭の行動を制限しようとする。すると**武田信玄**が西上軍を発し、12月に徳川家康を**三方ヶ原《みかたがはら》**の戦いで撃破し、反信長の中心に信玄の名が書き込まれた。

1573年2月、義昭はついに反信長を表明して挙兵。正親町天皇の勅命でいったん和睦するが、7月に宇治の**槇島城《まきしまじょう》**で再挙兵する。**第二次信長包囲網**とされる形が将軍を中心に形成された。しかし、この4月に武田信玄が陣中で病死しており、これが伝わると風向きが変わった。

信長は槇島城を包囲し、義昭は降伏し京を去る。**室町幕府滅亡**とされる事件だ。これを契機に信長は浅井・朝倉を滅ぼした。

結果

終わらない本願寺との抗争

荒木村重や**筒井《つつい》順慶《じゅんけい》**なども降伏、三好勢も弱体化し、畿内で信長と敵対する勢力は本願寺くらいになった。

それでも、顕如は信長との戦いをやめない。朝倉が滅んだ越前では**越前では一向一揆**が起き、**長島の一向一揆**は1574年まで続く。石山本願寺での闘争も、毛利氏などを巻き込み、1580年まで継続していく。

戦乱のポイント

雑賀衆

幕府が衰退し混乱する中、畿内では惣《そう》（惣村《そうそん》）と呼ばれる農民たちによる自治組織が各地で生まれた。これらの中には武装化し、半農半士になる者もいた。これが地侍だ。本願寺をめぐる戦いで活躍した雑賀衆もこのような人々で、鉄砲が普及する中で、これを多数装備し、強力な傭兵集団となった。

１５７４－１５８２年

戦国最強の武田軍と織田・徳川軍の戦い

織田・徳川×武田

勝利 ◎ 織田信長 徳川家康

VS

敗北 × 武田勝頼

場所

甲斐、東海地方

いきさつ

敵対する織田と武田

１５６０年の**桶狭間の戦い**の後、三河で独立した徳川家康（当時は松平元康）。その後、家康は織田信長と同盟し、甲斐・信濃の武田信玄と対峙する。一方で信長は北近江の浅井長政とも同盟し、美濃の斎藤氏と争うという構図ができあがった。

その後、家康は**三河一向一揆**の鎮圧などで国内を統治し、続いて今川領の遠江に侵攻する。同時に信玄は駿河を攻め、今川氏は滅亡した。

信長は足利義昭を奉じて上洛したが、嫡男の**織田信忠**《のぶただ》と信玄の娘（**松**《まつ》**姫**《ひめ》）の婚約などもあり、この頃までは信長と信玄の関係も良好だった。

しかし、**比叡山延暦寺の焼き討ち**が起こると、仏教を重んじた信玄は激怒する。１５７２年には、足利義昭の呼びかけに応じる形で信玄は軍を発し、家康を**三方ヶ原の戦い**で破り、信長包囲網の中軸となった。

しかし、翌年に信玄は病を発して陣中で死去する。信長と家康は大きな危機を脱し、武田の家督は**武田勝**《かつ》**頼**《より》が継ぐことになった。

経過

長篠の戦い

勝頼は活発に軍を動かし、東美濃で信長を脅かす。１５７４年に遠江へ侵攻すると、家康から要所の**高天**《たかてん》**神城**《じんじょう》を奪った。

１５７５年には１万５０００の大軍を率いて三河の**長篠城**《ながしのじょう》を攻める。しかし、険峻な地形に

設楽原に再現された馬防柵

阻まれ勝頼の軍は城を落とせない。そこに信長・家康が率いる3万8００の軍が来援し、5月18日に設楽原《したらがはら》に布陣した（**長篠の戦い**）。

20日には家康家臣の**酒井《さかい》忠次《ただつぐ》**を中心に別働隊が編成され、長篠城攻囲の拠点である武田方の**鳶ヶ巣山《とびがすやま》砦**を攻撃。城の包囲が解ける。

すると、21日早朝から武田軍は設楽原の織田・徳川軍への攻撃を開始した。通説では信長が築いた**馬防柵《ばぼうさく》**に手間取る武田騎馬隊を大量の鉄砲による三段撃ち（3隊列で交互に射撃）で撃破したとされる。しかし、現実的ではないという説も強く、実際の戦況は不明だ。

どちらにしても、武田軍は**馬場《ばば》信《のぶ》春《はる》**、**山県昌景《やまがたまさかげ》**ら宿将が戦死し、大きな損害を出したとされる。

長篠合戦図屏風（模本）
ColBase（https://colbase.nich.go.jp/）

結果

甲斐武田の滅亡

長篠の戦いののちも、勝頼は家康と高天神城などをめぐって争い、上杉謙信が死去すると、その後継者争いにも介入した。

1581年には**新府城《しんぷじょう》**を築いて本拠地移転を図るが、3月に高天神城を失陥《しっかん》。翌年に織田・徳川・北条の侵攻がはじまると、次々に離反者が出る中、勝頼は新府城を捨てて**岩殿城《いわどのじょう》**をめざす。だが、たどり着くことはできず、一族もろとも自害した。

武田勝頼
『太平記英勇伝』
（東京都立図書館蔵）

戦乱のポイント

鉄砲の普及

織田信長の革新性を強調するためか、鉄砲は織田方だけが所持したように描かれがちだ。しかし、戦国大名は鉄砲入手に余念がなく、武田信玄も当然使っていた。だからこそ、武田勝頼が鉄砲斉射の構えに単純な騎兵突撃を繰り返すものだろうかという疑問が残る。

1575－1582年

加速する織田信長の天下統一事業

信長の天下統一戦

勝利		敗北
◎ 織田信長	VS	× 丹波国衆 加賀一向一揆 本願寺ほか

場所

全国各地

織田信長『本朝智仁英勇鑑』（東京都立図書館蔵）

いきさつ　安土城を築く

長篠の戦いで、武田氏に勝利した織田信長は、**「天下人」**への道を歩みはじめる。足利義昭追放後も、その子である**義尋**《ぎじん》(出家していた)を人質として置き、これを奉じる形を残していた。しかし、朝廷から**権大納言**《ごんだいなごん》**・右近衛大将**《うこんえのたいしょう》に任じられると、武家の頂点に立った。

1576年には、近江の六角氏の観音寺城があった近くに、**安土城**《あづちじょう》の造営を決める。岐阜よりも京に近く、琵琶湖の水運も使える利便性などを考慮したとされる。

経過　各方面を家臣が攻略

この頃から、信長と外部勢力の戦いに変化が生まれる。信長は各方面に司令官(部将)を置き、そこに与力《よりき》という補佐をする部将をつけて、攻略を命じるようになった。

まず、1575年に**丹波攻略**を命じられたのは**明智光秀**だ。鎌倉時代から丹波は足利氏の拠点であり、義昭追放後は国衆が反信長勢力となってこの地を治めていた。

翌年に**北陸方面**を任されたのが**柴**《しば》**田**《た》**勝家**《かついえ》で、与力には**前田利家**《まえだとしいえ》、**佐々成政**《さっさなりまさ》らがつけられた。任務の中心は加賀一向一揆の平定だが、その先には越後の上杉謙信がいる。勝家は苦

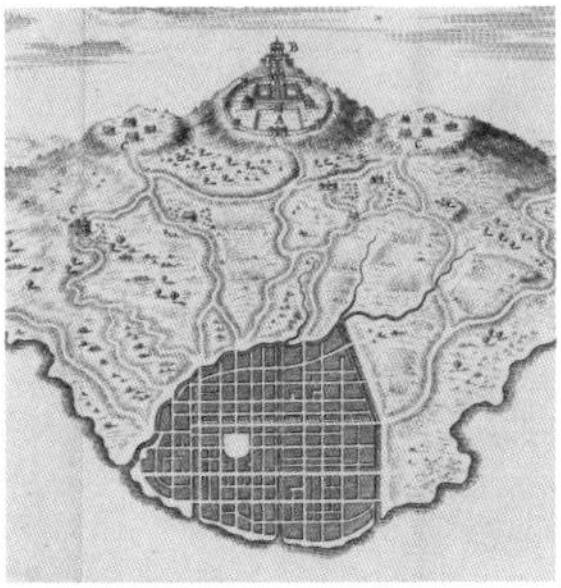

西洋書物に描かれた安土城

イエズス会宣教師のシャルルヴォアが著書『日本の歴史』に描いたもの。ColBase (https://colbase.nich.go.jp/)

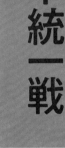

戦させられるが、１５７８年に謙信が死去し、状況が変わる。

一方、１５７７年に**中国地方の攻略**を命じられたのが**羽柴秀吉**《はしばひでよし》（豊臣秀吉）だ。播磨の赤松氏、別所《べっしょ》氏らを平定し、備前の宇喜多直家《うきたなおいえ》らを服属させる。

拡大する織田信長の版図

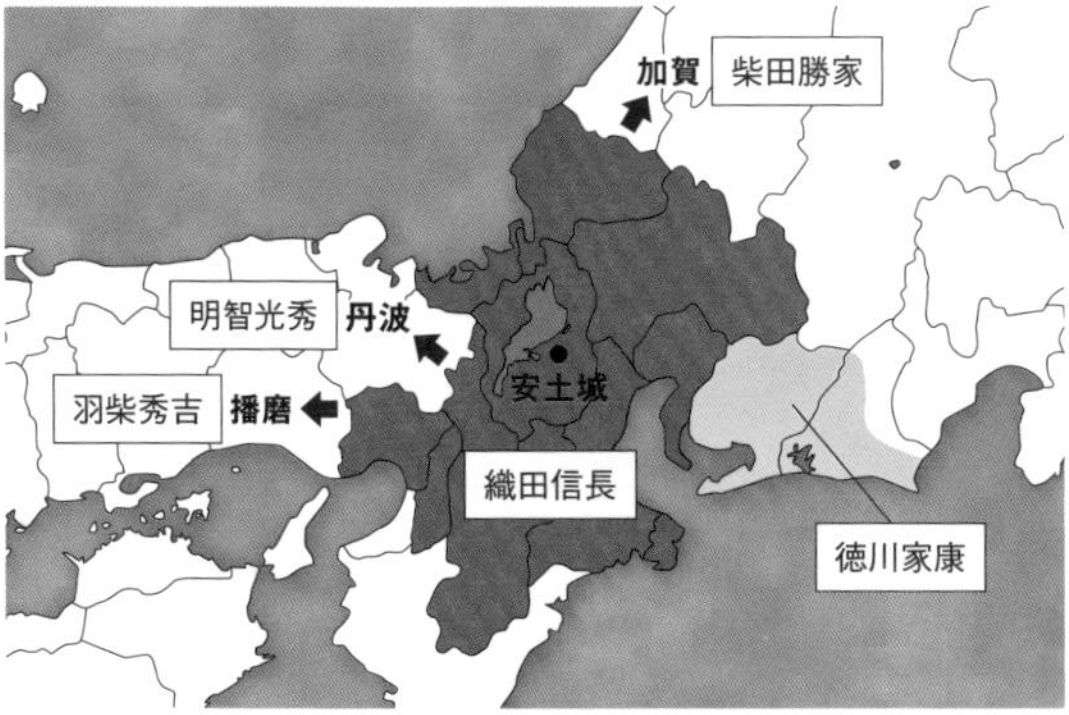

ただし、この方面は**毛利氏**と利害が衝突する地域であり、その毛利は信長が争う本願寺と連携していた。織田軍が攻囲する本願寺に、毛利水軍が物資を搬入しようとしたことで、**木津川口**《きづがわぐち》**の戦い**が起こった。

また、見方によれば長年にわたり、信長の同盟者である**徳川家康**も東海道方面の担当だった。義昭追放後は信長の家臣的存在になり、甲斐の武田氏、相模の北条氏と争った。

結果

残る大敵は毛利

明智光秀は１５７９年に丹波を平定し、柴田勝家は１５８０年に加賀平定を完了。同年には、本願寺と信長の間で講和が成り、顕如が大坂本願寺を退去した。

そして、１５８２年、信長と家康らは武田氏を滅亡させる。武田勝頼を討ち取る功績のあった**滝川一益**《たきがわかずます》は上野と信濃の一部が与えられ、関東方面の司令官として上杉氏に備えた。

その武田攻略には**北条氏直**《うじなお》も織田方で参加しており、残る信長の大敵は毛利氏が残る程度だった。

戦乱のポイント

木津川口の戦い

毛利と織田が争った1576年の木津川口の戦いでは、毛利水軍が焙烙玉《ほうろくだま》という火薬兵器を使い、織田水軍を圧倒した。次の1578年の戦いでは、織田水軍の九鬼《くき》嘉隆《よしかた》が考案した鉄甲船（鉄板で防御した巨大な船）で挑み、毛利軍に勝利したとされる。

1582年

炎の中に消え去った天下人、織田信長

本《ほん》能《のう》寺《じ》の変

勝利 ○ 明智光秀

VS

敗北 × 織田信長 織田信忠

場所 京

明智光秀

いきさつ

武田攻めからの帰路

1581年2月、織田信長は正親町天皇が見守る中、**馬揃《うまぞろ》え**という軍事パレードを開催した。信長は錦紗《きんしゃ》という中国皇帝の衣装で登場し、見る者の度肝を抜く。

見方によれば天皇への示威行動にも映るが、生母を失った**誠仁《さねひと》親王**を慰めようとしたともされる。

この催しを担当したのは**明智光秀**で、畿内の行政に深く携わる存在となっていた。

1582年3月に武田氏が滅ぶと、上諏訪に在陣していた信長は武田氏と縁が深く六角義賢の子を匿った**恵《え》林寺《りんじ》**を焼く。しかし、それ以外は終始上機嫌に徳川家康や明智光秀らと富士を見物。東海道付近では家康の饗応に喜びながら安土へ戻った。

絶頂の中にあった信長だが、いくつかの不安もあった。朝廷の一部とは軋轢があったとされ（ただし、基本的には信長と朝廷は良好な関係にあった）、堺の自治権を制限してきたため堺商人との齟齬《そご》もあった。

また、毛利領の備後・鞆《とも》には**足利義昭**が健在で、室町幕府は継続中のようにも見えた。

一方、四国をめぐっては、光秀の**長宗我部元親《ちょうそかべもとちか》**に降伏をすすめる路線から、武力侵攻に転じた経緯もある。

明智光秀

『太平記英勇伝』

（東京都立図書館蔵）

経過

転進、本能寺へ！

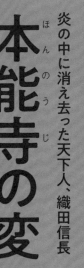

同年5月14日、光秀は家康を安土で饗応する役を命じられた。家康や武田から帰順した穴山梅雪《あなやまばいせつ》らをもてなす光秀だが、備中高松城《たかまつじょう》を攻略中の**羽柴秀吉**から援軍要請が入る。信長はその先鋒に光秀を命じ、自身も出陣することを決めた。

17日に琵琶湖畔の居城、**坂本城**《さかもとじょう》に戻った光秀は26日に所領である丹波の**亀山城**《かめやまじょう》に移る。連歌会を開いた光秀は「ときは今あめが下知《したし》る五月《さつき》哉《かな》」と詠んだ。読みようによっては、「天下を統べる五月」ともとれる。

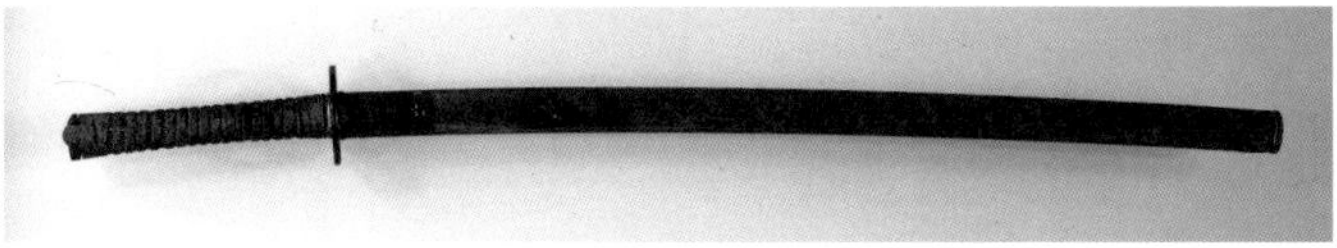

溜塗打刀《ためぬりのうちがたな》（明智拵《あけちごしらえ》）

拵とは柄や鞘など刀剣の外装をいう。明智光秀か家臣の明智秀満（光春）のものとされる。

ColBase
（https://colbase.nich.go.jp/）

信長は29日に京の**本能寺**に入り、6月1日には茶会を開いた。その夜、光秀は主な家臣に進軍方向を伝える。亀山城を出た1万3000の軍は中国地方でなく、本能寺へと向かった。

6月2日午前4時頃、光秀の軍は本能寺を包囲し、攻め込んだ。守る兵は少なく、信長自身が弓を引き、槍で応戦する。しかし、光秀の大軍にかなうわけもなく、燃える本能寺の奥で自害した。

織田信長

『大日本名将鑑』
（東京都立図書館蔵）

結果　天下人が消えた

妙覚寺《みょうかくじ》にいた**織田信忠**も攻められ、二条御所に移り、誠仁親王らを逃して奮戦の末に自刃した。

こうして、1日にして天下人とその後継者が消えた。光秀がなぜ本能寺の変を起こしたかについては、いまだにわかっていない。

戦乱のポイント

幕臣だった光秀

本能寺の変の理由は謎だ。信長から折檻を受けた記述もあるが、どれも信ぴょう性が低い。ただし、明智光秀は幕臣として足利義昭に仕え、そこから信長の家臣になった。このため、室町幕府の再興をめざした可能性はある。もしくは、単に下剋上できる状況で実行しただけかもしれない。

1582年

信長を討った光秀に秀吉が襲いかかる

山崎の戦い

勝利 ◎ 羽柴秀吉

VS

敗北 × 明智光秀

場所

摂津、山城、近江

羽柴秀吉

いきさつ 光秀の誤算

1582年6月2日の本能寺の変後に、光秀は5日に安土城に入り近江を掌握。7日には朝廷の使いが訪れ、9日には朝廷へ銀500枚を献上。朝廷と武家の争闘は別であり、勝者を朝廷が認める流れになった。

だが、光秀はもっとも信頼していた**細川藤孝**に協力を断られる。藤孝とは信長上洛の頃からの付き合いで、その子、**細川忠興**《ただおき》には娘の**珠**《たま》（**細川ガラシャ**）が嫁いでいた。

さらに、大和の経営で信頼関係があった筒井順慶も離反した。

このとき、備中高松城を攻囲していた**羽柴秀吉**がすばやく動いた。3日夜には第一報を受けたとされ、その夜の間に敵の毛利方外交僧の**安国寺**《あんこくじ》**恵瓊**《えけい》と交渉。翌日には、高松城城主の**清水宗**《しみずむね》**治**《はる》が自刃することで毛利との講和が成立した。

細川藤孝（幽斎）像（模本）

ColBase（https://colbase.nich.go.jp/）

すぐに毛利方も本能寺の変を知るが、小早川隆景《たかかげ》の主張で6日に退陣する。同日、陣払いした秀吉は、急ぎ畿内へと戻る。のちに**「中国大返**《ちゅうごくおおがえ》**し」**とされる行軍がはじまった。

経過 天王山を確保せよ

秀吉は9日に拠点である姫路城《ひめじじょう》に戻り、11日には摂津の尼崎城《あまがさきじょう》に入った。さらに、高山右近《たかやまうこん》や中川清秀《なかがわきよひで》といった武将を味方にし、四国出兵の準備中だった織田信孝《のぶたか》、丹羽長秀ら

斎藤利三

『太平記英勇伝』

（東京都立図書館蔵）

も合流。動員兵力は4万近くまでにふくらんでいた。

対する光秀方は、本能寺を襲った1万3千から各地の守備に置いた兵を引いて1万程度だったとされる。それでも、山城と摂津の境、桂川、宇治川、木津川が合流する山崎に布陣する。小高い**天王山**《てんのうざん》を確保できれば勝機はあった。しかし、12日に中川清秀らが先に奪ってしまう。

13日、天王山付近に布陣する**中川清秀**、**黒田孝高**《くろだよしたか》らと光秀家臣の**斎藤利三**《としみつ》らとの間で合戦がはじまる。戦局は一進一退だったが、**加藤光泰**《かとうみつやす》、**池田恒興**らの隊が迂回して斎藤らを叩くと秀吉方の優勢が決まる。

光秀は後方の**勝竜寺城**《しょうりゅうじじょう》に引くが、平城《ひらじろ》のため防御は困難と見て脱出した。しかし、10キロも進まない藪の中で、落ち武者狩りの地侍らに発見され、光秀は討たれた。

結果

羽柴秀吉が中心に

光秀家臣の明智秀満《ひでみつ》（光春《みつはる》）は安土城にいたが、14日に坂本城へ移動。明智側が保持していた宝物などを攻囲する**堀秀政**《ほりひでまさ》に渡した後、光秀の妻子らを殺してから自刃した。

光秀は信長の死後12日ほどで死去したことになり、後に「三日天下」の語を生む。そして、信長亡き後の世は羽柴秀吉を中心に回ることになる。

南蛮胴具足

明智秀満所用のものと伝わる。

ColBase（https://colbase.nich.go.jp/）

戦乱のポイント

中国大返し

本能寺の変の6月2日、柴田勝家は越中、滝川一益は関東、徳川家康は堺見物中で、畿内の軍勢は光秀軍だけだった。羽柴秀吉も備中にいたが、11日には尼崎城に到着し13日の決戦を迎えた。この中国大返しとされる行軍は、のちに秀吉側の誇張も加わるのだが勝敗を分けたのはたしかだ。

1583年

織田信長の後継者を決めた織田家重臣の決戦

賤《しず》ヶ《が》岳《たけ》の戦い

敗北 ✕ 柴田勝家　織田信孝　滝川一益ほか

VS

勝利 ○ 羽柴秀吉

場所

近江、越前、美濃、伊勢

柴田勝家

いきさつ

清洲会議の決着

1582年6月に羽柴秀吉が明智光秀を倒すと、27日には**清洲城**《きよすじょう》で織田家の後継者を決める会議が行われた。出席したのは**柴田勝家・羽柴秀吉・丹羽長秀・池田恒興**。信長の次男の**織田信雄**《のぶかつ》、三男の**織田信孝**は存命だったが、秀吉は本能寺の変で亡くなった嫡男・織田信忠の子である**三**《さん》**法師**《ぼうし》を推す。結局、後継者は三法師で信雄と信孝が後見と決まった。

この会議では所領の再分割も話し合われ、秀吉は河内や山城を加えた代わりに、勝家は秀吉の所領だった長浜城《ながはまじょう》などを得た。

8月には信長の妹で浅井長政の妻であった**お市**《いち》**の方**と勝家の婚儀が行われた。しかし、秀吉が織田勢力の中心となる流れは変わらず、勝家や信孝との対立が深くなる。

10月には秀吉・長秀・恒興の3人が清洲会議の決定を覆し、信雄を当主にする。

12月になると、秀吉は信孝が三法師を離さないことを理由に挙兵し、長浜城を勝家方から奪取。信孝のいる岐阜城も囲み、信孝は降伏した。

羽柴秀吉と三法師

『大日本歴史錦繪』

（国立国会図書館蔵）

経過

秀吉の包囲成る！

雪で動けない勝家をよそに、先に動いたのは関東を失い、伊勢に戻っていた滝川一益だった。反秀吉の立場で長島城に兵を挙げた。

こうなると勝家も動くしかない。

甥にあたる**佐久間盛政**《もりまさ》、長く与力だった前田利家らと近江に出陣し、3月に秀吉と対陣した。4月になると信孝が再挙兵し、伊勢の滝川一益とともに秀吉を囲む形ができる。佐久間盛政は中川清秀を討ち取った。

だが、そこに丹羽長秀の軍が到着し、**賤ヶ岳砦**を囲む盛政が窮地に陥る。さらに美濃で信孝に対していた秀吉の本隊もなだれ込んだ。秀吉麾下の**「賤ヶ岳七本槍《しちほんやり》」**とされる福島正則《ふくしままさのり》や脇坂安治《わきざかやすはる》らが奮闘する中、今度は秀吉に調略されていたらしい前田利家が戦線を離脱。盛政の陣が破られ、勝家本隊も崩壊した。

越前の**北ノ庄城**《きたのしょうじょう》に戻った勝家は、お市の方とともども自害する。結局、信孝と一益も降伏した。

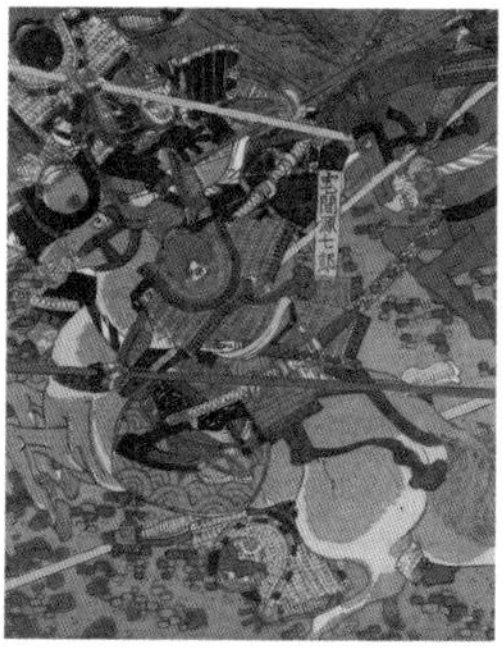

賤ヶ岳七本槍

『瓢軍談五十四場』

（東京都立図書館蔵）

結果

決戦の勝者

信長の死後、誰が天下を後継するかの決戦となったのが、この**賤ヶ岳の戦い**だ。秀吉は本能寺の変の直後に毛利と講和し、池田恒興ら摂津勢、丹羽長秀を味方にしていた。対して雪に阻まれた勝家に味方は少なく、前田利家にも離反された。勝家の武辺者の性格によるものか、環境がそうさせたのか、答えはわからない。

戦乱のポイント

お市の方

お市の方は織田信長の妹であり、美しく聡明な女性だったとされる。浅井長政の妻となり、のちに柴田勝家が愛し、秀吉も認めて再婚したとされる。勝家とともに北ノ庄城で果てることになるが、3人の娘の茶々・初・江は救出され、のちの乱世においても重要な人物に育っていくことになる。

お市の方（模本）

ColBase（https://colbase.nich.go.jp/）

1584年

秀吉・家康の両雄が唯一激突した合戦

小牧・長久手《こまきながくて》の戦い

羽柴秀吉 VS 徳川家康

場所
尾張、美濃

いきさつ

秀吉と信雄の対立

本能寺の変が起きたとき、**徳川家康**は穴山梅雪や少数の供と堺を見物中だった。一報を受けた家康は、敵兵ばかりの中を突破し三河に戻る。

すると、家康は旧武田領の併呑《へいどん》に動く。同時に北条氏政《うじまさ》も関東に侵攻したため、織田家臣の滝川一益や森《もり》長可《ながよし》らは敗走し、美濃や伊勢に戻った。徳川と北条の衝突が起こるが、**羽柴秀吉**や**織田信雄**から打診され、両者の間で講和が成り**（天正壬午《てんしょうじんご》の乱）**、家康は**甲斐**と**信濃**を得て、巨大な勢力を誇るようになった。

ここまで、家康は秀吉による織田後継政権に従う形をとっていた。しかし、賤ヶ岳の戦い後、秀吉と信雄の対立が起こり、信雄は家康に接近し、家康もこれに乗る。

1584年3月、秀吉が信雄を討つために動くと、家康も信雄のいる尾張に向かった。

経過

秀吉の別働隊が崩壊

最初、どちらにつくか不明だった池田恒興が秀吉に味方して犬山城を奪取し、家康は小牧山に布陣して対抗した**（小牧・長久手の戦い）**。これを恒興の娘を妻としている森長可が攻めたが、徳川勢が撃退している。

秀吉が犬山城に入ると、戦経験が

現在の小牧山

かつて織田信長の城があった場所に徳川家康は布陣した。

豊富な両者はあちこちに砦を築き、防衛網を構築。どちらも攻められない膠着状態に陥る。

すると、池田恒興、森長可らが別働隊を編成し、家康の本拠地の三河を攻めることを秀吉に進言。恒興と長可に堀秀政《ほりひでまさ》、羽柴秀次《ひでつぐ》を加えた軍が出立した。しかし、家康はこれを察知し、**榊原康政**《さかきばらやすまさ》らの隊を進発させ、家康自身も小牧山を出る。

榊原らの隊は後方から秀次の部隊に襲いかかり、秀次の部隊は崩壊。さらに、堀秀政の隊も攻めるが、ここは秀政が撃退した。しかし、家康本隊が動いている。変を知った恒興らが軍を退くところに、家康率いる本隊が攻めかかった。森長可が討死し、さらに池田恒興も戦死。この局面では、家康側が圧倒した。

このとき、同時に北条氏政や滝川一益が反秀吉で兵を動かし、秀吉は危機にあった。だが、秀吉は外交での解決をねらい信雄と講和。家康は大義名分を失い、11月には三河に戻り、他の勢力も矛をおさめた。

黒糸威二枚胴具足と榊原康政像
ColBase（https://colbase.nich.go.jp/）

結果

家康が秀吉に臣従

野戦(合戦)において、勝ったのは徳川家康だった。しかし、秀吉は家康を外交で封じ込めた。

1585年7月に**関白**となった秀吉は、同年9月に天皇から**豊臣**《とよとみ》の姓を受け、豊臣秀吉と名乗る。家康との確執は、人質のやりとりの後に、家康が秀吉に臣従する形で決着した。

戦乱のポイント

秀吉の家康懐柔策《かいじゅうさく》

秀吉は家康を臣従させるのに苦心する。まず、徳川家重臣の石川数正《いしかわかずまさ》を自陣に引き込み軍事機密を丸裸にし、次には妹の朝日姫を離婚させ、家康と婚姻させてまで懐柔する。最後は母の大政所《おおまんどころ》を人質に差し出すと、ようやく家康は大坂城に来て秀吉と顔を合わせた。1586年のことだった。

1582－1590年

天下人、豊臣秀吉の大動員で戦国が終わる

秀吉の全国統一

勝利
豊臣秀吉

VS

敗北
長宗我部氏
島津氏
北条氏など

場所
全国

豊臣秀吉
『皇国二十四功』(東京都立図書館蔵)

いきさつ

反秀吉勢力

本能寺の変に際し、**羽柴秀吉**は**毛利氏**と電撃的に講和することで、明智光秀を倒すことに成功した。

この講和がのちの秀吉には有利に働き信長と敵対した大勢力の毛利氏と良好な関係を続ける。

光秀を倒し、畿内を制圧した秀吉は、次に北陸を拠点にした**柴田勝家**と争う。このとき、その背後にあった上杉家内では、上杉謙信の死後、養子同士の家督争い(**御館《おたて》の乱**)が起こり**上杉景勝《かげかつ》**が制していた。景勝は勝家と敵対したため、秀吉とは友好関係となり、賤ヶ岳の戦いでも秀吉に味方した。

しかし、秀吉は東海道方面で**徳川家康**と対立。家康は関東の北条氏とも友好関係になったので、この方面が秀吉の正面敵となり、1584年に**小牧・長久手の戦い**が起きた。双方に被害があり、秀吉は家康に対して臣従を迫る方向に転じた。その交渉を続けながら、この戦役で反秀吉側となった他勢力を征討するというのが、秀吉の当面の課題であった。

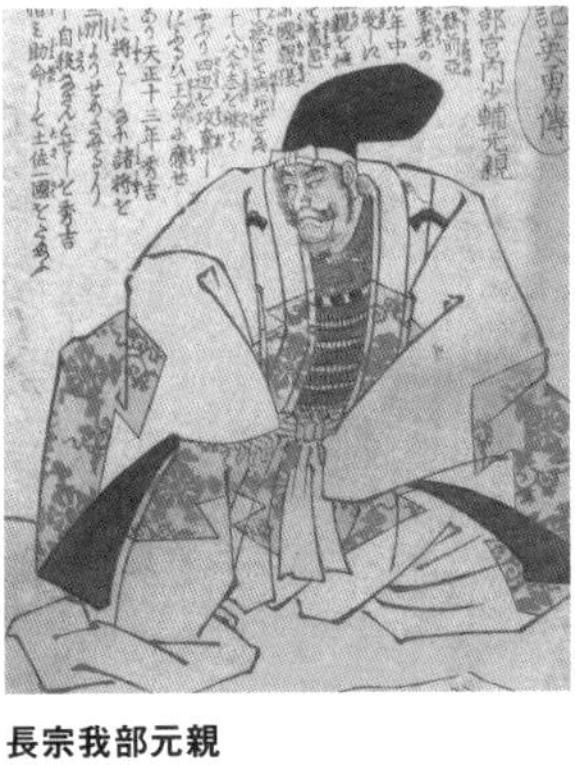
長宗我部元親
『太平記英勇伝』(東京都立図書館蔵)

経過

数で圧倒しろ

1585年になると、信長時代から石山本願寺に味方するなど抵抗勢力だった紀伊の**雑賀衆《さいかしゅう》**、**根来衆《ねごろしゅう》**を攻め、これを平定した。

さらに、四国にはかつて明智光秀が懐柔を試み、信長が方針転換して征伐しようとした**長宗我部元親**《ちょうそかべもとちか》がいた。元親は本能寺の変後も敵対関係を続けており、秀吉は弟の**羽柴秀長**《ひでなが》を大将とし、**黒田孝高**を補佐につけ10万の軍を送る。これには備前の宇喜多秀家や毛利の小早川隆景ら親秀吉側の大名らも参加している。

四国には阿波三好勢力などが残っていたが、元親はほぼ統一に至っていた。しかし、大軍の攻勢に対してできる抵抗も少なく、7月に元親は降伏。結局・阿波・讃岐・伊予をあきらめ、土佐を安堵されて終わる。

この大攻勢が戦国の世を完全に変えたのだろう。同時期に秀吉は関白となり、豊臣姓を与えられる。そして、戦闘停止と領地確定を秀吉に委任させる**惣無事**《そうぶじ》を九州の各大名を命じ、翌年には全国化した。勝手な戦争は赦さない、というわけだ。

1586年には徳川家康が臣従し、残るは九州と関東以北になった。その九州では鎌倉時代以降、薩摩守護を続ける島津《しまづ》氏が、**島津義久**《よしひさ》のもと

一《いち》の谷《たに》馬藺兜《ばりんのかぶと》

馬藺の葉を模した放射状の後立が特徴。豊臣秀吉所用と伝わる。

ColBase（https://colbase.nich.go.jp/）

戦乱のポイント

国家と地方勢力

本来、地方の紛争には中央政権が大兵力を動員し、仲裁、停戦をさせるのが律令国家の姿だ。しかし、日本の場合、それが機能した時期は少なく、源頼朝がある程度実現したくらいで、室町将軍もできなかった。だが、豊臣秀吉は四国攻め以降、それを常套手段とし、九州や関東を平定した。

で勢力を拡大。1578年に**大友宗麟**の軍を**耳川《みみかわ》の戦い**で撃破するなど、九州全土を席巻していた。

このため、宗麟は秀吉に救援を依頼し、これに応じる形で最初の惣無事が命令され、その後、九州攻めがはじまる。1587年の正月には秀吉が**九州平定を号令**し、諸大名の兵が続々と九州へ入る。その数、20万以上とされる。3月末に秀吉が九州に入ると、島津勢の抵抗も減り、5月上旬に島津義久が降伏した。

残るは全国で最初に戦国化し、その中で台頭した関東の北条氏だ。秀吉は**北条氏政**に上洛を促すが、氏政は応じず、1589年11月に**小田原攻め**が決定。翌年2月には徳川家康ら諸大名が出陣し、20万以上が動員される。水陸両面から小田原城の支城を攻め、4月には小田原城を包囲する。6月には小田原城を見下ろす位置に**石垣山城《いしがきやまじょう》**が築かれ、北条側は降伏に傾く。7月、北条の降伏が決まり、氏政は切腹、子で家督を継いでいた**北条氏直《うじなお》**は助命され高野山に送られた。

結果

戦国の終焉

この小田原攻めに際して、秀吉は関東や奥州の諸大名にも参加を号令していた。遅参した**伊達政宗《だてまさむね》**が死に装束で現れ、秀吉に許されたという逸話もある。戦後、宇都宮に入った秀吉は、ここで諸大名の領地などを確定させた（**奥州仕置《おうしゅうしお》き**）。

こうして、1590年に秀吉による**全国統一**が成り、戦国大名らが相争う時代は終わった。

戦乱のポイント

戦国大名から官僚へ

戦国大名は先祖からの土地を守って勢力を拡大した例が多いが、全国統一以降はその概念が変わる。政権から所領と認められた土地を管理、運営する立場となり、国替えなども頻繁に起こるようになる。一国一城の主というよりも、どこか官僚的になるしかなく、武将像も変質していった。

小田原攻め

築いた石垣山城から小田原城を豊臣秀吉は見下ろしたという。

豊臣秀吉の統一事業

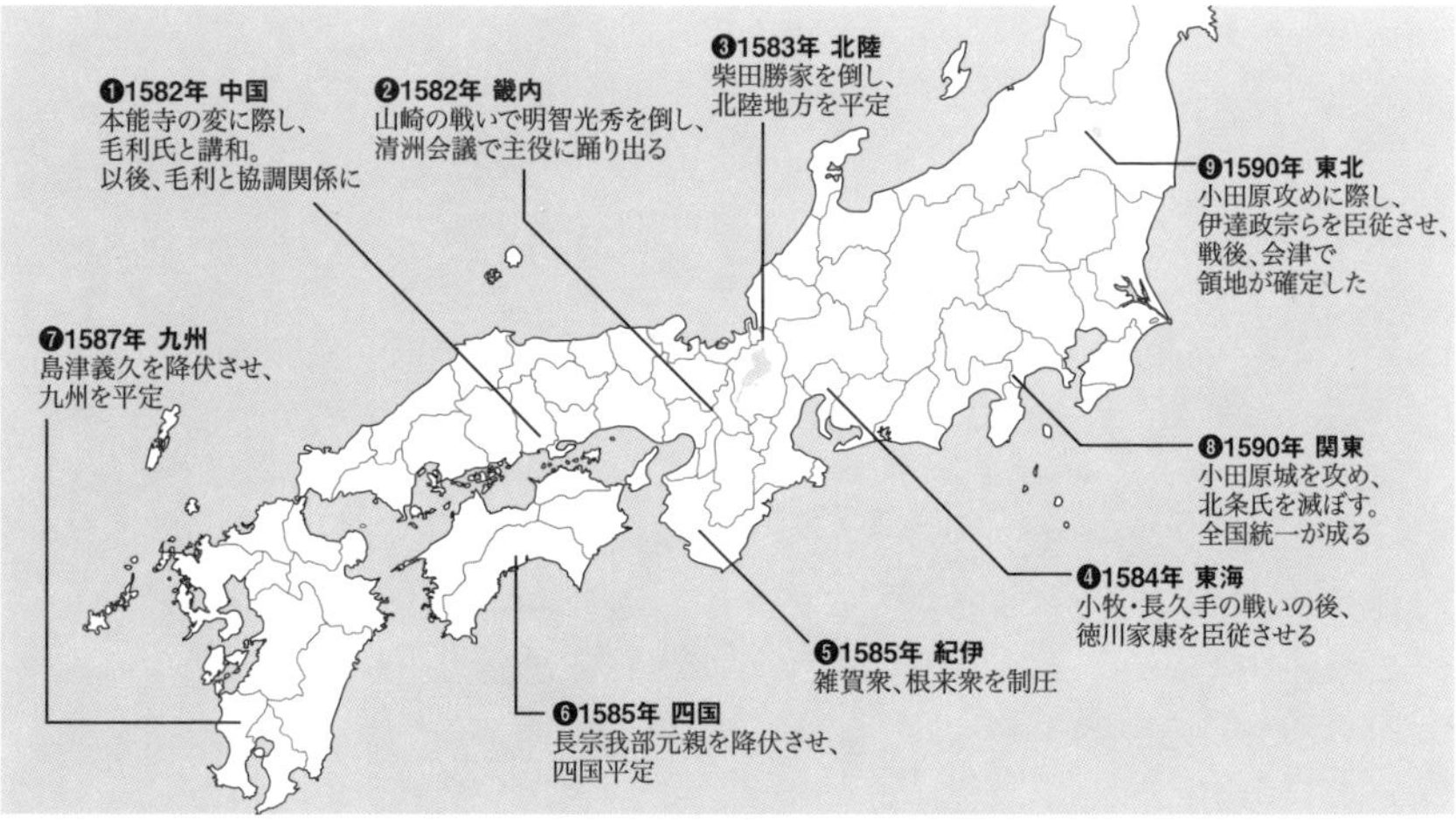
❶1582年 中国
本能寺の変に際し、
毛利氏と講和。
以後、毛利と協調関係に
❷1582年 畿内
山崎の戦いで明智光秀を倒し、
清州会議で主役に踊り出る
❸1583年 北陸
柴田勝家を倒し、
北陸地方を平定
❹1584年 東海
小牧・長久手の戦いの後、
徳川家康を臣従させる
❺1585年 紀伊
雑賀衆、根来衆を制圧
❻1585年 四国
長宗我部元親を降伏させ、
四国平定
❼1587年 九州
島津義久を降伏させ、
九州を平定
❽1590年 関東
小田原城を攻め、
北条氏を滅ぼす。
全国統一が成る
❾1590年 東北
小田原攻めに際し、
伊達政宗らを臣従させ、
戦後、会津で
領地が確定した

1592－1598年

全国統一を果たした秀吉が海外進出を図る

秀吉の朝鮮出兵《ちょうせんしゅっぺい》

豊臣秀吉 VS 朝鮮軍 明軍

場所

朝鮮半島

豊臣秀吉『本朝百将伝』（国立国会図書館蔵）

いきさつ

日本周辺の諸事情

朝鮮では14世紀末に高麗《こうらい》の武将、**李成桂**《りせいけい》が中国の**明**《みん》から「朝鮮国王」に封じられ、**李氏**《りし》**朝鮮**が成立していた。しかし、建国時から儒教を重んじたこともあり、官僚らによる派閥争いが恒常化していた。

日本は、その宗主国である明と大内氏の日明貿易で外交関係があった。しかし、大内氏が滅んで以降、公式なやりとりは途絶えていた。世界史的には大航海時代であり、ポルトガルの東アジア進出も顕著だった。このような中、豊臣秀吉が国内統一を果たす。世界的には国内統一を成した勢力は外征に繰り出す例が多い。これは単に領土を奪うこと、国外に目を向けさせるという目的だけでなく、諸侯に余剰兵力や富を浪費させ反乱を防ぐ意味があったり、外征失敗の責任をとらせ領地を奪うなどの深謀もあった。

そして、真意は不明だが、豊臣秀吉も外征の道を選んだ。明の征服をもくろみ、その属国である朝鮮に従属と明への案内を強要した。

経過

大軍が海を渡る

朝鮮側が豊臣秀吉の要求を呑めるはずもなく、交渉は決裂。1591年に外征方針を発表した秀吉は遠征拠点として肥前に**名護屋城**《なごやじょう》を築く。

1592年、遠征軍15万、名護屋城

名護屋城跡

現在の佐賀県唐津市に遠征拠点として築かれた。

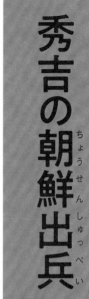

小西行長
『太平記英勇伝』
(東京都立図書館蔵)

の予備兵10万とされる大軍が編成され、4月に小西行長《こにしゆきなが》と対馬藩主の**宗《そう》義智《よしとし》**らの一番隊が釜山《プサン》に上陸し、制圧する。さらに、二番隊の**加藤清正**ら、三番隊の**黒田長政**らも続いて釜山に着き、漢城《ハンソン》へ北進する。

5月には漢城、次に開城《ケソン》も陥落させる。小西、黒田隊は6月に**平壌《ピョンヤン》**も制圧し、加藤隊は満洲にまで至る。しかし、水軍は朝鮮の李舜《りしゅん》臣《しん》が操る**亀甲船《きっこうせん》**に悩まされ、敗北を重ねる。すると補給が困難になり、戦線は膠着。1593年に停戦となった**(文禄《ぶんろく》の役)**。だが、日明の交渉は秀吉の求めるものにならず、1597年に再出兵となる。日本軍が築いた**蔚山城《ウルサンじょう》**を明・朝鮮連合軍が攻囲するなど、各地で激戦になった。しかし、1598年8月に秀吉が死去。徳川家康ら五大老、石田三成《いしだみつなり》ら五奉行らが撤退を決め、年末には完了した**(慶長《けいちょう》の役)**。

加藤清正(模本)
ColBase (https://colbase.nich.go.jp/)

結果
各国が疲弊

この戦役の影響は大きく、明が衰退し、女真族《じょしんぞく》の**清《しん》**が興隆する一因にもなった。朝鮮の疲弊も甚大で、民の困窮はこれ以上ないほどだった。

そして、日本でも諸大名の疲弊は大きく、豊臣政権への不満が顕在化していくことになる。

戦乱のポイント

兵器の差

戦国時代、鉄砲の重要性は加速度的に増し、朝鮮出兵においては、鉄砲の一斉射撃で朝鮮・明軍を圧倒したとされる。しかし、水上では船体上部に亀の甲羅のような屋根をつけて防御する朝鮮の亀甲船に攻撃を阻まれ、敗北を重ねた。各国の兵器の差が、戦況に大きな影響を与えた。

1600年

関ヶ原の戦い

秀吉なき世に起こった天下人の交代劇

勝利 ◎ 徳川家康

VS

敗北 × 石田三成 大谷吉継 宇喜多秀家ほか

場所

美濃ほか全国各地

石田三成

いきさつ

武功派と吏僚派の対立

１５９８年８月、豊臣秀吉は徳川家康ら有力大名の五大老、石田三成ら行政執行者の五奉行に子の豊臣秀《ひで》頼《より》への忠誠を誓わせ、死去する。

しかし、慶長の役が続く中のできごとで、諸将の不満が豊臣政権を分断する。戦場働きで台頭した福島正則や加藤清正ら武功派《ぶこうは》と、経世《けいせい》の才で活躍した石田三成ら吏僚派《りりょうは》の間で対立が深まる。家康はこれを利用し、武功派諸将らとの婚姻政略を進めて取り込んでいく。五大老の重鎮である前田利家《としいえ》は家康を非難したが、病に倒れ亡くなってしまう。

加藤清正らが石田三成を襲撃する事件も起き、三成は佐和山城に蟄居《ちっきょ》。家康は大坂城に入り、政権の中心に座る。諸大名の抱える紛争に介入し、反抗した勢力を倒す中で、天下取りをもくろんだのだ。

ここでターゲットになったのが家康の抑えとして会津に転封された上杉景勝《かげかつ》だ。家康の難癖に対し、重臣の直江兼続《なおえかねつぐ》が堂々の反論をした。家康は景勝の討伐を決め、１６００年６月、会津へと出陣した。

経過

決戦！関ヶ原

７月、家康がいない畿内で石田三成が打倒家康を謀議し、大大名の毛利輝元《てるもと》が広島城を出陣し、大坂城に

福島正則（模本）

ColBase
（https://colbase.nich.go.jp/）

入る。毛利が反家康の軸となり、宇《う》喜《き》多《た》秀家《ひでいえ》、小西行長ら豊臣に縁深い大名も参加した。三成は諸大名の妻子を人質にするが、細川忠興《ただおき》の妻となっていた明智光秀の娘、ガラシャは拒否し、死を選ぶ。

この動きを知った家康は下野の小《お》山城《やまじょう》で諸将と軍議を開く。三成討伐の方針に福島正則らが賛同し、軍を西に向けた。8月に江戸城に戻り、先に正則らが東海道を西上する。そのとき家康は味方がどれだけになるか読めず、江戸城に留まった。

細川ガラシャ
ColBase
(https://colbase.nich.go.jp/)

三成らは美濃・伊勢・越前に軍を出し、制圧後に三河・尾張・美濃のどこかで家康軍の迎撃を考える。だが、正則らが早々に清洲城に入り、岐阜城を奪う。

家康は豊臣恩顧の武将が多く味方したこともあり、9月1日に江戸を出立し、11日には清洲城に入った。しかし、東山道方面を進んでいた徳川秀忠《ひでただ》の別働隊が真田昌幸《まさゆき》の上田城で阻まれ、遅れていた。

三成は北陸の大谷吉継《おおたによしつぐ》らを戻し戦力を整えるが、大津城で京極高次《きょうごくたかつぐ》が離反。この攻撃に兵力を割かれる。

14日、東軍の家康、西軍の三成がともに軍を進め、関ヶ原が決戦の地となった。15日朝、霧が晴れると両軍15万ともされる兵がにらみ合う。

徳川四天王の井伊直政《いいなおまさ》が家康の四男、松平忠吉《ただよし》を後見し、銃撃を開始。これが合図のように戦闘がはじまった。双方主力である前線の福島正則と宇喜多秀家が激突。三成本陣を黒田長政、細川忠興らが攻めるが、三成家臣の島左近《しまさこん》がはじき返す。

西軍は戦場を見下ろす松尾山《まつおやま》に小《こ》早川秀秋《ばやかわひであき》、家康の背後の南宮山《なんぐうさん》に毛利秀元《ひでもと》らの大軍を配置していた。こ

戦乱のポイント

嫌われた吏僚派

朝鮮出兵では、前線への補給が滞り、加藤清正ら武功派は兵站担当の石田三成ら吏僚派を批判した。これがのちにまで響き、福島正則や清正らは徳川家康に近くなる。ただし、反三成であっても反豊臣ではない。このため、家康は三成を敵の中心に置き、豊臣秀頼との敵対を避けたのである。

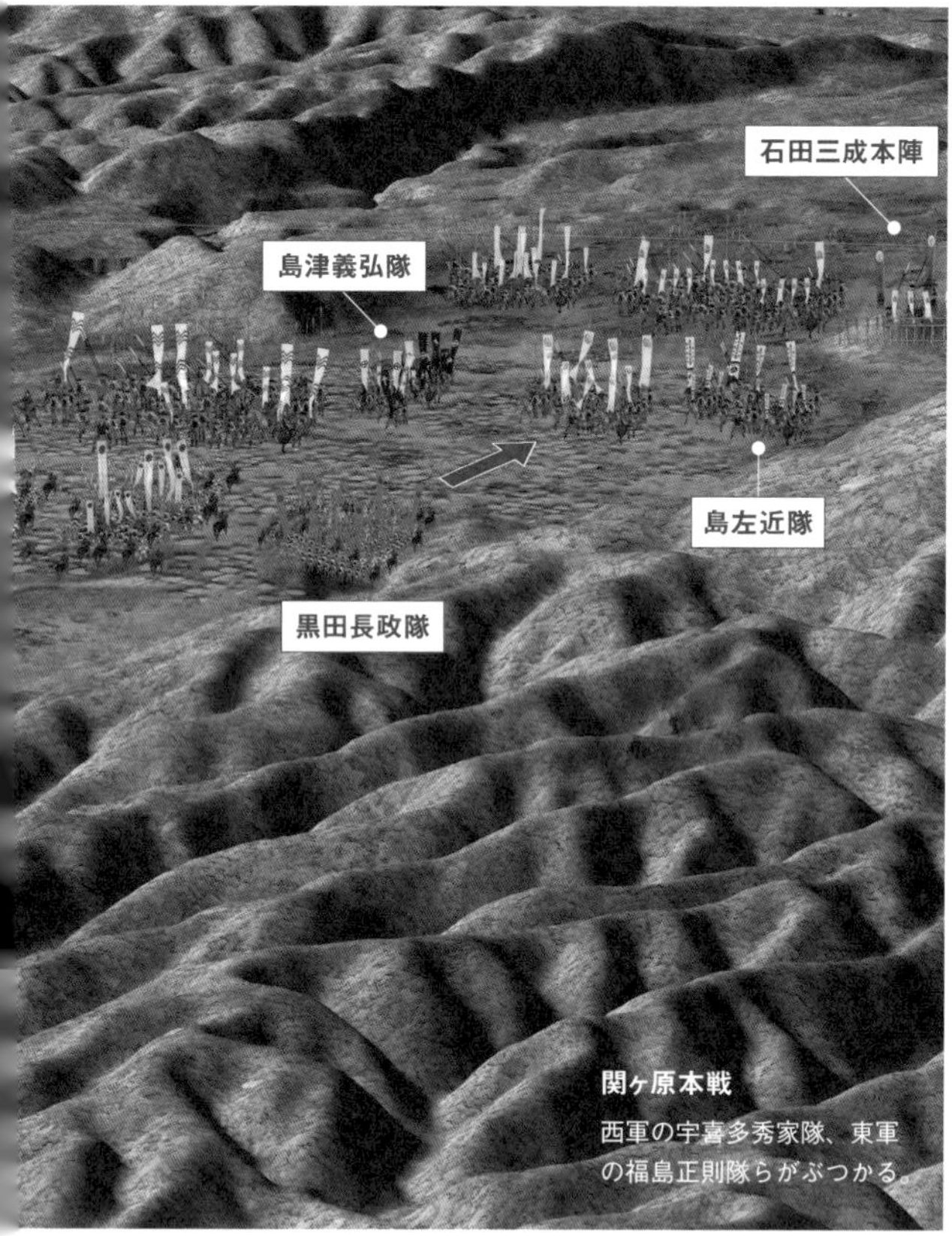

関ヶ原本戦

西軍の宇喜多秀家隊、東軍の福島正則隊らがぶつかる。

島 左近

『太平記英勇伝』

（東京都立図書館蔵）

れらが動けば家康の包囲せん滅も可能だったが、毛利勢には家康に内通している者もいて動かない。

正午ごろ、小早川秀秋がついに動く。だが、攻撃したのは味方のはずの西軍。同時に複数の裏切りを誘発し、西軍は瓦解する。三成、秀家らが敗走し、取り残された形の島津義《しまづよし》弘《ひろ》は東軍に突進し、家康本陣をかすめて一気に戦線離脱した。

関ヶ原合戦屏風絵（模本）

ColBase（https://colbase.nich.go.jp/）

結果

徳川家康が天下人に

東北では上杉景勝が戦っていたが、西軍の敗報を受け撤退。九州で起きていた戦闘は10月まで続いた。

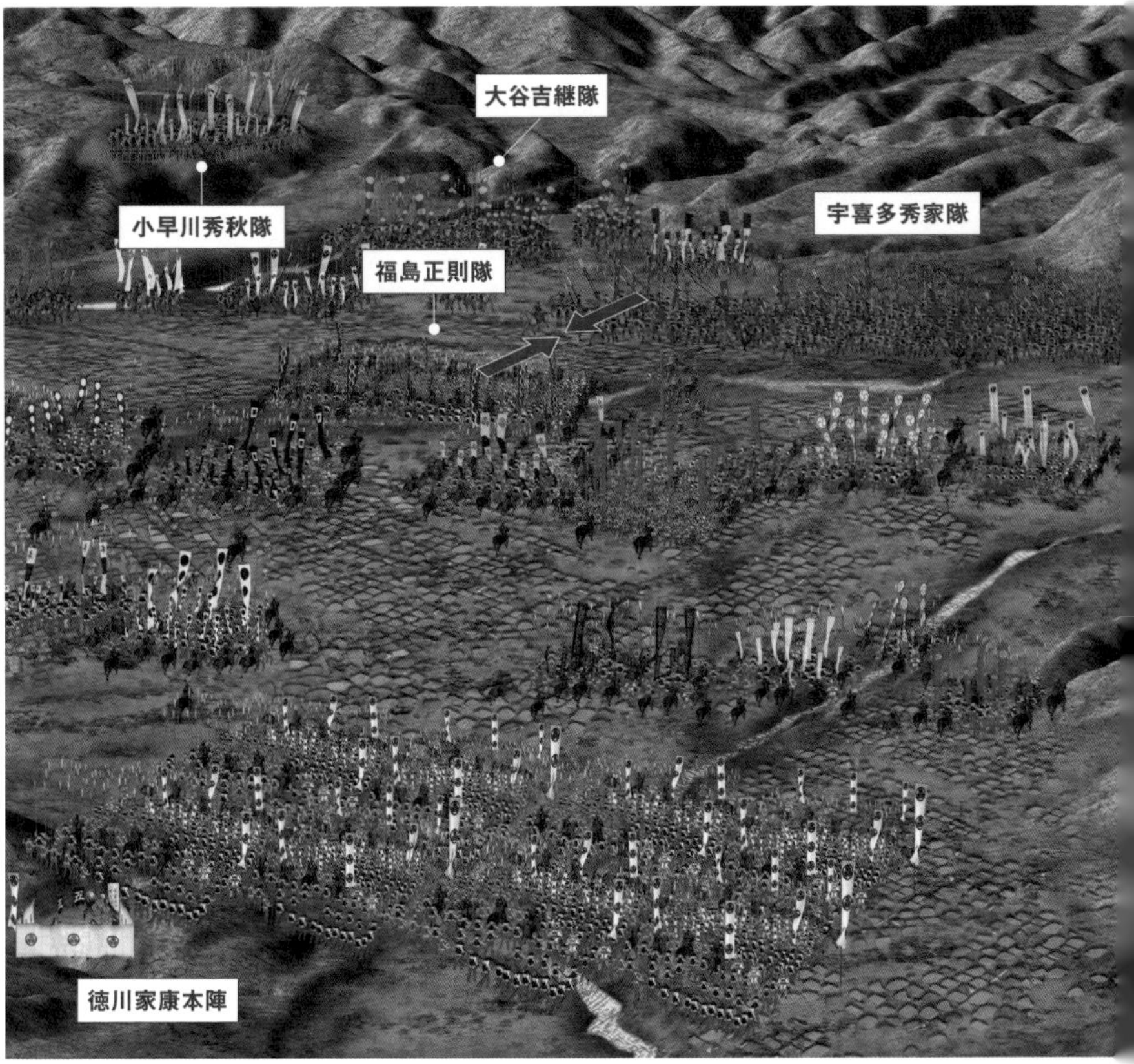

戦乱のポイント

毛利の分裂

大坂城の毛利輝元は西軍総大将の地位にあり、分家の毛利秀元は南宮山で戦意もあった。しかし、毛利の西軍加担は安国寺恵瓊《あんこくじえけい》が決めたもので、対立する吉川広家《きっかわひろいえ》は家康に通じて南宮山の麓を動かず、秀元軍は動けなかった。そこにもう一方の毛利である小早川秀秋の寝返りが起こった。

石田三成は、21日に近江で捕縛され、のちに処刑される。25日には毛利輝元が大坂城を退去し、27日に家康がここに入った。この合戦で、天下人は交代した。

島津義弘像

関ヶ原直前！
戦国武将全国MAP

天下の覇は織田信長から豊臣秀吉へと移っていったが、豊臣秀吉が没すると世は再び混迷へと向かった。そして1600年、天下分け目の関ヶ原の戦いが勃発する。ここでは決戦前の東西諸将の全国配置と石高を紹介する。

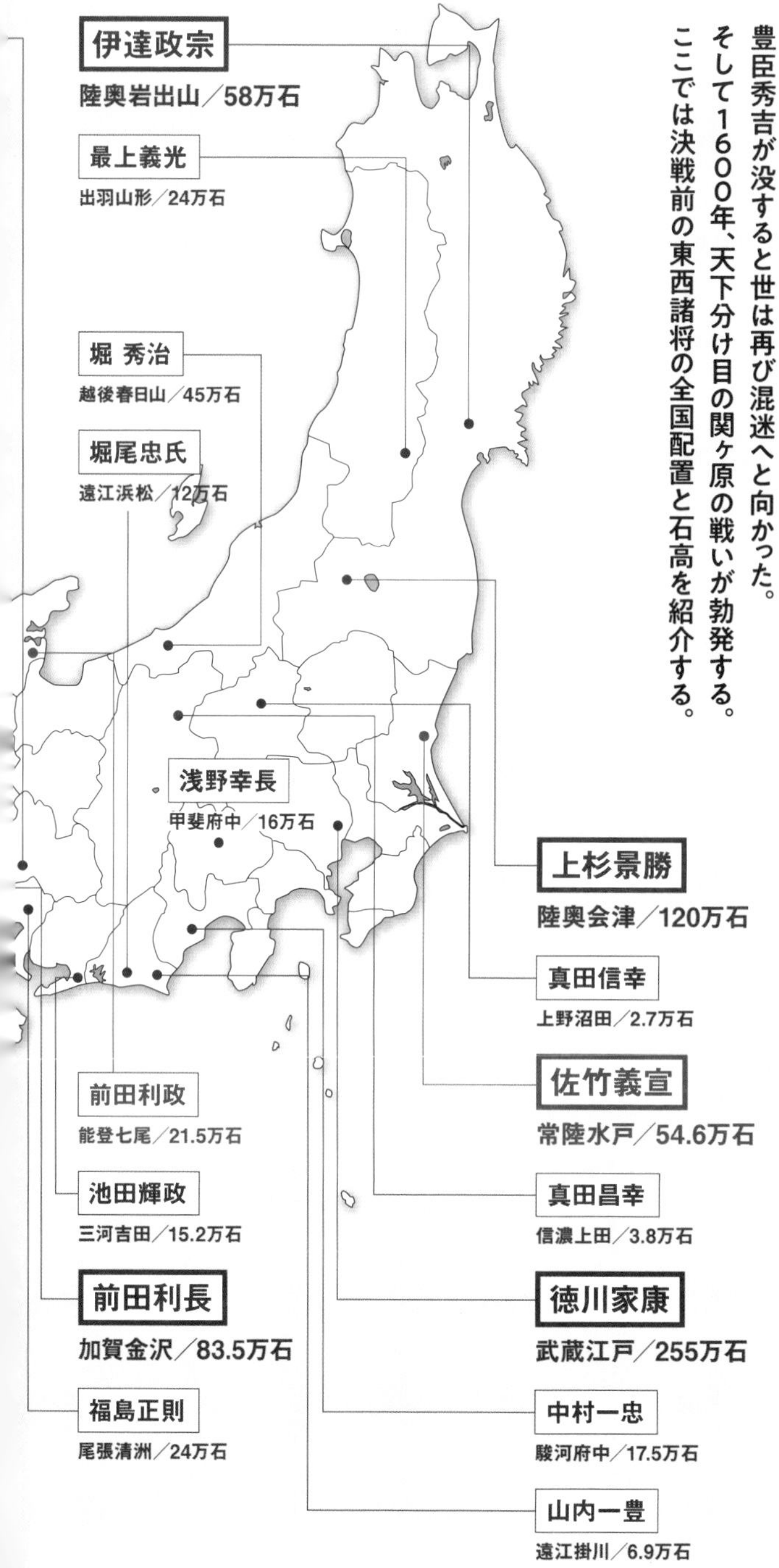

関ヶ原の戦い前の
諸大名と石高

■…東軍側
■…西軍側
■…その他

宇喜多秀家
備前岡山／57.4万石
織田秀信
美濃岐阜／13.3万石
長宗我部盛親
土佐浦戸／22.2万石
石田三成
近江佐和山／19.4万石
小早川秀秋
筑前名島／35.7万石
吉川広家
出雲富田／14.2万石
長束正家
近江水口／5万石
毛利秀包
筑後久留米／13万石
加藤嘉明
伊予松前／10万石
大谷吉継
越前敦賀／5万石
立花宗茂
筑後柳河／13.2万石
藤堂高虎
伊予板島／8万石
京極高次
近江大津／6万石
加藤清正
肥後隈本／25万石
前田玄以
丹波亀山／5万石
小西行長
肥後宇土／20万石
鍋島直茂
肥前佐嘉／35.7万石
黒田長政
豊前中津／12.5万石
筒井定次
伊賀上野／20万石
蜂須賀家政
阿波徳島／17.6万石
丹羽長重
加賀小松／12.5万石
増田長盛
大和郡山／20万石
毛利輝元
安芸広島／120.5万石
島津義久
薩摩鹿児島／55.9万石
豊臣秀頼
摂津大坂／222万石
毛利秀元
周防山口／20万石

合戦を知る　番外編

戦国時代の城

戦国時代は城の時代でもあった。その発展経緯を説明しつつ、いくつかの名城を紹介しておこう。

戦国初期、関東の重要拠点

鉢形城《はちがたじょう》（跡）

長尾景春の城。荒川と支流の合流点に築かれた堅牢な拠点で太田道灌と戦った。後に北条氏の城となり、秀吉の小田原攻めでも籠城戦となる。

上杉謙信が拠った
難攻不落の山城

春日山城《かすがやまじょう》

越後上杉氏が詰城として築いたものを上杉謙信が居城とした。典型的な山城で難攻不落の城。上杉氏が会津に移ると、政庁としては不便で廃城になる。

城は防御のための拠点

荘園開発が進む中、関東を中心に興った武士は、集落の中心に館《やかた》を構え、合戦は「広い平地で騎馬戦」というのが基本だった。

しかし、鎌倉時代末から南北朝期には楠木正成の千早城や赤松則村《あかまつのりむら》の白旗城《しらはたじょう》のように山上に城を築き高低差を活かして防御するようになる。

関東で享徳の乱、畿内で応仁の乱が起こり、全国が戦国化した頃には、各勢力は城を築いて、そこを拠点に相争うようになった。

ただし、先に戦国化した関東は平地中心の地形。そこで河川や沼地を防御に利用し、小高い丘などに城が築かれた

天然の要害である山を利用し河川を堀にすることも

石川数正《いしかわかずまさ》が築いた最古級の現存天守

松本城《まつもとじょう》

信濃守護小笠原氏の城の一つで、後に徳川家康家臣から秀吉陣営に転じた石川数正が城主になり、改築した。高層天守としては現存最古。

海とつながる水軍運用可能な海城《うみじろ》

高松城《たかまつじょう》

豊臣秀吉の四国攻めの後、生駒親正が港町に築いた城。本格的な海城として堀に海水が引かれ、水軍運用もできた。月見櫓と水手御門はその名残だ。

天守下層は1537年築の現存最古級

犬山城《いぬやまじょう》

織田信長のおじが築いた城で、小牧・長久手の戦いで重要な城となる。天守の下層は1537年に築かれたものともされ、現存する天守では最古の一つ。

（平山城《ひらやまじろ》）。長尾景春の鉢形城、それと戦った太田道灌の川越城や江戸城などが小高い丘に築かれた城に当てはまる。

もちろん、山上に築いた山城の堅固さは変わらないので、武田信玄は躑躅ヶ崎館《つつじがさきやかた》に居住しながら、背後の山に戦時用の詰城《つめじろ》を用意していた。

逆に上杉謙信は、越後上杉氏が詰城として築いた春日山城を自らの居城にしている。

政庁のシンボルが天守《てんしゅ》

城はあくまで防御拠点なので、柵や堀がまず必要だが、それだけでは不便なため、高所から見下ろし、弓などで攻撃できる拠点が必要だった。こうして櫓《やぐら》が生まれた。柵に代わり、城壁を築くようになると、櫓の一部を高層化するようになる。

最強最大の城といえば、この城

江戸城《えどじょう》

徳川家康が江戸に入ると居城とした。天下人の城として拡充され、最強最大の城となった。天守は焼けたが、写真の富士見櫓が代用となった。

西国の要衝に現存する雄大な城郭

姫路城《ひめじじょう》

豊臣秀吉の中国攻略に際し、黒田孝高がその拠点として差し出した城。徳川政権では西国監視の拠点として池田輝政が城主になり、その天守が現存する。

加藤清正が大改築した巨大城郭

熊本城《くまもとじょう》

肥後菊池氏の城を加藤清正が大改築した。明治期には西南戦争の舞台にもなった。第三天守とされる宇土櫓は当時のもので、急峻な石垣なども注目点だ。

城は政庁を兼ねた地域のシンボルとなっていく

防御のための城であったが、支配の拠点でもあるので、シンボルがほしい。そうして、一部の櫓《やぐら》をさらに高層化したのが天守《てんしゅ》だ。

織田信長の安土城は、初期の天守の代表格。ただし、信長はこれを「天主」としたらしく、さらにそこに居住したともいわれる。シンボルとしての意味が強かったのだろう。

信長を継いで豊臣秀吉が天下を統一し、徳川家康が江戸幕府を開くと、城は戦闘の拠点というより行政の拠点(政庁)となった。そして、山城は不便なため平山城や平城《ひらじろ》に勇壮な天守というのが城のフォーマットとなる。現在も天守が残る城は、この時代のものが多い。天下人の大坂城、江戸城、西国拠点の姫路城などは、その代表格だ。

第7章

江戸時代

この時代のポイント

- 大坂の陣を最後に戦国の世は終わった
- 外国船が来航し、幕府に開国を迫る
- 尊王攘夷から倒幕へ、時代は大きく動く

赤穂浪士らの討ち入り
（東京都立図書館蔵）

年	月		出来事
1603年	2月12日		**徳川家康《とくがわいえやす》、征夷大将軍に任じられ、江戸幕府を開く**
	7月		豊臣秀頼《とよとみひでより》、千姫《せんひめ》（徳川秀忠の娘）を正室にむかえる
1605年	4月12日		豊臣秀頼、右大臣に任じられる
	4月16日		徳川秀忠、征夷大将軍に任じられる（2代将軍）
			その後、**家康は駿府《すんぷ》城に移り大御所《おおごしょ》として幕府の政治を行う**
1606年	3月		幕府、諸大名に命じて江戸城の増築に着手する（9月に完成）
	4月		徳川家康、関ヶ原の戦いで西軍に加わった宇喜多秀家《うきたひでいえ》を八丈島に配流
1607年	閏4月		徳川家康、徳川義直《よしなお》（九男、尾張徳川家の祖）を尾張清洲へ転封
	5月		朝鮮使節、幕府に国書を提出。豊臣秀吉の朝鮮出兵（文禄《ぶんろく》の役・慶長《けいちょう》の役）以来、途絶えていた朝鮮との国交を回復する
1609年	4月5日		薩摩の島津家久《しまづいえひさ》、幕府の命で琉球に出兵し、首里《しゅり》城を攻略する
	5月		島津家久、琉球王尚寧《しょうねい》をとらえて帰国する
	7月		幕府、琉球を島津氏の所管とする
	12月		幕府、徳川頼宣《よりのぶ》（家康の十男、紀伊徳川家の祖）を駿河・遠江へ、徳川頼房《よりふさ》（家康の十一男、水戸徳川家の祖）を水戸へ転封する
1610年	閏2月		幕府、諸大名に命じて名古屋城の築城に着手する
1611年	3月	P206 大坂の陣	**豊臣秀頼、京の二条城で徳川家康と会見**
1613年	9月		伊達政宗《だてまさむね》、慶長遣欧使節《けいちょうけんおうしせつ》をスペイン、ローマ教皇に派遣

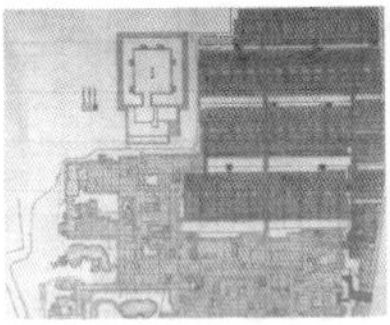

江戸城は全国の大名を動員して増築が進められた。写真は江戸城の本丸（左上）と大奥（赤い部分）を示した絵図だ。

ColBase（https://colbase.nich.go.jp/）

年	月日	参照	テーマ	出来事
	12月	P208	キリスト教禁制と島原の乱	幕府、キリスト教を禁止する
1614年	7月	P206	大坂の陣	**徳川家康、豊臣秀頼が進めた方広寺《ほうこうじ》の大仏再興時に鋳造された鐘に記された銘文に異議をとなえる（方広寺鐘銘事件《しょうめいじけん》）**
	9月	P208	キリスト教禁制と島原の乱	幕府、高山右近《たかやまうこん》らキリシタン148名を海外へ追放する
	10月1日	P206	大坂の陣	**徳川家康、諸大名に大坂追討を命じる（大坂冬の陣）**
	10月11日			徳川家康、大坂に向けて駿府を出陣
	10月23日			徳川秀忠、大坂に向けて江戸を出陣
	11月18日			徳川家康・秀忠、茶臼山《ちゃうすやま》で軍議を開く
	11月19日			**木津川口の砦で戦闘が開始される**
	11月			豊臣軍は大坂城に籠城。徳川軍は城の周囲を取り囲むも攻めあぐねる
	12月2〜4日			**真田信繁《さなだのぶしげ》（幸村《ゆきむら》）、真田丸の戦いで徳川軍を撃退**
				この後、徳川軍は大筒による大坂城への砲撃を開始する
	12月20日			**豊臣秀頼と徳川家康の和議が成立**（大坂城の堀を埋めることとなる）
1615年	3月			駿府の徳川家康のもとに京都所司代の板倉勝重《いたくらかつしげ》より、豊臣方に不審な動きがあるとの知らせが届く
	4月			**徳川家康、諸大名へ大坂追討を再び命じる（大坂夏の陣）**
	5月5日			徳川家康、京の二条城より出陣

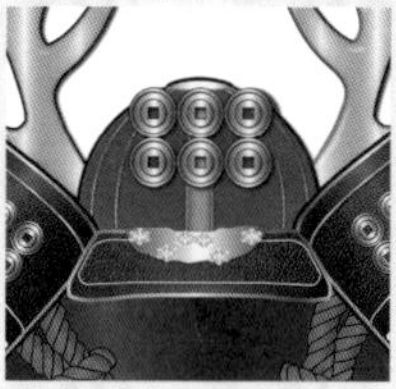

大坂城の真田丸で徳川軍を破った真田信繁（幸村）。その軍旗や兜に六文銭が輝く。

年	月日	出来事
1615年	5月6日	**道明寺《どうみょうじ》・誉田《ほんだ》合戦がおこり、豊臣方の将・後藤基次《ごとうもとつぐ》らが討ち死にする。**同日、八尾《やお》・若江《わかえ》合戦では豊臣方の将・木村重成《きむらしげなり》らが討ち死にする
	5月7日	**天王寺《てんのうじ》・岡山《おかやま》合戦がおこり、豊臣方の真田信繁・毛利勝永《もうりかつなが》らが奮闘するも、兵力に勝る徳川方の前に敗北**
	5月8日	**大坂城が炎上、豊臣秀頼が自害し豊臣氏は滅亡する**
	閏6月	幕府、一国一城令を定める
	7月7日	徳川秀忠、伏見城で武家諸法度《ぶけしょはっと》を発する
	7月17日	徳川秀忠、二条城で禁中並公家諸法度《きんちゅうならびにくげしょはっと》を発する
1616年	4月	**徳川家康が駿府城で没する。**遺骸は駿河の久能山《くのうざん》に葬られる
1617年	4月	徳川家康が日光山《にっこうさん》へ改葬される
1619年	6月	幕府、広島城を無断で改修したことを理由に福島正則《ふくしままさのり》を越後・信濃に改易
	7月	幕府、徳川頼宣を紀伊へ転封
1622年	8月	**幕府、長崎で司祭やキリシタン55名を処刑（元和《げんな》の大殉教《だいじゅんきょう》）**
1623年	7月27日	徳川家光《いえみつ》、征夷大将軍に任じられる（3代将軍）
1629年	7月	天皇の勅命（紫衣《しえ》の着用の許可）に幕府が介入し沢庵《たくあん》ら僧を配流**（紫衣事件）**。
		その後、沢庵らは1632年に赦免される
	11月8日	後水尾《ごみずのお》天皇、紫衣事件などに不満を抱き譲位する（明正《めいしょう》天皇が即位）
1635年	6月21日	幕府、武家諸法度を改正し、諸大名の参勤交代《さんきんこうたい》を定める

P206
大坂の陣

P208
キリスト教禁制と島原の乱

将軍徳川家光は諸大名に参勤交代を命じた。

（堺市博物館蔵）

年	月日	参照	出来事
1637年	10月	P208 キリスト教禁制と島原の乱	**島原《しまばら》でキリシタン農民らが一揆をおこし、天草四郎《あまくさしろう》を大将に原《はら》城跡に3万8000人が籠城（島原の乱がおこる）**
	11月		幕府、島原の乱を鎮圧するために板倉重昌《いたくらしげまさ》・松平信綱《まつだいらのぶつな》らを派遣
1638年	1月		原城を攻めた板倉重昌が戦死する
	2月		**幕府、12万の軍勢で原城を攻め、これを落城させる（島原の乱が終結）**
1639年	7月		幕府、ポルトガル船の来航を禁じる
1641年	5月		長崎の平戸にあったオランダ商館が出島《でじま》に移る
1651年	7月		由井正雪《ゆいしょうせつ》らによる反乱が発覚し、鎮圧される（慶安《けいあん》事件）
1653年		P210 一揆・打ちこわし	この頃、下総で佐倉惣五郎《さくらそうごろう》一揆がおこる
1657年	1月		江戸で明暦《めいれき》の大火（振袖《ふりそで》火事）がおこる
1669年	6月		**蝦夷地《えぞち》でアイヌが蜂起する（シャクシャインの乱）**
1685年			5代将軍徳川綱吉《つなよし》、生類憐《しょうるいあわ》れみの令を出す
1686年	10月	P210 一揆・打ちこわし	松本藩の農民が年貢の負担軽減などを求めて強訴《ごうそ》（嘉助騒動《かすけそうどう》）
1701年	3月	P211 赤穂事件	江戸城内の松の廊下で、赤穂《あこう》藩主の浅野内匠頭長矩《あさのたくみのかみながのり》が吉良義央《きらよしひさ》（上野介《こうずけのすけ》）に切りつけ、長矩は切腹を命じられる
1702年	12月15日		**赤穂浪士の大石良雄《おおいしよしたか》らが、江戸の吉良邸で義央を討ち取る（赤穂事件）**
1703年	2月4日		幕府、大石良雄ら赤穂浪士46名に切腹を命じる

島原の乱で反乱軍は廃城だった原城（長崎県）を拠点に、幕府軍に徹底抗戦した（写真は原城跡・長崎県）。

弥生～奈良時代
平安時代
鎌倉時代
室町時代
戦国時代
安土桃山時代
江戸時代
近現代

年	月	参照	テーマ	出来事
1718年	2月	P212	外国船の来航と開国	小倉藩・萩藩・福岡藩が異国船を撃退する
1732年		P210	一揆・打ちこわし	この年、享保《きょうほう》の飢饉《ききん》がおこる（〜1733年）
1733年	1月			**江戸で、庶民が米問屋高間伝兵衛《たかまでんべえ》宅を襲撃（享保の打ちこわし）**
1738年	9月			陸奥磐城平《いわきたいら》の農民が年貢減免・諸役免除を求め強訴（磐城平元文一揆《げんぶんいっき》）
1764年	閏12月			武蔵・上野の農民らが蜂起、伝馬《てんま》騒動がおこる
1776年	7月4日			アメリカ合衆国が独立を宣言
1778年	6月	P212	外国船の来航と開国	**ロシア船ナタリア号が蝦夷地（厚岸《あっけし》）に来航し、松前藩に通商を求める（翌年に松前藩は拒否）**
1782年		P210	一揆・打ちこわし	この年、天明《てんめい》の飢饉がおこる（〜1787年）
1783年	2月			米価高騰により大坂・京都で打ちこわしがおこる
	7月			浅間山が噴火
1787年	5月			**江戸で打ちこわしがおこり、畿内・近畿・九州・四国・中国・北陸・東海・関東・東北と全国に広がる（天明の打ちこわし）**
	12月			相模の農民が酒造屋・質屋を打ちこわし（土平治《どへいじ》騒動）
1789年	7月			フランス革命がおこる（〜1799年）
1792年	9月	P212	外国船の来航と開国	ロシア使節のラクスマンが根室に来航し通商を求めるも、幕府は拒否
	12月			幕府、諸大名に外国船に対する海の防衛を強化するよう命じる
1793年	2月	P210	一揆・打ちこわし	伊予吉田藩の農民が紙の専売に反対し蜂起

噴火する浅間山。

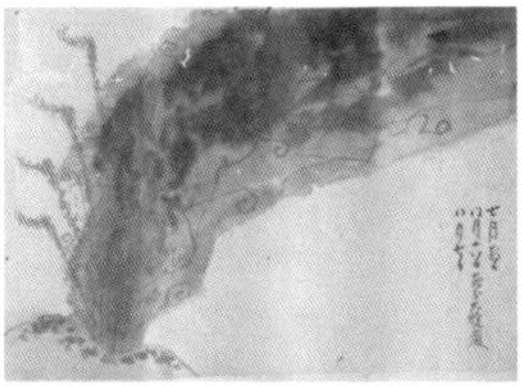

ColBase
（https://colbase.nich.go.jp/）

年	月	参照	出来事
1798年	7月	P212 外国船の来航と開国	近藤重蔵《こんどうじゅうぞう》、択捉島《えとろふとう》に「大日本恵登呂府《えとろふ》」の標柱を立てる
1799年	11月		幕府、弘前藩と盛岡藩に東蝦夷地の警固を命じる
1802年	2月		幕府、蝦夷地奉行（のち箱館奉行）を創設
1803年	7月		アメリカ船が長崎に来航し通商を要求、幕府はこれを拒否する
1804年	9月		**ロシア使節のレザノフが長崎に来航し、通商を求める（翌年、幕府は拒否する）**
1807年	4月		**樺太・択捉島にロシア船が来航。幕府は箱館奉行に出兵を命じる**
	5月		箱館奉行、奥羽諸藩に蝦夷地への出兵を命じる
	6月		ロシア船が利尻島《りしりとう》を襲い、幕府方の船が炎上
	10月		箱館奉行を松前に移し、松前奉行と改める
	12月		**幕府、ロシア船の打ち払いを命じる**
1808年	1月		仙台藩と会津藩が蝦夷地に出兵
	8月		**イギリスの軍艦フェートン号が長崎港に侵入するも退去する**
1810年	2月		幕府、会津藩と白河藩に浦賀・上総・安房の沿岸に砲台を築くよう命じる
1818年	5月		イギリス人ゴルドンが浦賀に来航、通商を求める（幕府は拒否する）
1824年	8月		イギリスの捕鯨船が薩摩の宝島《たからじま》に上陸し略奪する
1825年	2月		**幕府、諸大名に対して異国船打払令《いこくせんうちはらいれい》を出す**
1831年	7月	P210 一揆・打ちこわし	長州藩全域で百姓一揆がおこる（防長大一揆《ぼうちょうだいいっき》、～11月）

年	月	参照	テーマ	できごと
1833年		P210	一揆・打ちこわし	この年、天保《てんぽう》の飢饉がおこる（～1839年）
1836年	8月			甲斐で米の買い占めに反対し百姓一揆がおこる（郡内《ぐんない》騒動）
	9月			三河加茂《かも》郡の百姓が米価の値下げを求め打ちこわし（加茂一揆）
1837年	2月			**元大坂町奉行の与力・大塩平八郎《おおしおへいはちろう》が、門弟や農民らと蜂起するも翌月に鎮圧される（大塩の乱）**
	6月	P212	外国船の来航と開国	**浦賀奉行、浦賀に来航したアメリカ船モリソン号を砲撃（モリソン号事件）**
1840年				この年、中国の清《しん》でアヘン戦争がおきる（～1842年）
1841年	5月			幕府、天保の改革に着手する
1842年	7月			幕府、異国船打払令を改正し、薪水《しんすい》や食料の供与を許可する
1844年	3月	P212	外国船の来航と開国	フランス船が琉球に来航、通商を求める
	7月			オランダの使節コープスが、開国を勧める国書を携え長崎に来航（翌年に拒否する）
1846年	4月			イギリス船とフランス船が琉球に来航。
				幕府、川越藩に異国船の江戸湾（東京湾）侵入を阻止するよう命じる
	閏5月			**アメリカ東インド艦隊ビッドルが浦賀に来航、通商を求める（幕府は拒否する）**
	8月			イギリス船が那覇に来航、琉球国王に面会を求める
1849年	11月			イギリス船が那覇に来港、貿易を迫るも琉球は拒否
1851年	1月			清《しん》で太平天国《たいへいてんごく》の乱がおきる（～1864年）
1852年	4月	P212	外国船の来航と開国	相模の鳶巣《とびのす》・鳥ケ崎《とりがさき》・亀ケ崎《かめがさき》に台場が完成

1853年

4月 **アメリカ東インド艦隊司令長官ペリーが、軍艦4隻を率いて那覇に来航**

6月 ペリーが那覇より浦賀に来航。アメリカの国書を受理するよう求め一旦帰国する

7月1日 幕府、アメリカの国書を諸大名に示し意見を求める

7月18日 **ロシア使節のプチャーチンが軍艦4隻を率いて長崎に来航、国書の受理を求める**

1854年

2月 幕府、ペリーとの開港の交渉を開始

3月 **幕府、日米和親条約《にちべいわしんじょうやく》に調印。下田と箱館を開港し、薪水・食料などの供給を約束**

12月 **日露《にちろ》和親条約に調印。千島列島はウルップ島と択捉島の間を国境とし、樺太は両国民混在の地とする**

1855年

7月 幕府、長崎に海軍伝習所《かいぐんでんしゅうじょ》を開設する

1856年

7月 **アメリカ駐日総領事ハリスが下田に上陸する**

1857年

10月 ハリス、13代将軍徳川家定《いえさだ》に通商開始を求めるアメリカ大統領の親書を提出

12月13日 幕府、朝廷にアメリカと条約を結ぶ必要性を説く

12月29日 徳川家定、諸大名にアメリカと条約を結ぶ必要性を説く

1858年

2月 老中の堀田《ほった》正睦《まさよし》、孝明《こうめい》天皇に条約締結の勅許を求めるも同意が得られず

6月 **幕府、勅許を得ずに江戸湾上で日米修好通商条約を締結。横浜・長崎・新潟・神戸の開港と自由貿易(関税はアメリカが決定)などが定められる(イギリス・オランダ・フランス・ロシアとも締結)**

P214 幕末の動乱

この絵はペリー来航を庶民に伝える当時の瓦版。

（東京都立図書館蔵）

ペリー提督（模本）

ColBase
(https://colbase.nich.go.jp/)

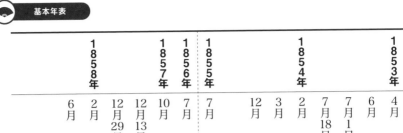

1858年	8月	朝廷、幕府や水戸藩に対して勅許を得ずに条約に調印したことを難詰する
	9月〜	**幕府、橋本左内《はしもとさない》・吉田松陰《よしだしょういん》ら尊王攘夷派《そんのうじょういは》の浪士を逮捕（安政《あんせい》の大獄）**
1859年		幕府、橋本左内・吉田松陰らを処刑
1860年	1月18日	外国奉行の新見正興《しんみまさおき》、条約批准のためポーハタン号でアメリカに渡航。翌日、勝海舟《かつかいしゅう》らも咸臨丸《かんりんまる》で出航
	3月3日	**幕府大老の井伊直弼《いいなおすけ》が暗殺される（桜田門外《さくらだもんがい》の変）**
	10月	**孝明天皇、幕府が諸外国との条約を破棄することを条件に妹の和宮《かずのみや》を14代将軍徳川家茂《いえもち》に降嫁されることを勅許（公武合体《こうぶがったい》）**
1861年	12月	幕府、開港延期の交渉をするため使節を派遣
1862年	1月15日	老中の安藤信正《あんどうのぶまさ》、江戸城の坂下門外《さかしたもんがい》で水戸浪士に襲撃され負傷（坂下門外の変）
	4月16日	薩摩藩の島津久光《ひさみつ》が兵千人を率いて京に入り、朝廷に幕政改革を訴える
	4月23日	**京の伏見で尊王攘夷派の薩摩藩士が殺害される（寺田屋騒動）**
	8月21日	横浜の生麦《なまむぎ》でイギリス商人が薩摩藩士に斬られる（生麦事件）
	閏8月	会津藩主松平容保《まつだいらかたもり》が京都守護職に任じられる
	12月12日	長州藩士の高杉晋作《たかすぎしんさく》らが品川のイギリス公使館を焼き討ちする
1863年	3月11日	孝明天皇、徳川家茂と在京の諸大名を従え上賀茂《かみがも》・下鴨《しもがも》神社で攘夷を祈願
	5月	長州藩、下関海峡を通過したアメリカ・フランス・オランダの商船や軍艦を砲撃。反撃を受けて翌月、砲台が占領される

P214 幕末の動乱

桜田門は江戸城の内堀に造られた門の一つ。

襲撃の舞台となった寺田屋は京都伏見の船宿だ。

弥生～奈良時代
平安時代
鎌倉時代
室町時代
戦国時代
安土桃山時代
江戸時代
近現代

年	月日	出来事
	7月	**薩摩藩がイギリス艦隊と交戦（薩英戦争《さつえいせんそう》）**
1864年	3月	尊王攘夷派の水戸脱藩浪士が筑波山で蜂起（天狗党《てんぐとう》の乱）
	6月	**新撰組《しんせんぐみ》、京の池田屋で討幕派の浪士らを殺害（池田屋事件）**
	7月19日	**長州藩士、京都御所の諸門を攻めるも幕府軍に敗れる（禁門《きんもん》の変）**
	7月24日	**幕府、諸藩に長州征討を命じる（第一次長州征討）**
	8月	**イギリス・フランスなど4カ国の艦隊が下関を攻撃する（下関戦争）**
	11月	長州藩主、幕府に恭順（長州征討は中止）
	12月16日	長州藩士の高杉晋作が倒幕に向けて下関で決起
1866年	1月	**坂本龍馬《さかもとりょうま》の斡旋で、長州藩の木戸孝允《きどたかよし》と薩摩藩の西郷隆盛《さいごうたかもり》が会談。薩長《さっちょう》同盟が結ばれる**
	6月	**幕府、長州藩の周防大島を軍艦で砲撃（第二次長州征討）**
	7月20日	徳川家茂が急死
	12月5日	徳川慶喜《よしのぶ》が15代将軍になる
1867年	1月9日	明治天皇が即位する
	10月14日	**15代将軍徳川慶喜が朝廷に大政奉還《たいせいほうかん》**
	11月15日	**坂本龍馬・中岡慎太郎《なかおかしんたろう》、京の近江屋で暗殺される**
	12月9日	**明治天皇、王政復古《おうせいふっこ》の大号令を発する**

下関戦争で外国軍に占領された砲台。

P232 戊辰戦争

明治天皇肖像

（『皇室写真帖』1922年）

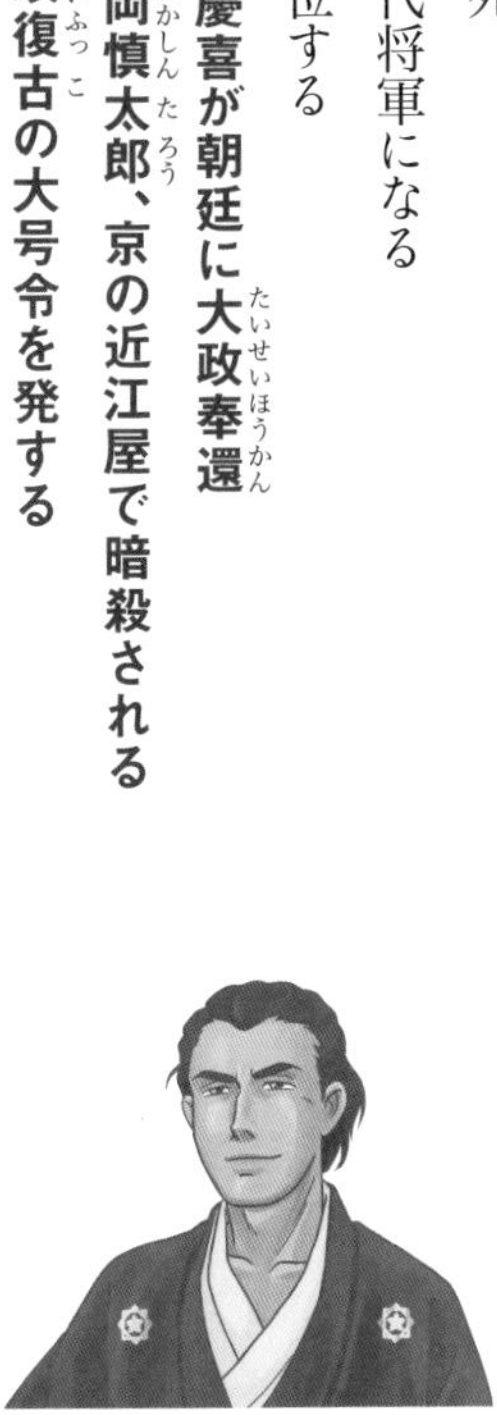

坂本龍馬は薩長同盟など大政奉還の実現に向けて動くも、志半ばで暗殺される。

1614－1615年

残存する豊臣勢力を家康が排除する

大坂の陣

勝利
徳川家康

VS

敗北
豊臣秀頼
淀の方
真田信繁ほか

場所
大坂城

真田信繁（幸村）
『和睦論難波戦記』
（東京都立中央図書館蔵）

いきさつ

いまだ脅威の豊臣勢力

関ヶ原の戦いは**徳川家康**の天下を決定づけた。戦後処理で敵対した毛利輝元は、吉川広家の所領を譲られる形で存続し、上杉景勝は出羽米沢30万石への大減封、島津氏は行きがかり上の敵対であったため、薩摩・大隅などの本領安堵で落ち着いた。

徳川家康
『家康公肖像』
（国立国会図書館蔵）

豊臣秀頼の直轄地も65万石程度に削られたが、加藤清正や福島正則らはあくまで石田三成と戦ったのであって、秀頼と争ったわけではなく、豊臣への忠誠心は消えていない。

家康は1603年に**征夷大将軍**となり**江戸幕府**を開いていたが、それでも豊臣勢力は脅威だった。

だが、1611年に豊臣家臣の軸ともいえる清正が急死。すると秀吉が創建し、地震から再建した**方広寺**《ほうこうじ》の鐘の銘文に家康がいいがかりをつけた。「国家安康」《こっかあんこう》「君臣豊楽」《くんしんほうらく》の文字が「家康」を分断し呪い、豊臣を君主として楽しむ、と読めるという。

豊臣方は弁明のために**片桐且元**《かたぎりかつもと》を駿府へ派遣。しかし、且元が家康に通じていると話がこじれ、豊臣と徳川の戦《いくさ》が不可避になった。

経過

真田丸と大砲

豊臣方は諸国の大名や浪人に味方を呼びかける。関ヶ原で徳川秀忠の別働隊を足止めした真田昌幸は蟄居中の高野山麓で死去したが、その次男である**真田信繁《のぶしげ》（幸村《ゆきむら》）**や宇喜多秀家隊を率いた**明石全登《あかしてるずみ》**らが応じて入城。ほかにも黒田家重臣だったが牢人していた**後藤基次《ごとうもとつぐ》（又兵衛《またべえ》）**、**長宗我部盛親《もりちか》**、**毛利勝永《かつなが》**らも味方する。

駿府で大御所となっていた家康、2代将軍・秀忠らが西上し、1614年11月、徳川方は20万の大軍で大坂城を攻囲した**（大坂冬の陣）**。

だが、大坂城南に築かれた**出丸《でまる》（防御拠点）**で真田信繁らが力戦し、徳川方は大きな損害を出す。家康は作戦を変更し、守りを固めて、海外から購入した大砲で攻撃する。**淀《よど》の方《かた》（淀殿）**は和議に応じることを決め、これが成立した。

和議の条件には堀を埋めることも含まれ、大坂城の防御は大きく低下。すると、1615年、家康は再度攻囲軍を率いて西上した。

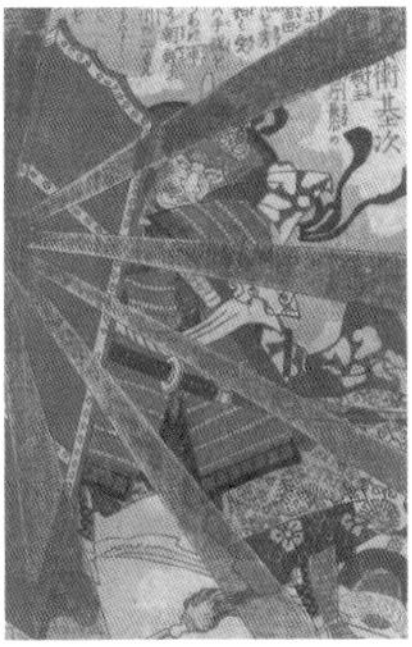

後藤基次

『太平記英勇伝』
（東京都立図書館蔵）

現在の大坂城

豊臣時代とは天守の位置が異なる。

結果

豊臣氏の滅亡

豊臣方は城を出るしかなく、大坂城周辺で野戦《やせん》が展開されるが、後藤基次が戦死。5月7日、残った真田信繁、毛利勝永、明石全登らが家康本陣への突撃をねらう。激戦の中、信繁は家康を脅かすも戦死。全登も戦線を離脱し姿を消す。翌日、城内の秀頼、淀の方らは自害した**（大坂夏の陣）**。豊臣氏が滅亡したのだ。

戦乱のポイント

真田丸《さなだまる》

出丸というのは、城から張りだすように築かれた防御拠点で、城門などに押し寄せる敵を側背から攻撃できる利点がある。防御の弱い大坂城南側に真田信繁が真田丸を築くと、徳川方はこれを面倒に思い制圧しようとする。信繁は十分に引きつけ、一斉射撃で応戦。徳川方に大損害を与えた。

1613－1641年

農民・牢人・キリスト教徒が結束した大乱

キリスト教禁制と島原《しまばら》の乱

勝利 ○ 幕府軍

VS

敗北 × 天草四郎 キリシタン 農民、牢人

場所

島原、天草

天草四郎

いきさつ
カトリックとプロテスタント

1623年に2代将軍の徳川秀忠が隠居し、子の**徳川家光**《いえみつ》が将軍となった。世界史では、この時期は**大航海時代**の終盤にあたり、先んじて世界進出をしていたカトリック諸国の権益に対し、プロテスタント諸国が巻き返していた。東アジアにおいては、ポルトガルの権益に対し、オランダやイギリスが挑む構図だった。

日本においてもカトリック宣教師が来日し、多くのキリシタン大名も誕生していたが、植民地化や貿易拠点建設の尖兵であった部分も否めなかった。1587年には豊臣秀吉が**バテレン追放令**を出し、1613年には秀忠が**禁教令**（キリスト教禁止令）で信仰を禁じている。

肥前の**島原**では、キリシタン大名の**有馬氏**《ありま》から**松倉氏**《まつくら》に藩主が代わり、キリシタンの弾圧が行われ、島原城築城などで年貢の収奪も激しく、農民の困窮も進んだ。

また、海を挟んだ肥後の**天草**《あまくさ》も、もとはキリシタン大名の小西行長の所領であったが、関ヶ原での敗戦後に寺沢氏《てらざわ》支配となり、キリシタンの弾圧が行われた。双方ともに旧有馬家臣、旧小西家臣の多くが牢人になっていて、不満が大きい地域だった。

経過
3万8千人が籠城

このような状況下、島原と天草で

天草四郎

『競勢酔虎伝』

（東京都立図書館蔵）

島原城攻撃図

ColBase（https://colbase.nich.go.jp/）

は、牢人を中心に反乱が計画され、キリシタンの中でカリスマ的存在であった少年の**益田時貞**《ますだときさだ》を大将に立てた。時貞は小西氏の遺臣の子とされ、**天草四郎時貞**《あまくさしろう》を名乗った。1637年10月に島原、次いで天草で一揆が起きた。一揆軍は旧有馬氏の居城で廃城となっていた**原城**《はらじょう》に入り籠城する**（島原の乱）**。その数は3万8千人とされ、キリシタンや農民だけの一揆と異なり、多くの牢人が参加したため組織的な戦闘が続いた。

最初、幕府は三河深溝《みかわふこうず》藩主の**板倉**《いたくら》**重昌**《しげまさ》を鎮圧軍大将として派遣したが、諸大名の統制がとれない。そこで、知恵伊豆《ちえいず》の異名をもつ老中の**松平信**《のぶ》**綱**《つな》を派遣した。これに焦った重昌は、その到着前に総攻撃をかけるが、戦死してしまう。信綱は力攻めをやめ兵糧攻めを選び、さらにオランダ船の援助を受けて艦砲射撃も行う。

1638年2月、信綱は12万以上で総攻撃を実施。食料にも困窮していたため、一揆勢は支えることができず原城は陥落。天草四郎も討ち取られ、一揆勢は皆殺しにされた。

現在の原城跡

（長崎県南島原市）

結果

鎖国の完成

この一件で、カトリック勢力をさらに危険視した徳川家光と幕府は、ポルトガル人の国外追放を決める。段階的に進んでいた**鎖国**《さこく》**政策**は厳格になり、1641年にオランダ人を長崎の**出島**《でじま》に移すことで完成した。

戦乱のポイント

合戦のない時代

養子の宮本伊織《いおり》が小倉藩に仕えていたことから、この戦いには剣豪の宮本武蔵《むさし》もわざわざ参戦し、負傷したという。また、佐賀藩主の鍋島勝茂《なべしまかつしげ》は抜け駆けを行い、のちに処罰されている。大坂の陣以来の大戦であり、合戦のない時代に、必死に武功を立てようとする武士の姿が随所にあった。

17－19世紀

武器を持たぬ民たちの抵抗運動

一揆・打ちこわし

勝利		敗北
◎ 江戸幕府	VS	× 農民 町人など

場所
全国

佐倉惣五郎 『東山桜荘子』（東京都立図書館蔵）

佐倉惣五郎の伝説

豊臣秀吉の刀狩《かたなが》りなどを継承した江戸幕府のもとでは、農民は武器をとって戦うことができなかった。だが、過酷な徴税や役人の不正、高利《こうり》貸《がし》などに抵抗すべく戦うこともあった。これが**農民一揆**だ。中には私財や生命をなげうち、一揆を起こした者もいて、義民《ぎみん》として語り継がれることにもなった。

下総《しもうさ》佐倉《さくら》藩領の名主、**佐倉惣五郎**《そうごろう》（木内宗吾《きうちそうご》）もその一人で、藩主である堀田《ほった》氏の圧政を将軍の徳川家綱《いえつな》に直訴した伝承がある。願いが聞き届けられ領民は救われたが、惣五郎は死刑になったとされる。のちに多くの物語が生まれたが、近年、モデルになった人物がわかってきている。

以後も江戸時代を通じ、一揆は多数起こり、村民が団結して行う**惣百姓一揆**《そうびゃくしょう》も起きるようになる。**享保**《きょうほう》**の飢饉**《ききん》、**天明**《てんめい》**の飢饉**など大規模な飢饉が起こった江戸時代中期以降は、町人や農民が、金融業者や米商人などを襲撃する**打ちこわし**も多発し、幕政の限界をさらけ出すようになる。

直訴する惣五郎 『東叡山農夫願書』（東京都立図書館蔵）

1701－1703年

太平の世に起こった復讐劇

赤穂事件《あこう》

勝利 赤穂浪士 VS 敗北 吉良義央

場所 江戸

吉良義央《きらよしひさ》を討て！

1701年、江戸城内松之大廊下《まつのおおろうか》において、赤穂藩主の**浅野長矩**《あさのながのり》が高家《こうけ》（幕府の儀礼を司る旗本《はたもと》）の**吉良義央**に小刀で切りつけるという事件が起きた。長矩は勅使接待役《ちょくしせったいやく》を務めており、その中で両者の人間関係に不和があったとされるが、直接の理由はわからない。

当然、接待中の刃傷《にんじょう》は赦されず、長矩は即日切腹、浅野家は改易《かいえき》となった。しかし、義央はおとがめなしとなり、これに赤穂藩の家臣が怒って問題が大きくなった。

結局、牢人となった赤穂藩の者は、筆頭家老だった**大石良雄**《おおいしよしたか》を中心に義央への復讐を画策。翌年の12月14日に47（46）名で江戸吉良邸へ突入し、義央を刀槍《とうそう》で斬殺する。

1703年2月、幕府の命で大石らは切腹した。経済発展をとげた元禄時代のできごとであり、武士が戦うことさえめずらしかった。彼らの行動は義挙《ぎきょ》とされ、『**忠臣蔵**《ちゅうしんぐら》』となって浄瑠璃や歌舞伎の演目として人気になっていった。

赤穂浪士らの討ち入り

雪中、吉良邸に突入する人気の場面。
『忠臣義士夜討之図』（東京都立図書館蔵）

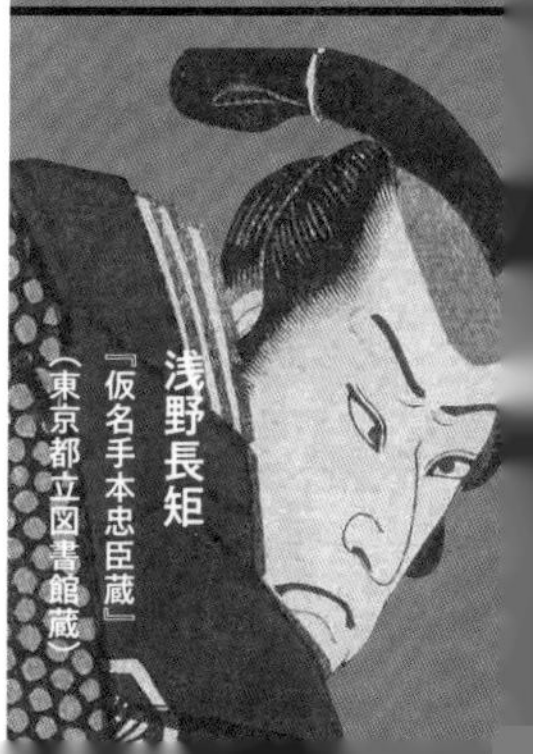

浅野長矩
『仮名手本忠臣蔵』（東京都立図書館蔵）

200年以上続いた鎖国が終わる

外国船の来航と開国

敗北 × 日本

VS

勝利 ○ 諸外国

場所

日本沿岸各地

蒸気船

『異國落葉篭』（東京都立図書館蔵）

いきさつ

欧州では産業革命

江戸幕府が鎖国を完成させたのは17世紀半ばのことだった。以後も日本は農業を根幹とした体制で発展を続けるが、商業資本の増大にともない社会の矛盾も目立つようになる。そんな中、18世紀にはイギリスで**産業革命**が起こり、他の西欧諸国もこの流れに乗る。蒸気機関の発明により、蒸気船や機関車が登場し、**植民地獲得競争**を激化させる。

19世紀初頭にはフランスの**ナポレオン**が日本の貿易相手国であるオランダを属国化し、これと争うイギリス船が長崎港で略奪をした**フェートン号事件**が起きる。これらのことから幕府は**異国船打払令**《いこくせんうちはらいれい》を発した。

しかし、1842年に**アヘン戦争**で大国の**清**が敗北したことを知ると、打払令の続行を危険と判断し、外国船に補給を許す**薪水給与令**《しんすいきゅうよれい》を実施する。この頃になると、藩政改革を行い、強勢化する雄藩《ゆうはん》も現れてくる。**鍋島直正**《なべしまなおまさ》の佐賀藩や**島津斉彬**《なりあきら》の薩摩藩などは、1850年以降、大砲の製造が可能な**反射炉**《はんしゃろ》を設けるなど、軍事的にも近代化していく。

経過

黒船来航

1844年にはオランダ国王から開国を勧める親書が届き、1846年にはアメリカ東インド艦隊司令長

ペリー（模本）

ColBase（https://colbase.nich.go.jp）

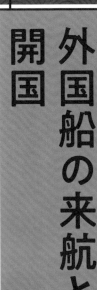

官のビッドルが通商を求めるが、幕府は鎖国を理由に拒否した。

だが、1853年4月にアメリカ東インド艦隊司令長官の**ペリー**が琉《りゅう》球《きゅう》に上陸し、太平洋における基地化を探る。さらに小笠原諸島を巡ったペリー艦隊は6月に**浦賀**《うらが》へ現れた。船体に蒸気で動く外輪を備えた巨艦に人々は驚き、**「黒船」**《くろふね》と呼んだ。ペリーは開国と通商を強硬に求める国《こく》書《しょ》を携えて上陸した。

黒船来航

『皇国一新見聞誌』(東京都立図書館蔵)

翌年の回答を約束したため、ペリーは退去したが幕府は騒然となる。老中の**阿部正弘**《あべまさひろ》は朝廷に報告し、諸大名にも意見を求め挙国一致で乗り切ろうとした。だが、事態はさらに動き、7月にはロシアの極東艦隊司令長官**プチャーチン**が来日した。

1854年、再来日したペリーと幕府は**日米和親条約**《にちべいわしんじょうやく》を締結。下田と箱館《はこだて》(函館)が開港され、アメリカへの最恵国待遇《さいけいこくたいぐう》も認めた。鎖国は終わり、イギリス・ロシア・オランダとも同様の条約を結んだ。

結果

攘夷論の隆盛

世界の流れにのみ込まれるように開国した日本。だが、江戸中期以降に**国学**《こくがく》が隆盛したこともあり、国内には外国勢力を排除し鎖国を続けるべきという**攘夷論**《じょういろん》も根強く、以後、衝突を生むことになる。

阿部正弘像

戦乱のポイント

アヘン戦争

イギリスが中国を侵略したアヘン戦争では、ネメシス号なる東インド会社の最新鋭鋼鉄汽船が縦横無尽に清のジャンク船(木製帆船)を沈めたと喧伝された。だが、イギリス艦隊が同様の船ばかりのはずもなく、勝敗を決めたのは軍事技術だけではなく、現在は複合的な理由だったと考えられている。

1862－1864年

攘夷の熱が討幕の機運に変わる

幕末の動乱

敗北 ×
薩摩藩
長州藩

VS

勝利 ◎
諸外国

場所
薩摩、長州

島津斉彬
『近代日本人の肖像』（国立国会図書館蔵）

いきさつ

桜田門外の変

日米和親条約に則り、1856年に初代アメリカ総領事として下田に着任した**ハリス**は、通商条約締結に動く。同時期に第二次アヘン戦争とされる**アロー戦争**で、清が英仏連合軍に敗北したこともあり、ハリスは幕府に対し強硬に迫った。

国内では攘夷論も盛んで、朝廷は条約の締結には反対だった。しかし、大老の**井伊直弼**《いいなおすけ》は朝廷の許可なしに調印し、**日米修好通商条約**《しゅうこうつうしょう》が成立した。その条約は関税自主権が日本になく、領事裁判権《りょうじさいばんけん》も認めた不平等条約であったが、同様の条約をオランダ・ロシア・イギリス・フランスとも締結。日本は問答無用に世界貿易に組み込まれていった。

幕府もオランダから買った**咸臨丸**《かんりんまる》で幕臣の**勝海舟**《かつかいしゅう》をアメリカに渡らせるなど、近代化へ舵を切った。だが、国内では攘夷論の高まりと同時に、勅許なしの条約調印が反幕府の流れを生むようになる。その中で、13代将軍の**徳川家定**《いえさだ》が病弱で子もないため後継問題が起こる。福井藩主の松平慶永《よしなが》、薩摩藩士の島津斉彬らは**一**《ひとつ》**橋慶喜**《ばしよしのぶ》を立て、雄藩による幕政改革を企図する。しかし、井伊直弼は幼年の紀伊藩主・**徳川家茂**《いえもち》を将軍にした。当然、これには一橋派だけでなく、各雄藩や志士らも怒った。これに対し、直弼は粛清で臨み、慶永は

吉田松陰
『近代日本人の肖像』
（国立国会図書館蔵）

謹慎となり100人以上が罰せられた。長州藩で**尊王攘夷《そんのうじょうい》**を唱えた**吉田《よしだ》松陰《しょういん》**や福井藩で慶永を支えた**橋本《はしもと》左内《さない》**らが刑死する（**安政《あんせい》の大獄《たいごく》**）。

1860年、これに激怒した水戸藩の志士らを中心とした一派が登城中の井伊直弼を襲撃、暗殺する（**桜《さくら》田門外《だもんがい》の変**）。幕府の強権手法は限界を露呈し、老中の**安藤信正《あんどうのぶまさ》**は朝廷に近づき**公武合体《こうぶがったい》**で政局の安定を図った。しかし、1862年にはその信正も襲撃され、失脚する。

その後、斉彬の弟である**島津久光《ひさみつ》**があっせんする形で一橋慶喜が将軍後見職となり、松平慶永が大老に値する政事総裁職に任じられ、公武合体路線の**文久《ぶんきゅう》の改革**がはじまる。

桜田門外の変を描いた錦絵

『大日本歴史錦繪』（国立国会図書館蔵）

経過

薩英戦争と長州征討

江戸では幕府の改革は進むが、各地では攘夷論が急進的になる。1862年には江戸から戻る島津久光らがイギリス人と揉め、薩摩藩士が数名を殺傷する**生麦《なまむぎ》事件**が起こった。

イギリスと薩摩藩は交渉を続けるが、翌年にイギリス艦隊が横浜から薩摩へ向かい、7月に戦闘となる（**薩《さつ》英《えい》戦争**）。薩摩の台場《だいば》からの砲撃に対して、イギリスは艦砲射撃で応酬し、双方被害を出してイギリス艦隊は撤退。戦後の交渉の中、薩摩は攘夷をあきらめ、イギリスとの関係を深める方向に進んだ。

もう一方の雄藩である**長州藩**では、1863年5月に下関海峡を通る外

戦乱のポイント

造船技術

200年以上の鎖国によって海外と大きな差がついたのが造船技術。江戸時代は陸地を視認して進む沿岸航行が主流となり、外洋船の造船技術が戦国時代より後退した。このためペリー来航後に大船建造の禁が解かれると、幕府や薩摩藩が海外の造船書などを頼りに西洋帆船を建造することになった。

薩英戦争

イギリス艦隊の艦砲射撃と薩摩藩の台場からの砲撃の応酬となった。

戦乱のポイント

下級藩士

幕末の動乱では、各藩の下級藩士出身者が多く活躍した。薩摩藩の西郷隆盛、大久保利通、長州藩の高杉晋作、木戸孝允、土佐藩の坂本龍馬《さかもとりょうま》らだ。現状の幕政が続いても、上がり目がないことが原動力だったことは否めないが、彼らがすぐれた教育を得ていたこともポイントだ。

国船を砲撃する事件が起きた。だが、8月に薩摩や会津などの公武合体派が急進的尊王攘夷派の長州を京から追放する**（八月十八日の政変）**。翌年、長州の急進派は京に入り、薩摩や会津藩士らと御所付近で交戦に至る**（禁門《きんもん》の変）**。これで朝敵となった長州藩に征討の勅命が出され、幕府は征討軍を組織**（第一次長州征討）**。同時に、イギリス・フランス・アメリカ・オランダによる四国連合艦隊が前年の砲撃への報復として下関を攻撃した。長州藩は方針転換を余儀なくされ幕府に恭順した。

島津久光

『近代日本人の肖像』
（国立国会図書館蔵）

高杉晋作

『近代日本人の肖像』
（国立国会図書館蔵）

結果

攘夷から討幕へ

どちらも敗れた形になった薩摩藩と長州藩だが、薩摩では**西郷隆盛《さいごうたかもり》**、**大久保利通《おおくぼとしみち》**、長州では**高杉晋作《たかすぎしんさく》**や**桂《かつら》小五郎《こごろう》（木戸孝允《きどたかよし》）**らが藩政に影響力を持つようになり、攘夷から討幕へと性格を変容させる。これにイギリス駐日公使のパークスが乗る形で、雄藩連合による討幕という道筋が生まれることになる。

壇ノ浦砲台跡（山口県下関市）

江戸時代の武具

黒糸威胴丸具足《くろいとおどしどうまるぐそく》

戦国武将・黒田長政の甲冑を模してつくられた当世具足。長政の子、黒田高政所用。

ColBase（https://colbase.nich.go.jp/）

山田長政像

タイで日本人町の長となり、アユタヤ朝で活躍したとされる。

ColBase（https://colbase.nich.go.jp/）

泰平《たいへい》の世、武具を用いることはなく、象徴的物品となる

刀《かたな》

鎌倉時代の太刀を磨上げ、打刀として鞘などの拵（こしらえ）を施したもの。
刀身：鎌倉時代・13世紀　拵：江戸〜明治時代・19世紀
ColBase（https://colbase.nich.go.jp/）

合戦のない時代

太刀は刃が下になる形で腰に吊るして装備したが、室町時代の中期以降、刃を上にして帯に差す「打刀《うちがたな》」が主流になる。太刀の長い刀身では扱いづらいため、短く加工する「磨上《すりあ》げ」をして用いることも多かった。一般的に「刀」といえば、この打刀をいう。

戦国時代以降、合戦の主力の武器は槍や鉄砲となり、刀を用いることは少なくなったが、幕末期はこれで斬り合う戦闘が多発した。

江戸時代は合戦もないため、甲冑を用いることも少なくなった。ただし、大名家などでは先祖を尊ぶ意味で、藩祖などの甲冑を模したものがつくられた。

また、江戸時代初期には海外に出て、戦働《いくさばたら》きで立身しようという者も少なからずいた。タイのアユタヤ朝で活躍した山田長政《やまだながまさ》は、日本人で構成された傭兵部隊を率い、戦国武士らしい戦闘能力を発揮し、異国の地で活躍したという。

第8章

近現代

この時代のポイント

- ▶ 西南戦争を経て士族（武士）の世が終わる
- ▶ 新興国の日本が大国の清とロシアに勝利する
- ▶ 国民を犠牲にした悲惨な戦争で敗北する

鳥羽・伏見の戦い
（東京都立図書館蔵）

1867年

12月12日 徳川慶喜《とくがわよしのぶ》、京の二条城から大坂城へ移る

12月23日 江戸城の二の丸焼失。薩摩藩が関与していたことから旧軍臣や佐幕派《さばくは》が激高

1868年

P232

戊辰戦争

1月3日 **旧幕府軍、鳥羽・伏見の戦いで薩摩・長州軍に敗れる（戊辰戦争《ぼしんせんそう》がおこる）**

1月6日 徳川慶喜、大坂城を脱出し江戸へ向かう

2月 明治天皇、徳川慶喜追討のための天皇親征《しんせい》の詔を発する

3月6日 新政府軍、江戸城総攻撃を3月15日と決める

3月13日 **幕府側の勝海舟《かつかいしゅう》と新政府側の西郷隆盛《さいごうたかもり》が会談。**

P232

戊辰戦争

3月14日 **翌日、江戸城開城に合意（江戸城無血開城）**

明治天皇、五箇条の御誓文《ごせいもん》を発する

この頃、甲陽鎮撫隊《こうようちんぶたい》（旧新選組《しんせんぐみ》）が甲州で新政府軍と交戦。

近藤勇《こんどういさみ》らは逃走するも捕縛され、のちに処刑される

4月 江戸城開城。徳川慶喜、水戸で謹慎となる

5月3日 **奥羽越各藩（会津・庄内・長岡藩など）、反新政府で同盟（奥羽越列藩同盟《おううえつれっぱんどうめい》）。**

以後、東北各地で戦闘が繰り広げられる

5月15日 旧幕臣が結成した彰義隊《しょうぎたい》、上野の寛永寺《かんえいじ》で交戦するも鎮圧される（**上野戦争**）

8月19日 榎本武揚《えのもとたけあき》、旧幕府の軍艦8隻を奪い逃走する

8月23日 新政府軍、会津若松《あいづわかまつ》城を攻撃開始

9月8日 **元号を明治と改める**

（国立国会図書館蔵）

新政府軍の攻撃から江戸の街を救ったのが勝海舟だ。

年	月日	参照	出来事
	9月22日	P232 戊辰戦争	会津藩が降伏する
	10月13日		**明治天皇が江戸城に入り、江戸を東京と改める**
	12月		榎本武揚、蝦夷地を制圧し五稜郭《ごりょうかく》を拠点とする
1869年	5月11日	P232 戊辰戦争	新政府軍が榎本武揚らが拠る五稜郭を攻撃（**箱館戦争《はこだてせんそう》**）
	5月18日		**榎本武揚らが降伏し五稜郭開城（戊辰戦争が終結）**
1871年	7月		廃藩置県《はいはんちけん》を実施
1872年	9月		横浜―新橋間で鉄道が開業
1873年	1月		政府、徴兵制《ちょうへいせい》を制定
	10月	P234 士族の反乱と西南戦争	征韓論《せいかんろん》をめぐり、政府内で征韓派と内治派が対立
	10月15日		西郷隆盛らが主張する朝鮮派遣（遣韓使）を決定する
	10月24日		明治天皇、岩倉具視《いわくらともみ》の上奏をいれ朝鮮派遣を中止する
	10月25日		**朝鮮派遣の中止をうけ、征韓派の西郷隆盛・板垣退介《いたがきたいすけ》・副島種臣《そえじまたねおみ》・後藤象二郎《ごとうしょうじろう》・江藤新平《えとうしんぺい》らが参議を辞任（明治六年の政変）**
1874年	2月		征韓派の江藤新平らが佐賀で挙兵（**佐賀の乱**）。翌月に鎮圧される
	6月		西郷隆盛、鹿児島に士族の子弟を教育するための私学校を設立する
1875年	5月		ロシアと樺太・千島交換条約を調印

西郷が描かれた征韓論之図（国立国会図書館蔵）

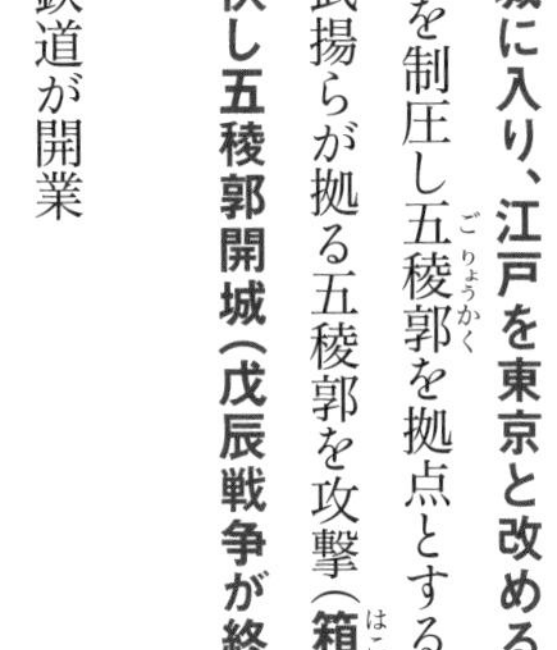
戊辰戦争の最後の舞台となった函館市の五稜郭。

年	月日	参照	出来事
1876年	3月	P234 士族の反乱と西南戦争	政府、廃刀令《はいとうれい》を発する
	10月24日		太田黒伴雄《おおたぐろともお》を中心とした熊本の士族が廃刀令に反対して挙兵（**神風連《しんぷうれん》の乱**）
	10月27日		宮崎車之助《みやざきしゃのすけ》を中心とした福岡の旧秋月《あきづき》藩士族が反乱（**秋月の乱**）
	10月28日		前参議の前原一誠《まえばらいっせい》を中心とした山口の士族らが反乱（**萩《はぎ》の乱**）
1877年	2月15日		**西郷隆盛、鹿児島で挙兵（西南戦争《せいなんせんそう》がおこる）**
	2月21日		池部吉十郎《いけべきちじゅうろう》（熊本県の士族）、西郷隆盛に呼応して挙兵
	2月22日		西郷軍、熊本城を包囲する
	3月20日		**政府軍、熊本の田原坂《たばるざか》の戦いで西郷軍を破る**
	4月1日		大分県の士族らが県庁を襲撃
	4月14日		黒田清隆《くろだきよたか》率いる政府軍が熊本城に入る
	9月1日		西郷隆盛、鹿児島に戻る
	9月24日		**西郷隆盛、城山《しろやま》で自害する（西南戦争が終結する）**
1882年	5月	P242 第一次世界大戦	**ドイツ・オーストリア・イタリアの間で相互防衛条約が成立（三国同盟）**
1889年	2月11日	P242 第一次世界大戦	**大日本帝国憲法が発布される**
1894年	1月		露仏同盟が成立
	3月	P236 日清戦争	朝鮮の全羅道《チョルラド》で東学党《とうがくとう》率いる農民軍が蜂起する（**甲午《こうご》農民戦争**）
	5月		東学党軍が全羅道の道都・全州《チョンジュ》を占領。朝鮮は清に派兵を要請
	6月2日		日本、朝鮮への派兵を決定

西南戦争錦絵（国立国会図書館蔵）

西郷隆盛は明治維新の立役者ながら、西南戦争で敗れた。

6月9日　清軍が到着し、東学党軍と政府が講和する

6月16日　外務大臣陸奥宗光《むつむねみつ》、朝鮮での反乱が収まっていないことを理由に朝鮮政府改革を共同で行うことを清に提案する

6月22日　清、日本の提案を拒否して朝鮮改革を単独で行うことを日本に通告

7月23日　**日本軍、漢城《ハンソン》の朝鮮王宮を占領。朝鮮の清国への従属破棄と独立を確認する**

7月25日　日本軍、豊島沖《ほうとうおき》で清の海軍を破る（**豊島沖海戦**）

7月29日　日本軍、成歓《せいかん》の戦いで勝利し牙山《アサン》を占領

8月1日　**日本、清に宣戦布告（日清戦争が始まる）**

9月15日　日本軍、平壌を攻撃し翌日に占領する

9月17日　日本軍、黄海《こうかい》で清の北洋艦隊を撃破（**黄海の海戦**）

10月　東学党軍が再び蜂起して日本軍と戦う

11月7日　**日本軍、大連《だいれん》（遼寧省《りょうねい》）の旅順《りょじゅん》を占領**

11月21日　**日本軍、遼東《りょうとう》半島を占領**

1895年

2月　日本軍、清の北洋艦隊の拠点・威海衛《いかいえい》を占領。前後して日清講和会談が始まる

3月23日　**日本軍、台湾の西の澎湖《ほうこ》諸島に上陸**（のちに占領）

3月30日　日清休戦条約を締結

4月17日　**下関条約（日清講和条約）に調印（清は台湾と澎湖諸島を日本へ割譲）**

満州に到着した歩兵第一連隊。（朝日新聞社提供）

旅順を砲撃する日本軍。（朝日新聞社提供）

年	月日	参照	事項
1895年	4月23日	P236 日清戦争	**ドイツ・フランス・ロシアが遼東半島を清へ返還するよう勧告（三国干渉《さんごくかんしょう》）**
	6月		台湾を統治するための台湾総督府を台北《タイペイ》に設置する
1897年	10月		台湾総督府官制を公布する
1899年	3月	P238 日露戦争	**中国の山東省《さんとう》で義和団《ぎわだん》事件がおこる**（帝国主義列強に対する農民らの排外運動）
1900年	6月		**北京に侵入した義和団を制圧するために8カ国連合軍（日本、アメリカ、イギリス、ロシアなど）が派兵を決定（北清事変《ほくしんじへん》）**
	9月		連合軍、北京を鎮圧。清と北京議定書を結ぶ
1902年	1月		**日英同盟協約が成立。**この頃から朝鮮半島に勢力を伸ばそうとするロシアと交戦
1903年			満州と朝鮮半島の権益をめぐり日露交渉が続く
1904年	2月6日		日露交渉は決裂し、国交断絶をロシアに通告する
	2月8日		日本軍、旅順港のロシアの軍艦を撃沈
	2月10日		**ロシアに宣戦布告（日露戦争がはじまる）**
	2月23日	P240 韓国併合	**日韓議定書《にっかんぎていしょ》に調印**（韓国の安全を保障し、軍事上必要な土地の収用が可能に）
	4月	P242 第一次世界大戦	英仏協商が成立
	5月1日	P238 日露戦争	日本軍、朝鮮北部の鴨緑江《おうりょっこう》を強行渡河し、九連城《きゅうれんじょう》を占領
	5月5日		日本軍、遼東半島の大連北方に上陸
	8月10日		日本軍、黄海でロシア艦隊と海戦（**黄海海戦**）
	8月14日		日本軍、蔚山沖でウラジオストク艦隊を撃退する

ロシアと戦うために旅順に向かう連合艦隊。（撮影 日本軍 朝日新聞社提供）

年	月日	参照	テーマ	出来事
	8月19日			日本軍、遼東半島の旅順を攻撃するも失敗に終わる
	8月22日	P240	韓国併合	**第一次日韓協約に調印**（日本政府が推薦する財政・外交顧問を設置）
	8月26日	P238	日露戦争	日本軍、遼東半島の遼陽《りょうよう》に進撃開始
	10月			日本軍、沙河《さか》付近でロシア軍を攻撃（**沙河の会戦**）
	12月			**日本軍、再び旅順を攻撃し203高地を占領**
1905年	1月			旅順のロシア軍が降伏
	3月			**日本軍、奉天《ほうてん》を総攻撃し占領する（奉天会戦）**
	5月			**東郷平八郎《とうごうへいはちろう》率いる連合艦隊が、ロシアのバルチック艦隊に勝利（日本海海戦）**
	6月			アメリカ大統領セオドア＝ルーズヴェルトが日露両国に講和を勧告
	9月			**ポーツマス条約（日露講和条約）に調印。** 韓国に対する日本の指導・保護・監理をロシアが認める
	11月	P240	韓国併合	**第二次日韓協約に調印**（京城に統監を設置し、韓国の外交権を日本が掌握する）
1906年	2月			漢城の韓国統監府の事務を開始
	8月	P244	日中戦争	**関東州（中国北部・遼東半島）の治安に関する関東都督府《ととくふ》官制《かんせい》を公布**
	11月			南満州《みなみまんしゅう》鉄道を設立
1907年	7月	P240	韓国併合	**第三次日韓協約に調印**（韓国内政を統監の指導下におき、韓国軍隊を解散）
	8月	P242	第一次世界大戦	**イギリス・フランス・ロシアの三国協商が成立**

戦艦三笠は日露戦争時の連合艦隊旗艦。（朝日新聞社提供）

年	月	参照	出来事
1909年	10月	P240 韓国併合	伊藤博文《いとうひろぶみ》、満州のハルビンで安重根《アンジュングン》に暗殺される
1910年	8月		**韓国併合を取り決めた日韓条約に調印**（大韓帝国を朝鮮に改める）
	10月		日本、京城（ソウル）に朝鮮総督府を設置する
1911年	2月		日米通商航海条約に調印（関税の自主権を確立）
	8月	P240 韓国併合	日本、朝鮮教育令を公布（日本語授業など同化政策をはかる）
	10月		**中国で辛亥《しんがい》革命がおこり、清朝が滅亡する**（翌年、中華民国が成立）
1914年	6月	P242 第一次世界大戦	**オーストリアの皇太子がサラエボでセルビアの民族主義者に暗殺される**
	7月		**オーストリアがセルビアに宣戦布告（第一次世界大戦がはじまる）**
	8月		三国同盟（1882年）にもとづきドイツがロシアに、 三国協商（1907年）にもとづきイギリスがドイツに宣戦布告。 日本、日英同盟を理由にドイツへ宣戦布告
	10月		日本軍、赤道以北のドイツ領南洋諸島を占領
	11月		日本軍、ドイツ軍の要塞青島《チンタオ》を占領
1917年	11月		**ロシア革命がおこりロマノフ王朝が滅亡。ソヴィエト政権が誕生する**
1918年	8月		ロシアへの干渉のため日本・アメリカ・イギリス・フランスがシベリアに出兵
	11月		ドイツで革命がおき、帝政ドイツが滅亡する
1919年	1月		パリ講和会議が開催（〜6月）
	3月		**朝鮮の京城（ソウル）で、三・一独立運動がおきる（朝鮮総督府が鎮圧）**

年	月	参照	出来事
	4月	P240 韓国併合	関東都督府が廃止され、旅順の関東庁と関東軍（日本陸軍）になる
	6月	P242 第一次世界大戦	**ヴェルサイユ条約が調印される**
1923年	9月1日		関東大震災が発生
1924年	1月	P244 日中戦争	中国国民党と中国共産党が反帝国主義で連携（**第一次国共合作《こっきょうがっさく》**）
1925年	3月		**治安維持法《ちあんいじほう》が成立する**
	10月		京城（ソウル）に天照大神《あまてらすおおみかみ》を祭神とする朝鮮神宮を創建
1927年	5月		田中義一《たなかぎいち》内閣、山東省《さんとう》に関東軍を出兵させる（山東出兵）
	9月	P244 日中戦争	南京《ナンキン》政府が武漢《ぶかん》を統合し、蔣介石《しょうかいせき》が国民政府の主席となる。
			国共合作（1924年）は瓦解し、国民党軍は北方の軍閥と内戦状態になる（北伐《ほくばつ》）
1928年	3月		治安維持法により共産党員が大量逮捕（**三・一五事件**）
	6月	P244 日中戦争	**関東軍が満州軍閥の張作霖《ちょうさくりん》が乗る列車を爆破（張作霖爆殺事件）**
1929年	10月		アメリカで株価が大暴落（**世界恐慌**）
1931年	9月		**関東軍、奉天近郊の柳条湖《りゅうじょうこ》で南満州鉄道を爆破（柳条湖事件）**。
			中国軍による爆破と偽り、軍事行動をおこす。国際連盟はリットン調査団を派遣
	10月	P244 日中戦争	関東軍、錦州（遼寧省）を爆撃し、戦線が拡大
1932年	1月		上海《シャンハイ》で日本軍と中国軍が軍事衝突（第一次上海事変）
	3月		**関東軍の主導で満州国の建国を宣言。清朝最後の皇帝溥儀《ふぎ》を執政にむかえる**

年	月日	参照	出来事
1932年	5月15日	P244 日中戦争	**海軍の青年将校らが犬養毅《いぬかいつよし》首相を暗殺（五・一五事件）**
	9月		政府、満州国を承認
1933年	2月		国際連盟、リットン報告書にもとづき日本軍の満州撤兵勧告案を採決
	3月		**日本、国際連盟の脱退を通告**
1936年	2月26日		**陸軍の青年将校らが首相官邸を襲撃し高橋是清《たかはしこれきよ》大蔵大臣らを暗殺（二・二六事件）**
1937年	7月		**北京郊外の盧溝橋《ろこうきょう》で日本軍と中国軍が交戦、日中戦争が始まる（盧溝橋事件）**
	8月		上海で日本軍と中国軍が軍事衝突（第二次上海事変）
	9月		抗日民族統一戦線が結成される**（第二次国共合作）**
	12月1日		国民政府（蔣介石）、首都を南京から重慶《じゅうけい》へ移す
	12月13日		**日本軍、南京を占領（南京事件）**
1938年	4月		政府、国家総動員法を公布する
	10月		日本軍、広東《カントン》（広州《こうしゅう》）、武漢三鎮《ぶかんさんちん》（漢口《かんこう》・武昌《ぶしょう》・漢陽《かんよう》）を占領
1939年	2月		日本軍、中国南部の海南島《かいなんとう》に上陸
	5月		**ノモンハン事件がおこる**（国境をめぐり日本とソ連が衝突）
	9月1日	P246 第二次世界大戦	**ドイツがポーランドに侵攻。第二次世界大戦が始まる**
	9月3日		イギリス・フランスがドイツに宣戦布告
	12月	P244 日中戦争	朝鮮総督府、創氏改名を実施（朝鮮人の氏名を日本式に変更）
1940年	3月		汪兆銘《おうちょうめい》、南京に新国民政府を樹立

南京に入城する日本軍。（朝日新聞社提供）

年	月日	参照	出来事
	9月23日		日本軍、フランス領の北部インドシナへ進駐（北部仏印進駐《ほくぶふついんしんちゅう》）
	9月27日	P246 第二次世界大戦	**日独伊《にちどくい》三国同盟が成立**
	11月	P244 日中戦争	汪兆銘と日華基本条約を締結
1941年	4月		**日ソ中立条約を締結**
	6月	P246 第二次世界大戦	ドイツとソ連が開戦、ドイツ軍はモスクワ攻略に失敗する
	7月		日本軍、フランス領の南部インドシナへ進駐（南部仏印進駐）
	8月		アメリカ、日本への石油の輸出を停止する
	12月1日		御前会議で、対アメリカ・イギリス・オランダとの開戦を決定
	12月8日		**日本軍、ハワイの真珠湾《しんじゅわん》を攻撃。マレー半島に上陸（太平洋戦争がはじまる）**
	12月10日		日本軍、マレー沖海戦でイギリスの東洋艦隊を撃沈
	12月11日		ドイツとイタリアが対アメリカ宣戦布告
1942年	1月		日本軍、フィリピンのマニラを占領
	2月		日本軍、シンガポールを占領（イギリス軍が降伏）
	3月		ジャワのオランダ軍が降伏
	5月		マニラ湾の入口に位置するコレヒドール島のアメリカ軍が降伏
	6月		**日本軍、ミッドウェー海戦で大敗（空母4隻、航空機300機を失う）**
	8月		ソロモン海戦が行われ、日本軍はガダルカナル島周辺の制海権を失う

真珠湾で沈没した戦艦アリゾナ。（朝日新聞社提供、撮影／米軍）

弥生～奈良時代
平安時代
鎌倉時代
室町時代
戦国時代
安土桃山時代
江戸時代
近現代

P246

日本海軍の連合艦隊司令長官、山本五十六元帥。（朝日新聞社提供）

第二次世界大戦

硫黄島南海岸に強行上陸する米軍。（朝日新聞社提供、撮影／米軍）

年	月日	出来事
1943年	1月	ニューギニア島ブナの日本軍が全滅
	2月1日	**日本軍、アメリカ軍の攻撃を受けガダルカナル島から撤退を開始**
	4月	山本《やまもと》五《い》十《そ》六《ろく》（連合艦隊司令長官）、ソロモン群島の上空で戦死
	5月	日本軍、アッツ島（アリューシャン列島）の守備隊がアメリカ軍の攻撃で全滅
	9月	イタリア、連合国に無条件降伏
	11月	満州・タイ・中国南京政府の代表が集まり大東《だいとう》亜《あ》会議を開催（大東亜共同宣言）
1944年	6月	連合国軍、ノルマンディー上陸作戦を敢行する
	7月4日	**日本軍、ビルマ・インドのアッサム地方の制圧を目指したインパール作戦に失敗**
	7月7日	サイパン島が陥落する（日本本土がアメリカのB29の爆撃圏に入る）
	10月24日	日本軍、レイテ沖海戦で敗北（戦艦武蔵《むさし》など連合艦隊の主力を失う）
	10月25日	神風特別攻撃隊が初出撃
1945年	2月	連合国のルーズヴェルト（米）・チャーチル（英）・スターリン（ソ連）らが、クリミア半島のヤルタで会談
	3月10日	**B29爆撃機による東京大空襲**（江東区を中心に死者約10万人）
	3月17日	日本軍、硫《い》黄島《おうじま》の守備隊が全滅
	4月	アメリカ軍、沖縄本島に上陸
	5月	**ドイツ、連合国に無条件降伏**
	6月	日本軍、沖縄の組織的な抵抗を終える

年	月日	出来事
	8月6日	**アメリカ軍、広島にウラン型原子爆弾を投下**
	8月8日	**ソ連が対日宣戦布告、満州・樺太に侵攻する**
	8月9日	**アメリカ軍、長崎にプルトニウム型原子爆弾を投下**
	8月14日	**日本、連合国のポツダム宣言を受諾**
	8月15日	昭和天皇によるポツダム宣言受諾の旨をラジオで放送（**玉音放送**《ぎょくおんほうそう》）。全軍に無条件降伏を命じる
	8月30日	**連合国軍最高司令官マッカーサーが来日**
	9月2日	東京湾のアメリカ戦艦ミズーリ上で降伏文書に調印
	10月	マッカーサー、婦人参政権など五大改革指令を日本政府に指示
1946年	1月	昭和天皇、自身の神格を否定（**人間宣言**）
	5月	極東国際軍事裁判が始まる（東条英機《とうじょうひでき》、広田弘毅《ひろたこうき》元首相らが死刑）
	11月	**日本国憲法が公布される**
1951年	9月	**サンフランシスコ平和条約に調印**。日本は主権を回復する
		日米安全保障条約に調印
1956年	12月	**日本、国際連合に加盟**（国際社会に復帰する）
1972年	5月	**沖縄が返還される**
	9月	日中国交正常化を果たす

原爆によって破壊された広島の街。（朝日新聞社提供、撮影／米軍）

サンフランシスコ講和会議に出席した吉田茂首相。（朝日新聞社提供）

マッカーサー元帥を訪問した昭和天皇。（朝日新聞社提供、撮影／GHQ）

1868－1869年

討幕か佐幕か？ 揺れながら実態は進んだ

戊《ぼ》辰《しん》戦争

勝利 新政府軍 VS 敗北 旧幕府軍

場所

京都、会津、箱館など

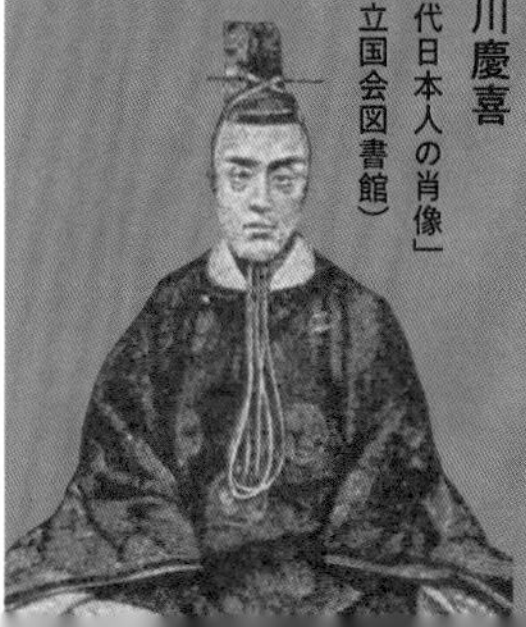

徳川慶喜
「近代日本人の肖像」
（国立国会図書館）

いきさつ 幕府を、生かすか倒すか？

長州藩では高杉晋作らが実権を握り討幕の動きを加速させたため、幕府は再度の長州征討を決める**（第二次長州征討）**。しかし、1866年に土佐出身の**坂本龍馬**、**中岡慎太郎**《なかおかしんたろう》の斡旋で**薩摩の西郷隆盛**と**長州の木戸孝允**が会見し、**薩長**《さっちょう》**同盟**の密約が成立。同年に幕府が長州へ軍を動かしても薩摩は応じない。実際に長州攻撃を開始しても、求心力の低下した幕府に周辺の諸藩の動きは鈍く、幕府軍は苦戦する。すると、14代将軍の徳川家茂が病で急死。幕府軍は撤退した。幕府は**徳川慶喜**を15代将軍とした。だが、威信の低下は否めず、前土佐藩主の山内豊信《やまうちとよしげ》（容堂《ようどう》）は後藤象二郎《しょうじろう》らの**公議政体論**《こうぎせいたいろん》（徳川氏と雄藩らによる衆議での政治）の立場から慶喜に**大政奉還**《たいせいほうかん》を建議する。

しかし、内実は将軍を議長とした合議制だったため、武力討幕派の薩長は受け入れがたい。そこに公家の**岩倉具視**《いわくらともみ》が慶喜討伐の密勅を両藩に渡す。ほぼ時を同じくして1867年10月14日に慶喜は大政奉還を奏上し、翌日に朝廷が許可した。ここで2つのルートが同時に動き出す。

坂本龍馬
「近代日本人の肖像」
（国立国会図書館蔵）

経過 討幕勢力の新政府

討幕勢力は薩長だけでなく土佐にもあり、11月にはこれら討幕軍が出立。しかし、15日には坂本と中岡が京都で何者かに暗殺された。

12月9日、朝廷は幕府を廃絶し、摂政と関白を廃止するなど**王政復古**《おうせいふっこ》**の大号令**を発した。だが事態はまだ揺れ、12日に徳川慶喜が京都二条城から大坂城へ移るも、新政権に幕府の影響力が残る懸念が大きくなった。23日には江戸城の二の丸が焼失する事件が起きた。薩摩が挑発したものであり、佐幕派が激高した。

鳥羽・伏見の戦い

『皇国一新見聞誌』（東京都立図書館蔵）

1868年1月、京都に集結していた幕府軍が薩長と交戦状態に入り、幕府軍が敗退（**鳥羽**《とば》**・伏見**《ふしみ》**の戦い**）。これを受けて慶喜は大坂城を脱出し、薩長は慶喜追討令を出して討幕を既成事実とした。

2月には東征軍が出立。以後、各地で新政府軍と佐幕派との戦闘が展開される。

3月、江戸城攻撃を15日と決めた新政府軍だが、13日に**勝海舟**と西郷隆盛が会談し、14日に江戸城は**無血開城**となる。江戸幕府が終わった。

結果

戊辰戦争が終わる

それでも、奥州諸藩は反新政府で**奥羽越列藩同盟**《おううえつれっぱんどうめい》を結び、東北で交戦を続けた。8月には新政府軍が会津若松城への攻撃を開始（翌月、会津藩は降伏）。同月に**榎本武揚**《えのもとたけあき》が旧幕府の艦隊を奪い逃走し、12月に北海道を制圧して箱館の五稜郭《ごりょうかく》に拠る。旧新選組《しんせんぐみ》の土方歳三《ひじかたとしぞう》らも参加したが、1869年5月に榎本らが降伏し、戊辰戦争が終結した。

戦乱のポイント

龍馬暗殺

坂本龍馬と中岡慎太郎が出た土佐藩は後藤象二郎を中心に公議政体論に傾いていた。これは討幕派の「薩長」とは相容れないが、坂本らは討幕を許容していたとされる。ただ、土佐が微妙な位置にあったのはたしかだ。両名暗殺の首謀者は佐幕派とされるも、謎となっている理由がここにある。

1874－1877年

士族《しぞく》の反乱と西南《せいなん》戦争

既得権益を失った武士らの抵抗

勝利 新政府軍

VS

敗北 不平士族 西郷隆盛ほか

場所

佐賀、福岡、山口、熊本など

いきさつ 武士の権益を奪う

発足した新政府は、中央集権化と近代化のために江戸時代までの封建体制の解体をめざした。まず諸大名から領地と人民を天皇に返還させる**版籍奉還**《はんせきほうかん》を実施。さらに**廃藩置県**《はいはんちけん》を行い、全国を政府の直轄下に置いた。諸藩の反発も想定される中での断行だが、現実は戊辰戦争などの財政支出から財政が窮乏している藩も多く、旧藩の債務を棄捐《きえん》、もしくは新政府が引き継ぐ形としたため、大きな混乱もなく改革が成った。

四民平等《しみんびょうどう》をうたう政府は、公卿《くぎょう》や大名を華族《かぞく》、武士を士族、それ以外を平民《へいみん》とした。平安時代以降、土地と結びつき戦士としておこった武士は、江戸幕府下では戦士を兼ねる役人と化し、新政権下では存在意義が希薄になる。さらに1873年に**国民皆兵**《こくみんかいへい》の徴兵制が導入されると、武士はもはや特権的な戦士でもない。

それでも士族には家禄《かろく》という給金が支給されていた。だが、1876年にはこれを廃止する**秩禄処分**《ちつろくしょぶん》が行われた。緩和策も用意されてはいたが、多くの士族は没落。同年には**廃刀令**《はいとうれい》も出され、新政府は旧武士層から既得権益を急激に奪った。

経過 士族の蜂起

政府内では対朝鮮への外交姿勢をめぐる**征韓論争**《せいかんろんそう》が起こり、内治優先

大久保利通

「近代日本人の肖像」（国立国会図書館蔵）

論の大久保利通、木戸孝允らと、征韓論の**西郷隆盛**、**板垣退助**《いたがきたいすけ》らがぶつかった。

結局、1873年に西郷らが一斉に下野《げや》する事件が起きた（明治六年の政変）。

この征韓派と不平士族が結びつき、反乱が頻発するようになる。1874年には征韓論で下野した江藤新平《えとうしんぺい》らが佐賀県庁を襲撃。政府軍が鎮圧し、江藤は刑死した（**佐賀の乱**）。1876年には廃刀令に怒った士族が熊本で蜂起する**神風連**《しんぷうれん》**の乱**が勃発。

西南戦争

『西郷城山戦死の図』（東京都立図書館蔵）

呼応して福岡では**秋月**《あきづき》**の乱**、山口では**萩**《はぎ》**の乱**も起きた。

この頃、西郷隆盛は鹿児島で士族らの教育機関である**「私学校**《しがっこう》**」**を設立していた。だが、この学校の存在は鹿児島において大きく、政府からも危険視されるようになる。結局、急進化する生徒らに擁立される形で西郷は1877年に挙兵（**西南戦争**）。熊本城を攻めるが陥落には至らず、鹿児島で抵抗を続けたが、9月に西郷が自刃し終戦となった。

結果
自由民権運動へ

政府軍は西郷軍の倍の兵力があったが、双方同程度の死傷者があり、徴兵制の軍は課題を残した。

しかし、これを最後に士族の反乱は止む。不満の受け皿は、下野した板垣退助、後藤象二郎らによる**自由民権運動**へと移ることになった。

戦乱のポイント

維新三傑《いしんさんけつ》

維新の功労者として三傑に数えられるのが薩摩の西郷隆盛、大久保利通、長州の木戸孝允。だが、西南戦争中に木戸は病死し、西郷は戦死した。残った大久保も翌年に不平士族に暗殺される。運命のように実力者が去り、世代交代が起きて山県有朋《やまがたありとも》や伊藤《いとう》博文《ひろぶみ》らによって、議会制度が進んでいく。

板垣退助

「近代日本人の肖像」（国立国会図書館蔵）

1894－1895年

新興国の日本が大国の清と戦った

日清《にっしん》戦争

敗北 × 清国

勝利 ○ 日本

VS

場所

朝鮮半島、黄海、遼東半島など

陸奥宗光

「近代日本人の肖像」（国立国会図書館蔵）

いきさつ

日本の朝鮮半島進出

明治政府は、成立間もなく朝鮮半島への進出を図るが、当時の李氏《りし》朝鮮の宗主国は清国であった。このため日本との間に対立関係が生まれた。

朝鮮の中では高宗《こうそう》の王妃、閔妃《ミンビ》が権力を握っており、初期は日本と協調し近代化を図った。しかし、守旧派が反乱した**壬午軍乱《じんごぐんらん》**で清国が介入すると、朝鮮は清寄りに転じる。清《しん》仏《ふつ》戦争で清が敗れたのを契機に起きた**甲申事変《こうしんじへん》**でも清国の干渉が続いた。

1894年3月、朝鮮の民衆宗教である**東学党《とうがくとう》**が全羅道《チョルラド》で蜂起した**（甲午《こうご》農民戦争）**。朝鮮は鎮圧できず清国に派兵を要請。すると、日本も派兵を行い、**陸奥宗光《むつむねみつ》外相**は日清による朝鮮改革案を提案した。しかし、これを清国は拒否し、日本は単独で朝鮮改革を行うことを通告した。

豊島沖海戦

（朝日新聞社提供）

ちょうどこの頃、日本は不平等条約の改正に挑んでおり、イギリスとの間に**日英通商航海条約**を調印することに成功する。イギリスは南下するロシアと中央アジアなどで対立しており、日本に対ロシアの一翼を期待していた。日本側も日清対立において、イギリスの中立を確認できたため、利益が大きかった。

経過

黄海を制圧

同年7月23日、日本軍は漢城《ハンソン》の朝

鮮王宮を占領し、朝鮮の独立と清国への従属破棄を確認した。

25日には豊島沖《ほうとうおき》海戦で日本が清国海軍に勝利し、29日には陸軍が成歓《せいかん》の戦いに勝ち、翌日に牙山《アサン》を占拠。朝鮮半島南部を制圧した日本は8月1日に**清国に宣戦布告**した。

9月16日には平壌を占領し、17日に**黄海**《こうかい》で清海軍の主力である北洋艦隊を撃破する。11月には清国内の大《だい》連《れん》、旅順《りょじゅん》を攻略。翌年の2月には山東半島にあった北洋艦隊の拠点、**威**《い》**海衛**《かいえい》を占拠した。これで北京至近の渤海《ぼっかい》への入り口を制した形になり、清国との講和会議がはじまる。

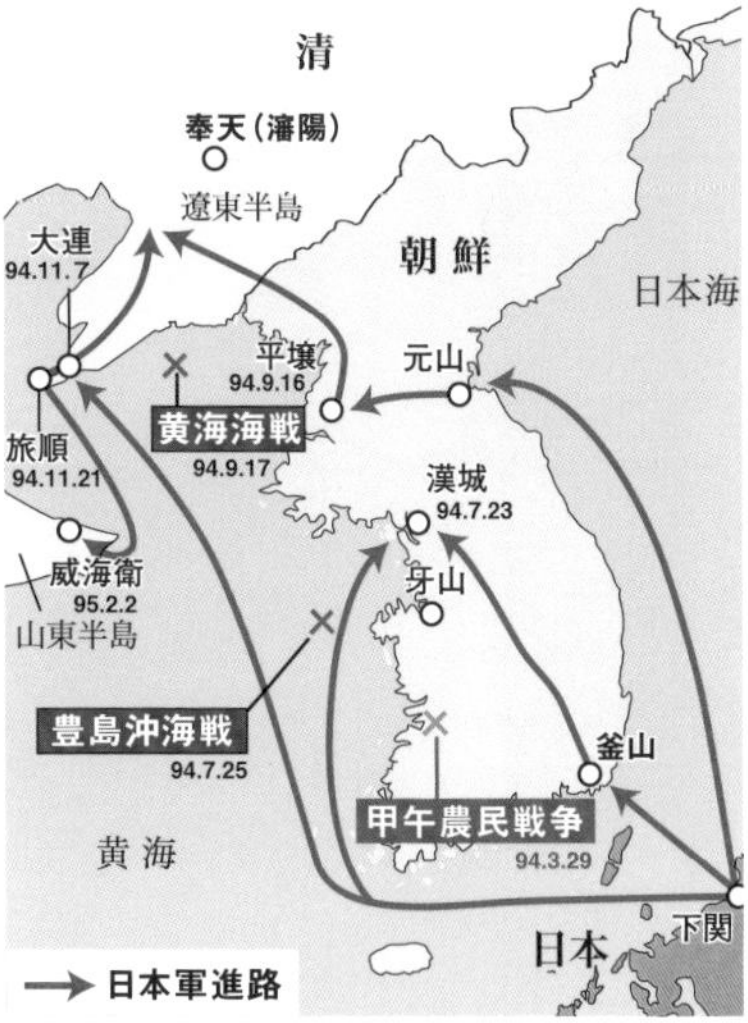

日清戦争

結果 清の威信失墜

3月30日には**日清休戦条約**が調印され、4月には日本側全権の伊藤博文、陸奥宗光、清側の李《り》鴻章《こうしょう》の間で**下関条約（日清講和条約）**が締結される。朝鮮の独立、遼東半島、台湾、澎湖《ほうこ》諸島の日本への割譲、賠償金の支払いなどを清側は認めた。

だが、これには国際的な反発が起こり、ロシア・ドイツ・フランスは遼東半島の清への返還などを勧告した（**三国干渉**《さんごくかんしょう》）。日本側は応じるしかなく、反ロシアの世論が高まる。

しかし、大国とされた清国が新興国の日本に敗れた衝撃は大きく、清国の威信は失墜し、欧米列強の進出が加速することになる。

戦乱のポイント

清国への認識

アヘン戦争などで海外の侵略を受けた清国は、その後、洋務《ようむ》運動という近代化を進めたため、大兵力を擁する大国とされていた。しかし、新興国の日本にあっけなく敗れたため欧米諸国の認識が大きく変わった。以後、列強は清国への進出を躊躇しなくなり、各地の要衝が租借地になっていく。

1904－1905年

日露《にちろ》戦争

莫大な戦費と人命を投じた日本とロシア

敗北 ×　ロシア

勝利 ○　日本

VS

場所

遼東半島、日本海など

東郷平八郎

「近代日本人の肖像」

（国立国会図書館蔵）

いきさつ　ロシアの南下政策

日清戦争後、帝国主義列強は露骨に清国へ進出した。1899年にはこれに反対する秘密結社が蜂起した**義和団事件《ぎわだんじけん》**が起こる。

翌年には英・米・日・仏・露・独など8カ国連合軍が出兵したが、清国政府は義和団と結んで宣戦布告した。

だが、連合国側が鎮圧し、北京議定書が結ばれる（**北清事変《ほくしんじへん》**）。主力となった日本の軍事力が注目され、ロシアの南下政策に対抗する共通の目的のもと、1902年に**日英同盟**が成立。以後、1923年まで、この同盟は続くことになった。

すでに日本とロシアの対立構造は明白で、日本国内では主戦論、非戦論が議論された。

経過　莫大な消耗戦が続く

1903年には、**満州《まんしゅう》**と**朝鮮半島**の権益をめぐって日露交渉が続けられたが不調に終わる。

1904年2月6日には交渉の打ち切りと国交断絶をロシアに通告。

日本海海戦

（朝日新聞社提供、撮影／同盟通信）

旅順の203高地

（朝日新聞社提供）

2月8日に旅順港のロシア艦隊を攻撃した。大国ロシアとの戦争を念頭に日銀副総裁の**高橋是清**《たかはしこれきよ》は外債募集のために渡米。戦費ねん出に奔走した。だが、日本軍はロシアが租借地としていた旅順を攻撃するも1万5千人以上の死傷者を出し失敗。再攻撃も失敗するが、12月の総攻撃で激戦地**203高地**を占領。1905年1月に旅順のロシア軍が降伏した。

3月には満州のロシア軍拠点の奉《ほう》天《てん》に日本が25万、露が32万の兵を投入した**（奉天会戦）**。1週間の激戦で日本側が優位になったが、すでに日本軍の戦力は限界に近く、講和の道が探られる。

5月、ヨーロッパ海域から来たロシア最大の艦隊、バルチック艦隊を**東郷平八郎**《とうごうへいはちろう》率いる日本の艦隊が撃破した**（日本海海戦）**。その後、壊滅的打撃を受けたロシアも講和へ傾いた。

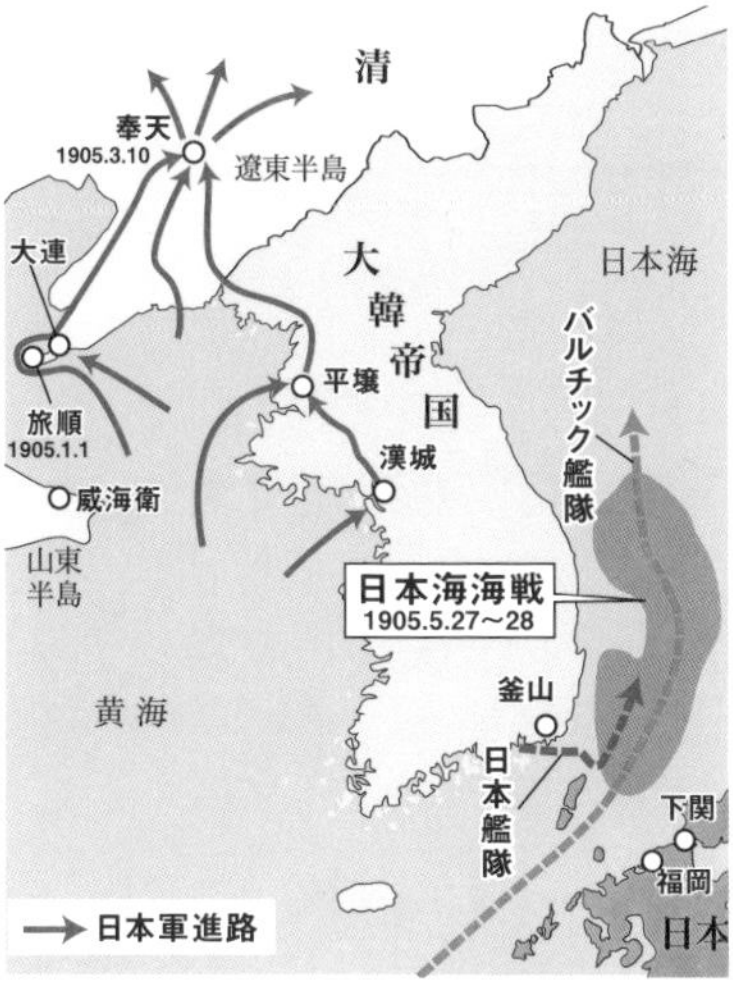

日露戦争

結果
ポーツマス条約調印

6月、日本からの要請でアメリカの**セオドア＝ルーズヴェルト大統領**が日露に講和を勧告。9月に**ポーツマス条約（日露講和条約）**が調印される。日本は朝鮮半島の権益を確保、旅順と大連の租借権、長春以南の東清《とうしん》鉄道と利権などを得た。日本はロシアの南下を抑制することはできたが、期待していた賠償金は得られず、世論の反発に苦しむことになる。

戦乱のポイント

経済力の戦い

日本海海戦は東郷平八郎らの戦術や兵士らの士気の高さから史上稀有の戦果をあげた。しかし、この時代から戦争は様変わりし、旅順攻略のように莫大な人命と物資を要する国家総力戦へと変わっていく。人智や工夫で戦争の結果が左右される時代は終わり、経済力が問われる戦いになっていく。

1910年

韓国併合《かんこくへいごう》

清国・ロシア・日本が争った半島の植民地化

敗北 ✕ 大韓帝国

VS

勝利 ○ 日本

場所

朝鮮半島

伊藤博文

「近代日本人の肖像」(国立国会図書館蔵)

いきさつ

親露、親日政権で揺れる

明治政府の成立以降、日本は朝鮮半島の植民地化をねらってきた。その中で朝鮮の宗主国だった清国との対立が生まれる。

朝鮮国内でも高宗の后である閔妃がロシアに接近し、親日本側の**金玉均《キムオッキュン》**を暗殺する事件が起こる。これも理由となって**甲午農民戦争**が起こり、日清戦争へ発展した。

日本は閔妃と対立する高宗の父である**大院君《テウォングン》**の政権を誕生させるが、三国干渉で日本の影響力が後退すると、閔妃がロシアの影響下でクーデターを起こして復権する。

すると、日本公使館守備隊らが王宮に突入し、閔妃を殺害する事件が起きた。結果、大院君による親日政権が再び誕生した。だが、高宗は親露政権を樹立し、**大韓帝国**と国号を変えた。この朝鮮国内での対立が、日露戦争を引き起こし、戦争が進む中、日本の影響力を高める**第一次日韓協約**が締結される。

日露戦争が講和に進むと、**桂太郎《かつらたろう》首相**とアメリカ陸軍長官の**タフト**との間で日本による韓国指導権、アメリカのフィリピン統治を互いに認める密約が成る**(桂・タフト協定)**。

経過

伊藤博文暗殺

ポーツマス条約が成立すると、日

高宗

(朝日新聞社提供)

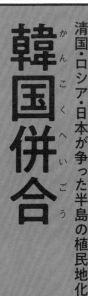

本による韓国保護は国際的了解事項となり、**第二次日韓協約**が締結。韓国は外交権を失い、漢城に**統監府**が置かれて伊藤博文が統監となる。

　すると、1907年にオランダのハーグで開かれた万国平和会議に高宗が密使を送り、独立回復をねらう**(ハーグ密使事件)**。これに怒った伊藤は高宗を退位させ、純宗《じゅんそう》を即位させた。ここで**第三次日韓協約**を結び、内政権を奪い、韓国軍を解散。時期を見ての韓国併合が既定路線となる。

　これに対し、韓国軍の一部による反日抗争、**義兵運動**が起き、全国に拡大する。1909年には義兵運動、独立運動を行う**安重根**《アンジュングン》が伊藤博文を暗殺する事件が起こり、続いて韓国首相の**李完用**《イワニョン》も襲撃された。

統監府前の伊藤博文
(朝日新聞社提供)

寺内正毅
「近代日本人の肖像」(国立国会図書館蔵)

結果
韓国併合

　これらの事件を機に韓国は全統治権を日本に譲り併合される。1910年8月、**韓国併合条約**に統監の**寺内正毅**《てらうちまさたけ》、韓国首相の李完用が調印。完全な植民地化であり、大韓帝国は廃止されて、**日本領朝鮮**となった。

戦乱のポイント
植民地統治

植民地の統治には、相手国の独立を認めながら租借などで影響力を及ぼすものから、外交権などを奪う保護領など、自治を認める度合いが異なる。日本は朝鮮半島に対して、段階を踏んで植民地化を進め、最後は併合という、もっとも影響力の大きい手法にまで進んだことになる。

1914－1918年

第一次世界大戦

多大な人的、経済的資源を投入した世界戦争

敗北　✕　ドイツ　オーストリア　ほか

VS

勝利　◎　英、仏　日本ほか

場所

世界

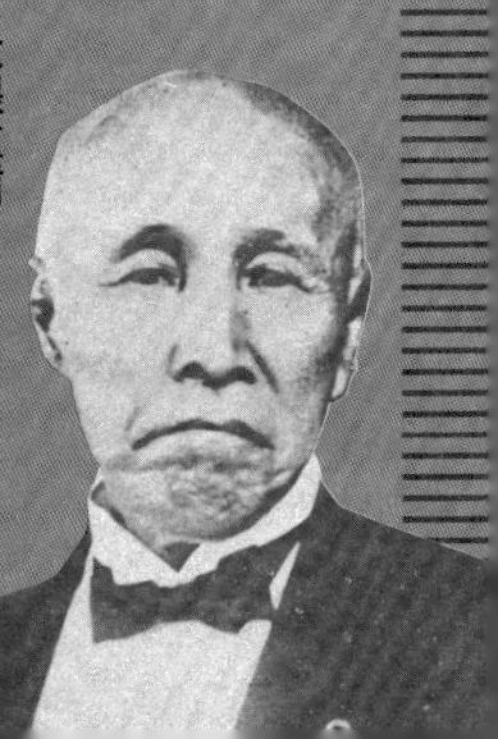

大隈重信

「近代日本人の肖像」（国立国会図書館蔵）

いきさつ

独仏の対立

中世、ドイツは神聖ローマ帝国として存在したが、フランスのナポレオンの台頭で崩壊し、オーストリアを盟主としたドイツ連邦が生まれる。その中からプロイセン王国が台頭し、普仏戦争でフランスを破り、**ドイツ帝国**が生まれた。

この経緯からドイツとフランスは対立関係にあり、**1882年にドイツ・オーストリア・イタリアが相互防衛の三国同盟を結ぶ。フランスもロシア・イギリスと結び、**対ドイツ包囲体制である**三国協商**を成立させ、両陣営の間の緊張が高まった。

根本はヨーロッパにおける対立であったが、ドイツは世界政策という植民地獲得競争を急激に進めたため、対立は世界規模となった。

その中で日本は**日英同盟**を根拠に三国協商側にあった。

三国同盟と三国協商

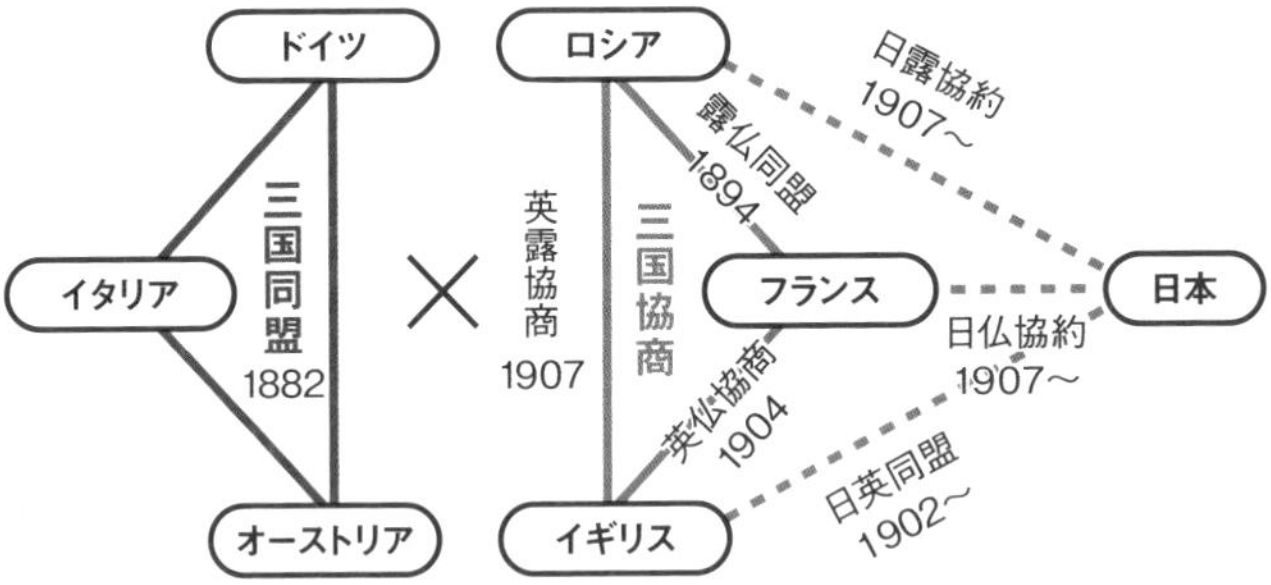

経過

類を見ない損害

1914年、オーストリア皇太子がサラエボでセルビアの民族主義者

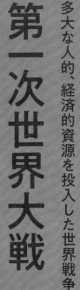

に暗殺され、オーストリアがセルビアに宣戦布告した。

三国同盟、三国協商を根拠にドイツがロシアとフランスに、イギリスがドイツに宣戦布告。世界大戦が勃発した。ドイツはベルギーを突破し、フランスへ侵攻するが、マルヌの戦いで敗北。スイスからイギリス海峡に至る塹壕《ざんごう》が掘られ、激戦となった西部戦線が構築された。他の地域でも大量の兵員が投入される戦闘が多発。世界史上類を見ない損害を生んだ。

日本は**大隈重信《おおくましげのぶ》内閣**のもと、8月にドイツへ宣戦布告し、アジアのドイツ領に侵攻。中華民国に二十一カ条の要求を行い、中国における権益拡大もねらった。

第一次世界大戦時の英国式戦車

（朝日新聞社提供）

結果 疲弊と戦争終結

ヨーロッパ諸国は疲弊し、1917年に**ロシア革命**が起こると、**ロマノフ王朝は滅亡**。**レーニン**を中心に**ソヴィエト政権**が生まれた。

これに干渉するため、日・米・英・仏がシベリアに出兵。日本は中心となって1922年まで駐留した。

1918年にはドイツ革命が起こり、ドイツ帝国が滅亡。翌年の**パリ講和会議**で**ヴェルサイユ条約**が結ばれ、戦争は終結した。これを機に国際平和機構の樹立が提唱され、1920年に**国際連盟**が発足した。

戦乱のポイント

変わる戦争

西部戦線のように、兵士が穴を掘って隠れる塹壕戦がこの時代は主流となる。大量の歩兵を投入し、その突破のために新兵器の戦車を用いた。前線に物資を運ぶ鉄道が敷かれ、後方では産業施設がその物資を生産する。戦争は軍だけでなく、政治も産業も人的資源も費やす国家総力戦に変わった。

1937－1945年

戦争回避の時代、軍部は泥沼の戦争へ

日《にっ》中《ちゅう》戦争

敗北 ×　日本

VS

勝利 ○　中華民国 中国共産党

場所

中国大陸

蒋介石
（朝日新聞社提供）

いきさつ

暴走する軍部

砦や城を築いて争う時代は長かった。そこに火砲が発明され、攻城法が変化。戦争は軍人によって行われたが市民の被害も大きくなる。

植民地時代になると、戦争の主体は国家となり、規模が拡大。その極致である第一次世界大戦では、世界の投入兵力が7千万人とされ、軍人1千万人、民間700万人（推計数に諸説あり）という死者を出した。**国家総力戦**の時代、戦争回避の流れが生まれ**国際連盟**誕生する。

だが、その時代に日本は軍部独走を許す。1928年には満州軍閥の巨頭、**張作霖**《ちょうさくりん》を日本の関東軍が爆殺する事件が起こる。1931年には関東軍が奉天郊外の**柳条湖**《りゅうじょうこ》で南満州鉄道線路を爆破。中国軍の行為として武力行使に至る**（満州事変）**。国際連盟は**リットン調査団**を派遣したが、清朝最後の皇帝だった**溥儀**《ふぎ》を執政とした**満州国**を建国。傀儡国家であることは明白で、日本は国際的非難を浴びて孤立した。

溥儀
（朝日新聞社提供）

経過

日中戦争開戦

1932年、海軍の若い将校らと右翼団体がクーデターを起こし、**犬**《いぬ》**養毅**《かいつよし》**首相**を殺害する**五・一五事件**が起きる。同月に海軍大将の**斎藤実**《さいとうまこと》を首相とする**挙国一致**《きょこくいっち》**内閣**が発足し、

弥生〜奈良時代
平安時代
鎌倉時代
室町時代
戦国時代
安土桃山時代
江戸時代
近現代

二・二六事件
（朝日新聞社提供）

政党政治が終わった。

翌年、満州国を否定するリットン報告書に基づき国際連盟は日本軍撤退を勧告し、日本は**国際連盟を脱退**。

1936年には、陸軍の皇道《こうどう》派《は》が軍部政権の樹立をめざしクーデターを起こし、斎藤実、高橋是清らを殺害したが、反乱軍として鎮圧される（**二・二六事件**）。

中国側では国民党と共産党の内戦が続いていたが、張作霖の子、**張学《がく》良《りょう》**が国民党の**蒋介石《しょうかいせき》**を監禁し、抗日を約束させる。翌年、**第二次国共合《こっきょうがっ》作《さく》**が成り、日本と戦う形になる。

1937年7月、北京郊外の盧溝《ろこう》橋《きょう》で日本軍と中国軍が原因不明の武力衝突に至り（**盧溝橋事件**）、日中戦争がはじまる。

結果
泥沼の戦争へ

日中戦争
（朝日新聞社提供）

以後、日本は広大な中国大陸各地に兵を進めることになり、戦争は泥沼化していく。

同時期にヨーロッパではドイツが孤立し、第二次世界大戦へと時代は動く。日本は中国に足を踏み入れたまま、さらにアメリカとも戦端を開き、後戻りできなくなっていく。

戦乱のポイント

協調の変化

日露戦争などは各国が互いの植民地支配を認め合う国際協調路線の中での勝利と戦後処理だった。だが、第一次世界大戦後、世界は平和協調に向かう。しかし、日本は北部中国の権益を安定させるため、それに反して軍部が動く。その結果、日本は孤立し太平洋戦争の無条件降伏まで走り続けた。

1939－1945年

二度と起こしてはいけない戦争

第二次世界大戦

勝利 ○ 連合国 アメリカ イギリスほか

VS

敗北 × 枢軸国 日本、ドイツ ほか

場所 世界

近衛文麿「近代日本人の肖像」（国立国会図書館蔵）

いきさつ

ヨーロッパの戦争

第一次世界大戦後、共和制となったドイツは、1929年の世界恐慌以降の混乱が拡大し、**ナチスのヒトラー**が台頭。1933年に首相となり、翌年には大統領と首相を兼ねた総統となって独裁政権を築く。

孤立する日本はこのドイツと**ムッソリーニ**が独裁するイタリアに接近し、1936年に日独防共協定、翌年にイタリアも加えた**日独伊防共協定**が結ばれる。

ヒトラーと日独伊三国同盟

（朝日新聞社提供）

日本は日中戦争を開始し、南京《ナンキン》を占領すると、1938年に**近衛文麿《このえふみまろ》首相**が国民政府との和平交渉を打ち切る。国民政府はアメリカ・イギリス・ソ連の協力で抵抗を続けたため、日本の孤立はさらに進んだ。

国内ではナチスのような強力な体制が必要との声が大きくなり、**国家総動員法**が制定される。

ソ連との衝突も起き、**張鼓峰《ちょうこほう》事件**、**ノモンハン事件**で武力衝突に至り、日本軍は大きな損害を出す。しかし、1939年8月にドイツがソ連との不可侵条約を締結。日本を含めた世界が衝撃を受ける中、9月にポーランドへ侵攻。ポーランドと同盟するイギリスとフランスがドイツに宣戦し、**第二次世界大戦**が勃発した。

経過

太平洋戦争

当時の阿部信行《あべのぶゆき》内閣、次の米内光政《よないみつまさ》内閣も世界大戦への不介入を宣言し、日中戦争の収束をめざした。

だが、陸軍は近衛文麿を首相にしたナチス的体制をめざし、第2次近衛内閣が誕生。政党が解党され**大政**《たいせい》**翼賛会**《よくさんかい》が発足した。

東条英機

「近代日本人の肖像」

（国立国会図書館蔵）

ミッドウェー海戦

（朝日新聞社提供、撮影／米軍）

1940年9月には**日独伊三国同盟**が締結される。ただし、日本はアメリカの参戦を阻止したく、日米交渉がはじまる。日本はソ連とも中立条約を結び、アメリカに対し優位を保とうとしたが、さらに対米関係が悪化していく。

1941年6月にはドイツが不可侵条約を破りソ連に侵攻。米・英がソ連を支援し戦争は局面を変える。日本は南進政策でフランス領インドシナへ進駐したが、アメリカは対日制裁を強化。さらに米・英・中・蘭の4国で協力し、各国頭文字からABCD包囲網と呼ばれる経済封鎖を行う。

日米交渉が行き詰まり、陸軍の**東**《とう》**条英機**《じょうひでき》が首相となると、日本は対米開戦を決定する。

12月8日に日本海軍がアメリカ、

戦乱のポイント

航空機の戦争

第一次世界大戦は塹壕と軍艦の戦争だった。しかし、第二次世界大戦では航空戦力が飛躍的に発展する。日本は真珠湾《しんじゅわん》攻撃でその優位性を証明したが、以後、アメリカ軍の航空機に悩まされる。とくに爆撃機による攻撃は民間人の多大な被害を生んだ。当然、そこには原爆投下の被害も含まれる。

東京大空襲後の新宿

（朝日新聞社提供）

ハワイの真珠湾を奇襲、陸軍はイギリス領のマレー半島に上陸し、太平洋戦争がはじまる。

開戦後の半年で東南アジアの多くを占領した日本軍だが、1942年6月に**ミッドウェー海戦**で海軍が壊滅的な敗北をした。政府はこれを国民に秘匿したが、戦況は一気に悪化していく。

翌年2月にはガダルカナル島から撤退。ヨーロッパではドイツ軍がスターリングラードでソ連軍に大敗した。9月にはイタリアが連合国に降伏している。

1944年6月、米軍を中心とした連合国軍が**ノルマンディー上陸作戦**を敢行し、ドイツ軍の不利が決定的になる。7月には米軍によってサイパン島が陥落し、日本軍3万人が全滅した。

1945年になると、米の**ローズヴェルト**、英の**チャーチル**、ソ連の**スターリン**が**ヤルタ**で戦後処理について会談。日独の敗戦は時間の問題となっていた。国民生活も窮乏する中、日本は戦争を継続し、3月には**東京大空襲**で10万人の死者を出し、

沖縄戦ひめゆり部隊の自決

（朝日新聞社提供、撮影／米軍）

原爆投下後の広島（朝日新聞社提供、撮影／米軍）

同月からの沖縄戦でも守備軍10万、住民10万という多大な犠牲を生む。

結果

無条件降伏

ヒトラーが自殺し、同年5月、**ドイツは無条件降伏**した。7月には米・英・中の連名で日本に降伏が勧告された（**ポツダム宣言**）。だが、**鈴木《すずき》貫《かん》太郎《たろう》**内閣はこれを黙殺。8月6日に**広島**、9日に**長崎**に**原子爆弾**が投下された。8日にはソ連が対日参戦を通告しており、満州と樺太へ侵攻。

14日、御前会議でポツダム宣言の受諾が決まり、15日、終戦の詔勅が放送され、戦争が終わった。

長い戦争が生んだ結果は、取り返しのつかない多大な人命の犠牲、富の喪失であり、得たものなどない無条件降伏だった。

連合国軍最高司令官
マッカーサーと昭和天皇
（朝日新聞社提供、撮影／GHQ）

戦乱のポイント

連合国と国際連合

英語では日独伊の枢軸国（Axis powers）、連合国（United Nations）と表記される。後者は現在の国際連合と同じであり、実際にこの大戦に勝った植民地競争の勝ち組を中心に国連は生まれた。このため、拒否権という中途半端な設定が今も存在し、国際紛争解決を妨害している。

索引

語句　ページ

あ

会津若松城……220
赤糸威鎧……58
赤坂城……64,77
明石全登……207
赤松則村……65,77
赤松政則……87,108,126
赤松政村(晴政)……112
赤松満祐……86,100
秋月の乱……222,235
明智秀満(光春)……175
明智光秀……152,154,162,164,170,172,174,176,180
赤穂事件……199,211
阿衡の紛議……33,45
朝倉氏景……108
朝倉貞景……109
朝倉孝景……89,104,108,122
朝倉教景……113
朝倉義景……149,150,162,164
浅野内匠頭長矩……199,211
浅野幸長……158
朝日姫……155,179
足利成氏……86,101,108,118,136
足利尊氏…65,77,82,84,90,94,98
足利直冬……84,95
足利直義……65,82,84,90,94,99
足利晴氏……112,137
足利政知……87,118
足利満兼……85,98
足利持氏……85,86,99
足利基氏……84,98
足利義昭……117,123,148,150,162,164,166,168,170,172
足利義詮……84,96
足利義勝……102
足利義材(義稙)……109,110,122,124,129
足利義澄……109,122,129
足利義維……125
足利義輝(義藤)……114,116,132,138,162
足利義教……85,86,99,118
足利義晴……114,124,132
足利義尚……89,104,108,122,126
足利義政……86,88,102,108
足利義視……87,88,103,122
足利義満……84,95,96,128
足利義持……85,97,99
安達景盛……73
安土城……151,170,194
阿弖流為……32,41
姉川の戦い……149,164
安倍貞任……35,48
安倍宗任……35
安倍頼時……34,48
阿部正弘……213
天草四郎(益田時貞)……199,209
尼子勝久……143,149,152
尼子経久…110,112,127,129,142
尼子晴久……112,116,142
荒木村重……152,165,167
有岡城……152
有間皇子……15
有馬晴信……153
安国寺恵瓊……160,174,189
安重根……226,241
安政の大獄……204,215
安藤信正……204,215
安徳天皇(言仁親王)…37,38,54,56
安和の変……34,48

い

井伊直弼……204,214
井伊直政……187
伊賀惣国一揆……153
伊賀光季……61,70
池田勝正……163,164
池田恒興……175,176,178
池田輝政……160
池田屋事件……205
異国船打払令……201,212
生駒親正……193
胆沢城……32,41
石川数正……193
石田三成……159,160,186,189
石橋山の戦い……38,55
石山戦争……109,152
石山本願寺(大坂御坊)……131,151,152
維新三傑……235
伊勢宗瑞(北条早雲)……109,110,120,134,144
板垣退助……221,235
板倉勝重……197
板倉重昌……199,209
一条大宮の戦い……88
一ノ谷の戦い……39,56
厳島の戦い……115,143
一向一揆……131,149,167,168
一向宗(門徒)……109,130
一国一城令……198
乙巳の変……15,22
伊藤博文……226,241
稲葉山城(岐阜城)……113,148,154,162
犬養毅……228,244
犬上御田鍬……14
犬山城……193
井上内親王……17
今川氏真……117,148
今川氏親……110,120,144
今川氏輝……111,112
今川仮名目録……111
今川範忠……86,118
今川義元…112,116,135,141,144
今川了俊(貞世)……85,95,96
壱与……12,19
伊予親王……32,43
磐井の乱……13,24
磐城平元文一揆……200
岩倉城……116
岩倉具視……232
岩成友通……117,133,163
院政……35,52
インパール作戦……230

う

上杉顕定(山内上杉氏)……109,110,119,136
上杉景勝……152,158,160,180,186,188,206
上杉謙信
(長尾景虎、上杉政虎、上杉輝虎)……113,114,116,131,135,136,138,148,150,152,170,192
上杉定実……110
上杉定正(扇谷上杉氏)…109,119
上杉禅秀(の乱)…85,99,118,134
上杉朝定……137
上杉朝良……110
上杉憲定……85
上杉憲実……86,99
上杉憲忠……86,118
上杉憲房……111
上杉憲政……114,117,137
上杉房顕……86
上杉房能……110,136
上杉能憲……84
上野戦争……220
上野原の戦い……116
ヴェルサイユ条約……227,243
宇喜多直家……171
宇喜多秀家……158,187,196
宇佐山城の戦い……165
宇治川の戦い……56
宇多天皇……33,45
浦上則宗……126

え

永享の乱……86,100
永正の錯乱……124
江口城の戦い……114
越相同盟……148
江藤新平……221,235
江戸城(無血開城)……156,160,194,220,233
江戸幕府……196,206
榎本武揚……220,233
蝦夷……14,40,58

お

お市(の方)……176
奥羽越列藩同盟……220,233
応永の乱……85,97,98
奥州藤原氏……51,60,67
王政復古の大号令……205,233
応天門の変……33,44
応仁の乱……88,102
大海人皇子(天武天皇)……15,26
大石良雄……199,211
大井信達……111
大内政弘……88,104,108,128

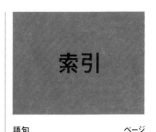

清原真衡……35,50
清原武貞……50
清原武則……35,49,50
清原成衡……50
吉良義央(上野介)……199,211
キリスト教禁止令……208
義和団事件……224,238
金閣……96
禁中並公家諸法度……198
欽明天皇……21
禁門の変……205,217

く

九鬼嘉隆……152
草摺……58
楠木正成… 64,77,82,94,106,192
楠木正行……83,94
百済……24
沓掛城……116,145
熊本城……194
来目皇子……14
倶利伽羅峠の戦い……39,56
黒糸威胴丸具足……218
黒韋肩妻取威胴丸……106
黒田長政……157,158,185
黒田孝高(如水)……
……155,161,175,181,194
黒船来航……213

け

慶安事件……199
慶長遣欧使節……196
慶長の役……158,185
下剋上……105,141
元弘の変……64
原子爆弾……231,249
元和の大殉教……198
顕如… 149,150,152,165,166,171
建武式目……83,92

こ

五・一五事件……228,244
弘安の役……64
黄海海戦……223,224
公議政体論……232
公暁……61,69
皇極天皇……14
高句麗……24
孝謙天皇(称徳天皇)……17,29
光孝天皇……45
甲午農民運動(戦争)……
……222,236,240
光厳天皇(上皇)… 64,77,82,84,91
甲州法度之次第……113
甲申事変……236
高宗……240
甲相駿三国同盟……115,148
後宇多上皇……76
公地公民制……23
上月城……152
孝徳天皇……15,23
江南軍……64,75
光仁天皇(白壁王)……17,42
高師直……83,94
高師冬……83
公武合体……204,215
梶原景時(の変)……60,69
春日山城……136,152,192
嘉助騒動……199
和宮……204
片桐且元……206
刀……218
刀狩り令……156
ガダルカナル島……230,248
勝海舟……204,214,220,233
桂太郎……240
加藤清正… 157,158,185,186,194
加藤光泰……175
金ヶ崎の退き口……149
金沢柵……35,51
懐良親王……83,84
頭椎大刀……30
鎌倉公方……84,97,98
鎌倉将軍府……90
鎌倉殿……68
鎌倉幕府滅亡……65,78
神風特別攻撃隊……230
上御霊社(の戦い)……87,103
亀山城……153
亀山天皇(恒仁親王)……63
加茂一揆……202
加耶(任那)……24
樺太・千島交換条約……222
川中島の戦い… 115,116,135,138
冠位十二階……14,22
韓国併合条約……241
関東管領……98
関東都督府官制……225
観応の擾乱……83,95,99
観音寺城(の戦い)……88,148
桓武天皇(山部親王)… 17,32,41,42

き

祇園乱闘事件……36
菊池武敏……91
木沢長政……132
木曽義仲(源義仲)……38,56
北ノ庄城……154,177
北畠顕家……65,83,90,94
北畠親房……83,90,94
北畠教具……88
北山殿……85
木津川口の戦い……171
吉川広家……189,206
吉川元春……116,142,149,152
啄木鳥戦法……139
木戸孝允(桂小五郎) 205,217,232
紀古佐美……17,41
黄海の戦い……35
木村重成……198
京極高清……109
京極高次……161,187
京極政経……109,110,128
京極持清……88,126
享徳の乱……86,101,118,146
享保の打ちこわし……200
享保の飢饉……200,210
玉音放送……231
清洲会議……154,176
清洲城……115,116,176
清原家衡……35,50
清原清衡……35,49,53
大内義興……110,124,128,142
大内義隆……111,112,114,142
大内義長……115
大内義弘……85,97,98
大江広元……71,129
大垣城……160
大包平……58
正親町天皇……165,167,172
大久保利通……217,235
大隈重信……243
大坂城……
……154,159,160,197,198,220
大坂夏の陣……197,207
大坂冬の陣……197,207
大塩平八郎(大塩の乱)……202
太田資康……119
大太刀……106
太田道灌……86,108,119,146
大谷吉継……160,187
大友宗麟……114,152,182
大友皇子……16,26
大伴弟麻呂……41
大伴金村……20
大伴狭手彦……13
大伴旅人……16
大友義統……161
大政所……155,179
大身槍……146
大村純忠……153
大森藤頼……110
小笠原長時……113,114,135,137
沖縄返還……231
桶狭間の戦い……116,144,168
他戸親王……17
御館の乱……180
織田敏定(清洲織田氏)……140
織田敏広(岩倉織田氏)……140
織田信興……149
織田信賢……116
織田信勝(信行)……116,141
織田信雄……153,154,176,178
織田信清……117
織田信孝(神戸信孝)……
……148,153,154,174,176
織田信忠……151,154,168,173
織田信友……115
織田信長……114,116,131,141
144,148,150,154,162164,166,168,
170,172,194
織田信秀……112,114,141
織田信広……114
小田原城(の戦い、攻め)……
……110,117,149,156,182
鬼切部の戦い……34
小野妹子……14
小野好古……34,47
小山評定……160

か

海軍伝習所……203
海賊取締令……156
鶏冠井城の戦い……88
甲斐敏光……131
嘉吉の変……86,100
覚恕……166
楽田城……154

相国寺の戦い……88,104
勝瑞城……125
昌泰の変……33,45
正中の変……76
正長の土一揆……86
聖徳太子(厩戸皇子)……13,21,22
少弐政資……108
尚寧……196
承平・天慶の乱……33,34,46
聖武天皇……16,28
承和の変……32,44
舒明天皇(田村皇子)……14,22
白河天皇……52
新羅……24
白井城……108
沈惟敬……157,158
辛亥革命……226
親魏倭王……12,19
壬午軍乱……236
真珠湾攻撃……229,248
壬申の乱……15,16,26
臣籍降下……46
新皇……34,47
神風連の乱……222,235
新見正興……204
親鸞……130

す

推古天皇……14
陶晴賢……114,143
菅原道真……33,45
崇峻天皇……13
鈴木貫太郎……249
鈴木孫一……166
崇徳天皇(上皇)……36,52
諏訪頼重……113
諏訪(高遠)頼継……113
駿府城……196,198

せ

征夷大将軍……32,41,68,206
成歓の戦い……237
征韓論(争)……221,234
征東将軍……91
西南戦争……222,235
聖明王……20
清和源氏……51,79
清和天皇……32,44
セオドア=ルーズヴェルト……225,239
関ヶ原(の戦い)……160,186
関ヶ原合戦屏風絵……146
前九年の役……34,48
仙石秀久……155
千利休……156
千姫……196

そ

ソヴィエト政権……226,243
惣無事……155,181
宗義智……185
副島種臣……221
蘇我稲目……21
蘇我入鹿……14,22
蘇我馬子……13,21
蘇我蝦夷……14,22
尊王攘夷……215
佐久間盛政……177
佐倉惣五郎……199,210
桜田門外の変……204,215
佐々木道誉……126
薩英戦争……205,215
佐々成政……154,170
薩長同盟……205,232
里見義堯……112
真田信繁(幸村)……161,197,198,207
真田昌幸……156,161,187,206
真田丸……197,207
真田幸隆……114
早良親王(崇道天皇)……17,32,42
三・一独立運動……226
三角縁神獣鏡……12
参勤交代……198
三国干渉……224,237
三国協商……225,242
三国同盟……222,242
サンフランシスコ平和条約……231
三法師……176

し

紫衣事件……198
塩売原の戦い……108
塩崎の対陣……117
慈恩寺の戦い……88
私学校……235
信貴山城……151
鹿ヶ谷の陰謀……37,54
治承・寿永の乱(源平合戦)……38,54
賤ヶ岳七本槍……177
賤ヶ岳(の戦い)……154,176
氏姓制度……20
斯波家兼……84
斯波兼頼……85
柴田勝家……151,152,154,170,176,180
斯波高経(足利高経)……83,84,95,96
斯波直持……85
芝薬師堂の戦い……88
斯波義廉(邸の戦い)……87,88,103
斯波義銀……115,141
斯波義敏……87,103,108
斯波義寛……108
斯波義将……96
島左近……187
島津家久……155,196
島津斉彬……212,214
島津久光……204,215
島津義久……152,155,156,182
島原の乱……199,209
清水宗治……154,174
下関条約(日清講和条約)……223,237
下関戦争……205
シャクシャインの乱……199
自由民権運動……235
寿桂尼……144
守護・地頭……60,66
首里城……196
順徳上皇……62,71
淳仁天皇……17,29
蒋介石……228,245
彰義隊……220
承久の乱……61,70
光明子……28
光明天皇……83,92
孝明天皇……203
高野山……155,157
甲陽軍鑑……139
甲陽鎮撫隊……220
高麗……75
コープス……202
古河公方……86,108,112,118,136
五箇条の御誓文……220
後亀山天皇……85
国際連合……231
国際連盟……228,243,244
国民皆兵……234
後小松天皇……85
後嵯峨天皇(上皇)……63,73,76
後三年の役……35,50
後白河天皇(上皇、法皇)……36,38,53,54,56,60,66
御成敗式目……62,72
後醍醐天皇……64,76,82,90,92,94
国家総動員法……246
国家総力戦……244
後藤象二郎……221,232
後藤基次(又兵衛)……198,207
後鳥羽天皇(上皇)……39,56,61,62,70
小西行長……157,158,161,185,187
近衛天皇……36
近衛文麿……246
小早川隆景……142,152,155,174,181
小早川秀秋……161,187,188
後深草天皇……63,76
小牧・長久手の戦い……155,178,180
小牧山城……154
後水尾天皇……198
後村上天皇……83,94
五稜郭……221,233
伊治呰麻呂……41
近藤勇……220
近藤重蔵……201

さ

西園寺公経……61
雑賀衆……166,180
犀川の戦い……115
西郷隆盛……205,217,220,222,232,235
斎藤龍興……148,162
斎藤道三(利政)……113,114,116,141
斎藤利三……175
斎藤実……244
斎藤義龍……116
酒井忠次……169
榊原康政……179
坂下門外の変……204
嵯峨天皇……32,43,44
坂上田村麻呂……17,32,41
沙河の会戦……225
佐賀の乱……221,235
坂本城……153,154
坂本龍馬……205,232
防人……26
佐久間信盛……162

…113,114,117,145,148,156,158
160,164168,171,178,180,186,
194,196,198,206
徳川綱吉……199
徳川信康……152
徳川秀忠… 160,187,196,198,208
徳川義直……196
徳川慶喜(一橋慶喜)……
…… 205,214,220,232
徳川頼宣…… 196,198
徳川頼房……196
得宗(北条惣領家)…… 72
鳥羽上皇(法皇)……36,52
鳥羽・伏見の戦い …… 220,233
伴健岑……32,44
伴善男……33,44
豊臣秀次(羽柴秀次)…157,158,179
豊臣秀長(羽柴秀長) 155,156,181
豊臣秀吉(羽柴秀吉) 151,152,154,
156,158,162,164,171,173,174,
176,178,180,184,186
豊臣秀頼(拾)…… 158,196,206
鳥居元忠……160

な

直江兼続(直江状)… 159,161,186
長尾景仲……118
長尾景春(の乱)…108,119,136,193
中岡慎太郎…… 205,232
長尾為景…… 110,120,136
長尾晴景……113
中川清秀…… 152,174,177
長崎城……108
長崎高資…… 76
長崎高綱…… 76
長篠の戦い…… 150,169
中先代の乱……82,91
中臣鎌足(藤原鎌足)……14,22
中大兄皇子(天智天皇)……
……14,23,25,26
長屋王(の変)…… 16
薙刀…… 80
名越(北条)光時……62,72
奴国…… 18
名護屋城…… 157,184
名古屋城……196
鍋島直正……212
生麦事件…… 204,215
成良親王…… 90
名和長年…… 65,77,82,91,93
南京事件……228
南朝……83,95
南都焼き討ち …… 38
南蛮寺……156
南北朝時代……83,92
南北朝の合一…… 85

に

二条城…… 148,196
二条天皇……37,53
日英通商航海条約……236
日英同盟…… 224,238,242
日独伊三国同盟…… 229,247
日独伊防共協定……246
日米安全保障条約……231
日米修好通商条約…… 203,214
短甲…… 30
壇ノ浦(の戦い)…… 39,56,66

ち

治安維持法……227
千種忠顕……77,82,91,93
秩禄処分……234
千葉孝胤……108
千葉秀胤……62,73
千早城……65,77,192
中国大返し…… 154,174
忠臣蔵……211
張学良……245
長享の乱…… 109,119
張作霖(爆殺事件)…… 227,244
朝鮮出兵……157
長宗我部信親……155
長宗我部元親… 151,155,172,181
長宗我部盛親……207
徴兵制……221
直刀…… 30
陳雲……157
チンギス=ハン …… 74

つ

築山殿……152
筒井順慶……167
躑躅ヶ崎館…… 134,193
鶴岡八幡宮…… 73

て

丁未の乱…… 21
てつはう ……75,80
鉄砲伝来……113
寺内正毅……241
寺田屋騒動……204
天狗党の乱……205
天正壬午の乱……178
殿中御掟9カ条 ……164
天王寺・岡山合戦 ……198
天文法華の乱……112
天保の改革……202
天保の飢饉……202
伝馬騒動……200
天明の打ちこわし ……200
天明の飢饉……200

と

砥石城(砥石崩れ)……114
ドイツ帝国 ……242
東学党…… 222,236
道鏡……17,28
東京大空襲…… 230,248
東郷平八郎……225
童子切安綱…… 58
東条英機…… 231,247
藤堂高虎……158
道明寺・誉田合戦 ……198
東路軍……64,75
富樫政親……130
富樫泰高……131
土岐頼芸…… 113,141
徳川家定……214
徳川家光…… 198,208
徳川家茂…… 204,214
徳川家康 (竹千代、松平元康、松平家康)

た

第一次国共合作……227
第一次上海事変……227
第一次世界大戦…… 226,242
第一次長州征討…… 205,217
第一次日韓協約 …… 225,240
大院君……240
大化の改新…… 25
大韓帝国……240
醍醐天皇…… 45,48,90
第三次日韓協約 …… 225,241
大政奉還…… 205,232
大政翼賛会……247
大東亜会議……230
第二次国共合作…… 228,245
第二次上海事変……228
第二次世界大戦…… 228,246
第二次長州征討…… 205,232
第二次日韓協約 …… 225,241
大日本帝国憲法 ……222
大寧寺の変…… 114,143
太平洋戦争……229
大宝律令…… 28
大物崩れ(戦) ……125
平清盛…… 36,38,53
平国香……33,46
平維盛……38,55
平貞盛…… 33,34,47
平重衡…… 38
平重盛…… 54
平忠常…… 34,48,53
平忠正…… 36
平忠盛…… 36
平時忠…… 54
平徳子……37,54
平知盛…… 39
平教経…… 39
平将門……33,46
平通盛…… 38
平宗盛……55,66
高倉天皇……37,54
多賀城……16,40,48,65
高杉晋作…… 204,217
高天神城…… 149,150
高橋是清…… 228,239,245
高棟王(平高棟)…… 32
高山右近…… 152,174,197
滝川一益…… 153,171,176,178
武田勝頼…… 150,153,168,171
武田信玄(晴信)…113,114,117,135
137,138,148,150,167,168
武田信賢…… 88
武田信繁……117
武田信縄……110
武田信虎(信直)…… 110,112,134
武田元繁……129
嶽山城の戦い…… 87
橘奈良麻呂(の乱) …… 16
橘逸勢……32,44
橘諸兄…… 28
伊達稙宗……111
伊達政宗…… 156,182,196
谷ヶ堂の戦い …… 88
珠(細川ガラシャ) …… 174,187
多聞山城……150

北条高時…………………… 65,76,91
北条経時……………………………62,72
北条時房……………………………62,72
北条時政……………………………60,69
北条時宗……………………………63,74
北条時行……………………………82,91
北条時頼…………………… 62,72,74
北条仲時……………………………65,77
北条政子…………………… 61,69,70
北条泰時………………… 61,62,71,72
北条義時………… 61,62,69,70,72
防長大一揆………………………………201
奉天会戦…………………… 225,239
豊島沖海戦……………… 223,237
法然………………………………………130
ポーツマス条約(日露講和条約) ……
……………………… 225,239,240
北清事変…………………… 224,238
北朝………………………………83,95
北伐………………………………………227
北面の武士………………………… 52
戊辰戦争…………………… 220,232
細川氏綱…………………… 113,132
細川勝元………… 87,88,102,104
細川澄元……… 110,124,129,132
細川澄之…………………… 110,124
細川高国……… 110,124,129,132
細川忠興…………………… 174,187
細川晴元……………… 111,112,114
細川藤孝(幽斎)…………………………
117,160,162,164,174
細川政元……89,108,110,122,129
細川頼之……………………………84,96
法性寺の戦い………………………… 88
堀田正睦…………………………………203
ポツダム宣言 …………… 231,249
堀河天皇…………………………… 52
堀越公方………… 87,109,118,120
堀秀政……………………… 175,179
本能寺(の変)… 153,154,172,180

ま

前田利家………………………………………
……… 153,154,158,170,177,186
前田利長…………………………………159
増田長盛…………………………………160
マッカーサー……………………………231
松平容保…………………………………204
松平清康…………………………………112
松平信綱…………………… 199,209
松平広忠…………………… 113,144
松永久秀………………………………………
……… 114,117,133,148,150,163
松永久通…………………………………117
松本城……………………………………193
満州国……………………… 227,244
満州事変…………………………………244

み

三浦胤義…………………………… 71
三浦光村……………………………62,73
三浦泰村……………………………62,73
三方ヶ原の戦い …… 150,167,168
三木城……………………………………152
水城…………………………………… 26
水島の戦い………………………… 39

平賀朝雅………………………… 61
平城………………………………………194
平山城……………………………………193
広田弘毅…………………………………231

ふ

フェートン号(事件) ……… 201,212
深草・武田の戦い ……………… 88
溥儀………………………… 227,244
福島正則… 159,160,177,186,198
武家諸法度………………………………198
富士川の戦い…………………38,55
伏見城……………… 157,158,160
藤原宇合…………………………16,42
藤原薬子(の変) ………………32,42
藤原純友…………………………34,46
藤原忠真………………………… 36
藤原忠平…………………………45,46
藤原忠通…………………………36,53
藤原種継…………………………17,42
藤原時平…………………………33,45
藤原仲成………………………… 43
藤原仲麻呂(恵美押勝の乱)… 16,28
藤原登任…………………………34,48
藤原信頼…………………………37,53
藤原秀郷…………………………34,47
藤原秀康…………………………61,71
藤原広嗣(の乱) ………………16,28
藤原房前…………………………16,42
藤原不比等……………………… 28
藤原冬嗣…………………………43,44
藤原麻呂…………………………16,42
藤原道長………………………… 45
藤原通憲(信西) ………………37,53
藤原武智麻呂……………………16,42
藤原基経…………………………33,44
藤原泰衡…………………………60,67
藤原吉子………………………… 32
藤原良房…………………………32,44
藤原頼嗣…………………………62,72
藤原(九条)頼経………… 61,62,70
藤原頼長…………………………36,52
布施の戦い………………………………115
プチャーチン ……………… 203,213
仏教公伝………………………… 20
船岡山の戦い…………………… 88
フビライ=ハン …………………63,74
フランシスコ=ザビエル …………114
文永の役…………………………63,75
文久の改革………………………………215
文正の政変………………………………103
文禄の役…………………… 157,185

へ

平治の乱…………………………37,52
平城天皇(上皇)………………32,42
ペリー ……………………… 203,213

ほ

保元の乱…………………………36,52
方広寺(鐘銘事件)……… 197,206
宝治合戦…………………………62,73
北条氏綱…………… 111,112,134
北条氏直…………… 156,171,182
北条氏政…………………… 148,182
北条氏康… 114,120,135,137,148

日米通商航海条約 ………………226
日米和親条約 …………… 203,213
日露戦争 ………………… 224,238
日露和親条約 ……………………203
日韓議定書 ………………………224
日韓条約 …………………………226
日清休戦条約 …………… 223,237
日清戦争 ………………… 223,236
日ソ中立条約 ……………………229
新田義貞… 65,77,79,82,91,92,94
日中国交正常化 …………………231
日中戦争 ………………… 228,244
二・二六事件 …………… 228,245
203高地 ………………… 225,239
日本海海戦 ……………… 225,239
日本国憲法 ………………………231
丹羽長秀…………… 162,174,176
仁和寺の戦い …………………… 88
寧波の乱 ………………… 111,129

ね

根来衆……………………………………180

の

濃姫(帰蝶)……………… 114,141
ノモンハン事件 ………… 228,246
ノルマンディー上陸作戦 … 230,248

は

ハーグ密使事件 …………………241
廃刀令 …………………… 221,234
廃藩置県 ………………… 221,234
萩の乱……………………………………235
白村江の戦い ………… 15,25,26,40
箱館戦争…………………………………221
橋本左内 ………………… 204,215
長谷堂城…………………………………161
畠山重忠…………………………61,69
畠山政長………… 87,88,103,104,
…………………………… 108,122
畠山義就……………… 87,88,103,
………………………… 104,108,122
鉢形城……………… 108,119,192
八幡原の戦い ……………………117
バテレン追放令 ………… 156,208
花倉の乱 ………………… 112,144
馬場信春…………………………………169
パリ講和会議 …………… 226,243
ハリス …………………… 203,214
バルチック艦隊 ………… 225,239
バルトロメウ=ディアス……………109
版籍奉還…………………………………234

ひ

比叡山延暦寺(焼き討ち) ……………
………………… 149,165,166,168
比企能員(比企氏の乱) ……… 60,69
土方歳三…………………………………233
ビッドル ………………… 202,213
ヒトラー …………………………246
日野資朝 ……………………………64,76
日野俊基 ……………………………64,76
日野富子 …………………………109
卑弥呼……………………………12,18
姫路城……………………… 174,194
兵庫の戦い……………………… 88

盧溝橋事件…………………228,245
ロシア革命 …………………226,243
六角定頼…………………112,133
六角承禎(義賢)……116,148,162
六角高頼…………………108,126
ロマノフ王朝 ……………226,243

わ

脇坂安治…………………………177
和気清麻呂……………………29
倭国の大乱………………12,18
和田合戦………………………61
和田義盛………………………61
和平7カ条 …………………157
蕨手刀…………………40,58

【主な参考文献】

・年表

吉川弘文館編集部編『誰でも読める日本古代史年表』同『中世史年表』同『近世史年表』同『近代史年表』同『現代史年表』／宇野俊一ほか編『日本全史』講談社／小和田哲男監修『見るだけ日本史年表』宝島社

・日本史辞典

日本歴史大辞典編纂委員会編『日本歴史大辞典』（全10巻＋別巻2）河出書房新社／日本史広辞典編集委員会編『日本史広辞典』山川出版社

・日本史基本図書

『関ヶ原合戦公式本』（監修：小和田哲男、著：小和田泰経）Gakken／全国歴史教育研究協議会編『日本史用語集』山川出版社／笹山晴生ほか著『詳説日本史』山川出版社／山岸良二監修『テーマ別だから理解が深まる日本史』朝日新聞出版／朝日新聞出版編『再現イラストでよみがえる日本史の現場』朝日新聞出版

物部麁鹿火…………………13
物部尾輿……………………13,21
物部守屋……………………13,21
モリソン号事件 ……………202
護良親王……………65,77,82,90
森長可……………………………178
森可成……………………………165
母禮……………………………32,41
文徳天皇………………………32,44

や

八尾･若江合戦 ……………198
屋島の戦い…………………39,56
簗瀬城の戦い…………………88
山内豊信(容堂)……………232
山県昌景…………………………169
山崎の戦い…………………154,174
山科本願寺……………………131
山背大兄王…………………14,22
山城国一揆……………………122
邪馬台国……………………12,18
山田長政…………………………218
山名氏清……………………85,97
山中幸盛(鹿介)…………143,152
山名宗全……………87,88,102,104
山名宗全邸の戦い………………88
山名時氏……………………95,97
山名政豊……………89,108,126
山内上杉…………………………98
山本五十六……………………230
山本勘助…………………117,139
槍…………………………80,106
ヤルタ(会談) …………230,248

ゆ

由井正雪…………………………199
結城氏朝…………………86,100
結城合戦…………………86,100
雄略天皇(倭王武)…………24,40

よ

陽成天皇…………………………44
用土原の戦い……………………108
用明天皇…………………………13
横矧板鋲留短甲…………………30
吉田松陰…………………204,215
吉野ケ里遺跡……………………19
淀の方(淀殿)…………………207

ら

ラクスマン ……………………200

り

李完用……………………………241
李如松……………………………157
李成桂(李氏朝鮮)……………184
リットン調査団 …………227,244
柳条湖(事件)……………227,244
両細川の乱………………110,125

れ

レイテ沖海戦 …………………230
レザノフ …………………………201
蓮如………………………130,166

ろ

水野信元…………………………115
溝呂木城…………………………108
箕作城……………………………148
ミッドウェー海戦 ……229,247,248
源実朝……………………61,69,70
源高明……………………………34,48
源為義……………………………36
源経基……………………33,47,51
源(武田)信義……………………38
源範頼……………………39,56,60
源護………………………………33
源満仲……………………………48
源行家……………………………39
源義家(八幡太郎)…………35,50
源義綱……………………………35
源義経…………………39,56,60,66
源義朝……………………36,53,54
源頼家……………………………60
源頼親……………………………34
源頼朝…………………37,38,55,60,66
源頼信……………………………48
源頼政……………………………38,55
源頼光……………………………48
源頼茂……………………………61
源頼義……………………34,48,50
耳川の戦い………………152,182
三宅城の戦い……………………89
宮騒動……………………………62,73
三好三人衆…………………………
……………117,133,148,163,165
三好長逸…………………117,133
三好長慶………112,114,116,132
三好政長…………………114,132
三好政康…………………117,133
三好元長…………………111,125,132
三好之長…………………110,124,132
三好義継…………………117,133

む

無条件降伏………………231,249
ムッソリーニ ……………………246
陸奥宗光…………………223,236
宗尊親王…………………62,73,98
村上水軍…………………………143
村上天皇……………………………90
村上義清…113,114,135,137,138
室町殿(花の御所)………85,88,96
室町幕府滅亡……………150,167

め

明応の政変………109,122,129
明治天皇…………………205,220
明正天皇…………………………198
明治六年の政変…………………221
明徳の乱…………………………85,97
明暦の大火(振袖火事)…………199

も

蒙古襲来……………………………74
蒙古鉢形眉庇付冑…………………30
毛利勝永…………………………198
毛利隆元…………………………142
毛利輝元…151,160,186,189,206
毛利秀元……………158,161,187
毛利元就 112,115,116,129,142,149
以仁王……………………………38,55

監修

小和田泰経

おわだ やすつね

歴史研究家

1972年東京生まれ。國學院大學大学院文学研究科博士課程後期退学。専攻は日本中世史。静岡英和学院大学講師、早稲田大学エクステンションセンター講師。2017年NHK大河ドラマ『おんな城主 直虎』、2020年NHK大河ドラマ『麒麟がくる』、2023年NHK大河ドラマ『どうする家康』に資料提供として参加。主な著書に『戦国合戦史事典』(新紀元社)、『タテ割り日本史5　戦争の日本史』(講談社) など多数。

編

地人館

ちじんかん

書籍の編集・執筆を行う制作会社として1983年に大角修(代表) が設立。以後、仏教書や児童書、歴史書、健康書など数多くの出版物を手がける。また、2021年より電子書籍シリーズ「地人館E-books」を開始する。主な著書『全品現代語訳　法華経』(大角修著、角川ソフィア文庫)、編著書『日本史年表』(山折哲雄監修、朝日新聞出版社)、『日本史人物事典』(伊藤賀一監修、朝日新聞出版) など多数。

古代《こだい》から現代《げんだい》まで
争《あらそ》いの変遷《へんせん》が劇的《げきてき》にわかる

日本《にほん》の
合戦年表《かっせんねんぴょう》

監修　小和田泰経
編著　地人館
発行者　片桐圭子
発行所 朝日新聞出版
〒104-8011 東京都中央区築地5-3-2
(お問い合わせ) infojitsuyo@asahi.com
印刷所 大日本印刷株式会社

STAFF
編集／山本道生(地人館)
執筆協力／新宮 聡
イラスト／あさいらんこ
CGイラスト／成瀬京司
装丁・デザイン／
矢部夕紀子、渡邊真生子、
鈴木雄一朗(ROOST Inc.)
写真／朝日新新聞フォトアーカイブ、
PIXTA
DTPオペレーション／狩野 蒼
校正／桑原和雄
(朝日新聞総合サービス出版校閲部)
編集担当／塩澤 巧
(朝日新聞出版　生活・文化編集部)

ISBN 978-4-02-333390-1

本書は2024年2月末時点での情報を掲載しております。